KB152609

경영,
비공식 조직에
주목하라

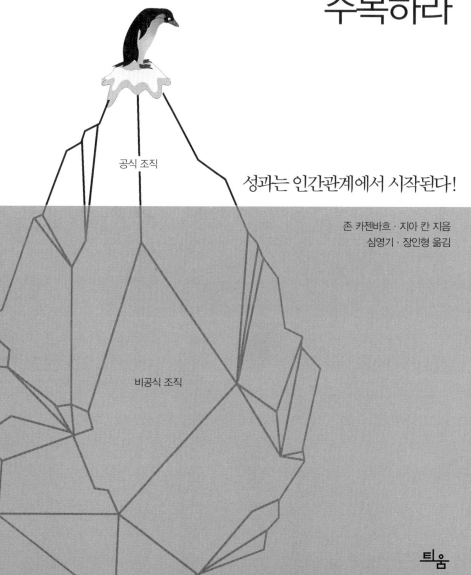

경영,
비공식 조직에 주목하라

성과는 인간관계에서 시작된다!

존 카젠바흐 · 지아 칸 지음
심영기 · 장인형 옮김

공식 조직

비공식 조직

틔움

서론 ⟶

공식 조직의 벽을
허물어라

대부분의 일은 공식 조직을 통해 이뤄진다. 특히 재무, 인사, 총무 등 엄격한 규율 속에서 훈련 받아 온 리더들은 직무기술서, 조직도, 업무 프로세스, 스코어카드 등처럼 물리적으로 존재하는 것들을 통해 상황을 판단하고 일을 하는 경향이 있다. 물론 이런 접근이 잘못된 것은 아니다. 하지만 조직에서 일어나고 있는 보다 모호한 일들(비공식적인 인간 관계, 문화적 규범, 감정적 실체, 그리고 동료의 압력 등)을 다루는데 있어서는 이런 접근만으로는 충분치 않음을 알아야 한다.

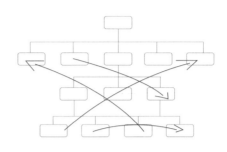

벽에 대고 소리치기

콜센터에서 뭔가 이상한 일이 벌어지기 시작했다. 넓은 사각형 모양의 사무실 공간에 칸막이들이 빼곡하게 놓여 있고 각 칸막이 안에는 헤드셋을 쓴 채 다양한 고객의 문의와 불평 전화에 응대하는 안내원들이 있다. 여기까지는 평범한 콜센터의 모습이었다. 3미터 높이의 보라색 벽이 사무실을 몇 개로 나눠 놓았다는 것만 뺀다면. 안내원들은 그 벽을 사이에 두고 양 쪽에 배치되어 있었다.

이 콜센터의 임원은 우리에게 업무 프로세스에 대한 관찰과 분석을 의뢰했다. 그들은 최근 콜센터의 인테리어와 업무 프로세스를 새로 설계하였으며, 그것이 회사 내 다른 콜센터에도 적용할 수 있는 좋은 사례가 될 것으로 판단하고 있었다.

이른 아침 일이 시작되면서, 콜센터는 신속하고 효율적으로 고객의 문의에 대응하는 안내원들의 나지막한 소리로 가득 차 있었다. 그러나 오전 11시경 우리 가까이에 있는 안내원 글로리아의 목소리가 점점 커지기 시작했다. 글로리아는 당황한 나머지 지나치게 방어적으로 변해가고 있었다. 그녀는 무언가 응답을 하려다가도 고객의 언성이 높아지자 자신이 해야 할 말을 잇지 못했다. 결국 그녀는 "잠시만 기다려 주세요. 바로 알아보고 말씀 드리겠습니다." 라고 말한 후, 통화 일시정지 버튼을 누르고 헤드셋을 벗고는 보라색 벽 쪽으로 걸어가 큰소리로 프랭크를 찾았다. 벽에서 멀리 떨어진 곳에서 한 남자가 "왜요?" 라고 크게 대답했다.

"해고된 근로자의 친구라며 전화했는데요. 퇴직금 정산에 대해 묻고 있어요. 청구 절차를 구체적으로 알고 싶어 해요." 글로리아가 고객의 질문에 대해 자세히 말하자 프랭크는 그녀에게 청구 절차를 상세하게 설명했다. "알았어요." 글로리아는 재빨리 자기 자리로 돌아와 헤드셋을 착용하며 고객에게 말했다. "예, 문의한 사항을 설명드리겠습다. 청구 절차는요…" 문제가 해결되었다.

휴식 시간에 우리는 글로리아에게 그 벽에 대해 물었다. 그녀는 "어처구니없죠. 6개월 전에 고객서비스 조직을 개편할 때 설치되었어요. 업무 집중력과 효율성을 높이기 위해 콜센터를 여러 개의 팀으로 구분하면서 생긴거죠. 그러니 다른 팀에게 무엇인가를 물어봐야할 때는 그 벽에 대고 소리치는 수밖에 없어요." 라고 말했다.

3일 동안 관찰한 결과, 우리는 상담원들이 보라색 벽에 대고 큰 소리를 치며 대화하는 장면을 여러 번 목격했다. 나중에 해당 임원에게 이 벽을 두고 일어난 일에 대해 말했지만, 그는 조직 개편 작업에 직접 관여했음에도 불구하고 이런 문제에 대해 제대로 알고 있지 못했다. 몇 주 후 콜 센터의 벽은 제거되었고 팀들은 다시 재통합되었으며, 안내원들이 벽에 대고 소리치는 일은 없어졌다.[1]

조 직 내부에 존재하는 수많은 벽

물리적인 벽이 존재한다고 해서 조직 간의 소통이 완전히 막힌다고 볼 수는 없다. 일반적으로 조직에서 말하는 벽은 대부분은 무형적이고 눈에 보이지 않는 것이어서 사람들은 잘 인식하지 못한다. 심지어 콜센터의 벽이 과장된 사례라 하더라도 그러한 벽은 실제로 팀 간의 소통, 보고 체계, 그리고 비용 관리 등과 관련하여 존재할 수 있는 것이다. 하지만 구성원들은 자신들이 수행해야 할 실질적인 일들을 방해하는 그러한 벽을 넘어, 문제를 해결하고자 한다.

우리에게 그 벽은 공식적이고 위계적인 체계(공식적인 관계와 권력구조, 업무흐름, 의사소통의 채널 등)을 의미하며, 벽을 두고 질러대는 외침은 바로 비공식적인 체계(공식적인 체계를 벗어나 존재하는 공간, 관계, 행동 등)를 의미한다.

콜센터 안내원들은 경영진이 조직을 바꾸고 사무실 내에 벽을 설치할 때, 도대체 무슨 일이 벌어지고 있는지 궁금해 했다. 경영진은 상담원들이 벽에 대고 소리 질러가며 일을 한다는 말을 들었을 때 그 사실을 인정하려고 하지 않았다.

대부분의 회사는 공식적인 조직을 통해 일을 처리한다. 특히 재무, 인사, 총무 등 엄격한 규율 속에서 훈련을 받아 온 리더들은 직무기술서, 조직도, 업무 프로세스, 스코어카드 등처럼 물리적으로 존재하는 것들을 통해 상황을 판단하고 일을 하는 경향이 있다. 물론 이런 접근이 잘못된 것은 아니다. 하지만 조직에서 일어나고 있는 보다 모호한 일들(비공식적인 인간 관계, 문화적 규범, 감정적 실체, 그리고 동료의 압력 등)을 다루는데 있어서는 이런 접근만으로는 충분치 않다.

공식 조직 바깥에 존재하는 영역을 이끄는 것은 공식 조직을 관리하는 것보다 훨씬 어렵다. 이유는 그 영역이 잘 정의되어 있지도 않을 뿐더러 이에 대한 연구나 저술이 거의 없기 때문이다. 그렇지만 우리는 공식 조직과 비공식 조직이 다양한 방법으로 상호 공존하고 있다는 사실을 발견하곤 했다. 예전에는 비공식 조직이 규모가 크지 않은 회사나 실험실 같은 곳에서 우세했으며, 대규모 조직에서는 힘을 발휘하지 못하는 경향이 있었다. 그러나 이러한 경향은 더 이상 유효하지 않다. 빠르게 변하는 비즈니스 환경과 글로벌화 그리고 웹 기반의 소셜 네트워크의 등장으로 인해, 많은 기업들이 공식적인 조직을 통한 상의하달식 관리로는 지속적인 가치 창출이 불가능 함을 인식하기 시작했다. 결국 비공식적이고 위계가 없는 모든 종류의 조직에 대한 계획을 갖는 것이 중요해진 것이다.

비공식적인 접근 방식으로의 전환은 쉽지 않다. 하지만 노력할 만한 가치는 충분하다. 공식 조직을 관리manage하는 것만큼 효율적으로 비공식 조직을 동원mobilize할 수 있는 기업들은 공식 조직과 비공식 조직을 통합하여 보완적인 이득의 균형을 이룰 수 있으며, 이들은 결국 실질적이고 지속 가능한 경쟁우위를 창출할 수 있다. 특히 이런 조직들이 성공할 수 있는 이유는 다음과 같은 균형 잡힌 활동을 한 가지 이상 성공적으로 수행하고 있기 때문이다.

- 공식 조직 내 모든 단계에서 일어나는 의사결정과 행동에 바탕이 되는 가치를 만들어서 격려하고 지원한다. 그리고 이러한 가치는 조직 전체 구성원들의 비공식적인 태도, 상호교류, 그리고 행동에도 명백하게 나타난다.
- 일선 현장에서 일하고 있는 구성원들이 조직의 공식적이며 장기적인 경영전략을 합리적으로 이해하게 한다. 그리고 감정적이고 내면에서 우러나오는 진정한 지지을 통해 그 전략이 모든 업무에 스며들게 한다.
- 구성원들을 비공식적으로 연결하는 소셜 네트워크와 동료 간 상호교류, 스피드 등을 가치 있는 자본으로 만든다. 이를 통해 공식 조직의 효율성과 명료함을 유지한다.
- 보수, 복리후생, 보너스, 성과프로그램 등과 같은 공식적인 보상 시스템을 갖고 있으며, 공식 메커니즘으로는 자극하기 어려운 구성원들의 감정적 동기부여 방법을 알고 있다.

이 책의 기원

우리는 지난 수십 년간 국가와 기관, 기업 및 비영리 단체 등에 대한 연구 결과와 조사 자료, 그리고 개인적인 경험 등을 통해 공식 조직과 비공식 조직을 이해해 왔다.

존 카젠바흐Jon Katzenbach는 맥킨지 컨설팅과 카젠바흐 파트너스(현재 부즈 앤 컴퍼니Booze & Co.의 일부)에서 40여 년간 조직 관리와 관련된 자문 활동을 해왔다. 존 카젠바흐는 팀의 역학, 조직의 기능, 구성원들의 동기부여 방법 등에 깊은 관심을 가졌으며, 더글러스 스미스Douglas Smith와 함께 한 그의 고전적 저서인 『팀의 지혜The Wisdom of Teams』를 포함하여 많은 논문과 저서를 썼다.

지아 칸Zia Khan은 오랜 기간 학계에서 활동하다 컨설팅 업계에 합류했다. 카젠바흐 파트너스에서 그는 고객사들과의 작업을 통해, 이 책에서 기술된 아이디어와 방법론 등을 개발해 냈다. 지아 칸의 작업은 전략을 추진하고 조직 성과를 향상시키는 접근과 체계에 초점을 맞추고 있다. 현재 그는 록펠러 재단Rockefeller Foundation의 전략 및 평가담당 부사장으로 재직 중이다.

공식 조직과 비공식 조직을 이해하는 데에는 많은 시간(두 번의 결정적인 통찰이 필요할 만한 시간)이 필요했다. 우리의 학습 능력이 조금 떨어지기는 했지만, 누구도 피해갈 수 없는 길을 걸었다고 생각한다.

첫 번째 통찰은 몬트리올에서 지냈던 어느 여름 날에 찾아 왔다. 그 날 우리는 한 기업의 전략담당 임원과 매우 흥미로운 주제로 대화를 나누고 있었다. 그는 회사 직원들이 최근에 단행된 조직 개편을 좋아하지 않는다고 했다. 조직 개편을 통해 공식적인 조직에 큰 변화가 있었음에도 불구하고, 직원들의 행동과 사고에는 큰 변화가 없었다고 했다. 저녁 식사를 마치고 우리는 정렬alignment에 대한 이슈로 토론을 했다. 무엇이 문제인가? 문제는 우리가 통상 생각하는 그런 것이 아니었다. 기업이 조직을 바꿀 때, 일반적으로 변화된 조직에 부응하는 구조적인 변화를 만들어 내기 위해 관리자와 구성원의 행동을 합리적으로 정렬하려고 한다. 그러나 이 사례에서는 그 정렬이라는 것이 조직 개편으로 인해 이미 사라져 버린 과거 조직의 관리자들에 의해 이루어졌던 것이다. 이 관리자들은 뜻을 같이하는 동료들과 비공식적인 네트워크를 통해 의사소통하며 조직 변화에 대해 매우 효과적으로 저항하고 있었다.

이런 행위는 누가 봐도 의도적이었다. 그들은 사내 각종 회의, 부서 간 협의, 문서나 프레젠테이션과 같은 일상적이고 공식적인 채널을 통해서가 아닌 비공식적 네트워크를 통해 서로 소통했던 것이다. 이런 커뮤니케이션은 즉흥적으로 이뤄지며 기록도 안 된다. 또한 조직 개편은 관리자의 권력기반을 변하지 않게 하는 목적을 갖고 있었지만, 이것은 직원들의 비공식적인 저항으로 무력화되었다. 결국 균형이 깨지고 말았다. 공식 조직은 고객 세분화에 맞춰 새롭게 개편되었지만, 고객이 아닌 지역을 기반으로 존재하고 있었던 비공식 조직이 거세게 반발했던 것이었다.

이런 형태의 비공식적인 지역적 네트워크는 공식 조직 보다는 비록 덜 구조화되어 있으며 형태도 없지만, 이를 장악하고 있는 사람들에 의해 규정되고, 정의되며, 관리되고 있었다. 그래서 조직 개편에 저항하고 있는 비공식 네트워크의 관리자들이 조직 개편을 반대했던 것이다. 왜 공식 조직을 관리하는 리더들은 비공식적인 네트워크를 활용하지 못했을까?

정답: 그들은 할 수 있었다. 이것이 첫 번째 통찰이었다.

두 번째 통찰은 몇 년이 지난 후에 왔다. 그 때까지 공식 조직과 비공식 조직 간의 관계에 대한 우리의 사고는 상당히 진전되었다. 우리는 단기뿐 아니라 장기적으로도 기업의 이익을 창출하는데 도움이 되는 비공식 조직의 힘을 확신하게 되었다. 우리는 이 주제를 공개회의에서 정기적으로 발표하였다. 페이스북Face book, 링키드인LinkedIn, 트위터Twitter와 같은 다양한 소셜 네트워킹 서비스SNS들이 주목을 받으면서, 저널리스트와 다른 관찰자들 모두가 이 주제에 대해 큰 흥미를 갖기 시작했다. 그들은 SNS와 비즈니스 조직의 관련성에 대해 우리의 의견을 구하곤 했다. SNS는 시대의 화두였다.

그러나 모든 사람이 비공식 조직과 비즈니스에서의 소셜 네트워킹의 중요성에 매혹된 것은 아니었다. 실리콘 밸리에서 열린 어느 한 최고경영자 라운드테이블에서 우리는 공식−비공식 관계에 대한 강연을 했고, 이어 질의 응답시간을 가졌다. 강연 내내 계속 흥분하던 한 CEO가 벌떡 일어서서 말했다. "내가 간절히 원했던 것이 바로 비공식 조직의 필요성이었습니다." 라고 외쳤다. "나는 처음에 회사에 꼭 필요한 기본적인 업무 프로세스를 완성시키기 위해 노력했어요. 당시 우리 회사는 주가株價와 자금, 그리고 고객 등 모두를 잃고 있었기 때문에 공식적인 프로세스가 꼭 필요한 것으로 판단했었죠. 나는 이런 공식적인 요소 없이는 곧 파산하고 말 것이라 생각했습니다. 그런데 무슨 일이 일어났는지 아세요? 오랫동안 일한 고참 엔지니어가 덥수룩한 수염에 샌들을 신고 내 사무실에 불쑥 들어와서는, 내가 만든 공식적 절차들과 빡빡한 규정들이 회사의 정신을 죽이고 있다고 말하더군요. 이것이 비공식 활동의 중요성을 깨닫는 순간이었습니다."

이런 견해를 가진 사람은 비단 그 CEO 하나만이 아니었다. 그러나 토론을 이어나가는 과정에서, 우리는 반대 의견도 충분히 들었다. 아마도 우리가 비공식성의 중요성을 너무 강조했던 것 같았다. 이것이 두 번째 통찰이었다.

이런 두 번의 통찰(첫 번째는 비공식성이 성공적으로 동원될 수 있다는 것이며, 두 번째는 비공식성이 완전한 해답은 아니라는 것)로 인해, 우리는 관리자들이 공식 조직과 비공식 조직을 균형 있게 만들 수 있도록 도와야 한다고 생각했다. 하지만 공식성과 비공식성 사이의 가장 적합한 균형은 기업과 비즈니스 그리고 상황에 따라 매우 다르다는 것도 무시해서는 안 된다.

이런 통찰력으로 인해 우리는 공식적인 구조를 유지·강화하면서 비공식성을 성공적으로 동원하는 강력한 조직을 발견할 수 있었다. 그 사례가 바로 젠틀 자이언트 운송회사Gentle Giant Moving Company, 사우스 웨스트Southwest Airlines 항공사, 뉴욕의 PS 130Public School 130 초등학교, 오르

벽에 대고 소리치기 17

페우스 챔버 오케스트라Orpheus Chamber Orchestra 등이다. 이 조직들은 모두 높은 성과를 오랜 기간 유지할 수 있었다.

　대부분의 교훈은 실질적인 성과 문제를 가진 고객들과의 작업을 통해 얻어진다. 고객들은 이론에 관심이 없다. 우리의 아이디어와 실증적인 접근들이 조직 구성원들에게 어떤 도움을 주고 조직 성과를 어떻게 개선시키는 지에 관심을 가질 뿐이다. 우리는 관리자들이 공식적인 수단들을 통해서만 전략적 의도를 실현시키고자 하는 것을 보아왔다. 하지만 좌절을 경험한 관리자들은 공식적인 접근을 더 어려워한다. 우리는 관리자들이 보다 원대한 목적을 이루기 위해서는 비공식 조직의 도움이 필요하다는 것을 인식하도록 만들었다.

　비전의 수립에서부터 실행이라는 경영 사이클 전체를 살펴보면, 경영에 영향을 주는 기본적인 이론과 일시적으로 유행하는 아이디어 간에 차이가 있음을 알게 된다. 그러나 우리는 실제 경험을 통해 아이디어를 정제할 수 있었다. 또한 조직의 변화를 추진하고 성과를 향상시키는데 있어, 이런 아이디어들을 적용하는 방법을 배울 수 있었다. 이것은 무엇보다도 큰 수확이었다. 이 책에서 우리는 이런 공식성과 비공식성 간의 적절한 균형을 통해 얻게 된 결과를 공유할 것이다. 하지만 모든 것에 대한 해답을 내놓을 수는 없었다. 공식과 비공식, 이 두 가지로부터 최상의 성과를 얻는 것은 계속되는 도전이기 때문이다.

이 책의 구조와 내용

조직에 관한 책을 저술한 사람들은 대부분 둘 중에 하나다. 형식주의자이거나 비공식주의자. 형식주의자들은 혼돈스러워 보이는 조직에 질서를 부여하고자 하는 사람들이다. 반면 비공식주의자들은 조직이 너무 규율에만 집착하고 있어서, 오히려 영혼이 필요하다고 믿는 사람들이다. 오랜 기간 그렇게 구분되어 왔기 때문에 이들은 다양한 이름으로 불린다. 과학적관리학파 대 인간관계론학파. 맥그리거의 X이론 추종자와 Y이론 지지자.[2] 세상에는 이 두 가지 측면에 대해 쓰인 수많은 저서들이 있다.

이런 저술들에 대해 한 가지 아쉬운 점이 있다면, 이들은 공식적이고 합리적인 차원에서의 조직 성과를 구현하는 실제적인 맥락에 대한 것보다는 비공식 조직 자체에 대서만 초점을 맞추고 있다는 사실이다. 우리가 비록 비공식성의 주창자이자 학습자이기는 하지만, 동시에 실용주의 관리사상과 계량적으로 설명 가능한 비즈니스 효과도 중요하다고 강조하고 있다.

이 책에서 우리는 비공식 조직이 무엇인지를 가능한 명확하게 정의하고자 한다. 또한 우리는 비공식성이 어떻게 동원되는지를 구체적으로 알아보고, 보다 나은 성과를 이루기 위해 비공식성이 회사의 공식적 요소들과 어떻게 통합될 수 있는 지를 기술할 것이다.

1부 "이성과 감성, 균형이 필요하다"에서는 조직의 두 가지 차원과 이들 간의 균형을 이루게 하는 방법, 그리고 이 두 가지에 대한 통합

방법이 기술될 것이다

2부 "성과는 관계에서 시작된다"에서는 업무 자체의 중요성과 가치의 역할을 탐구하고, 어떻게 비공식성을 동원하여 성과를 높였으며, 어떤 동기로부터 이뤄졌는지에 대해 논의될 것이다.

3부 "재빠른 얼룩말을 찾아라"에서는 조직에서 재빠른 얼룩말 fast zebras 을 자유롭게 놔둠으로써 전략적 목표를 달성하는 방법에 대해 밝히고, 관리자들이 어떻게 비공식성을 동원할 것인가에 대해 알아 볼 것이다.

마지막으로 전형적이며 가장 일반적인 조직에 있어서 비공식성을 어떻게 적용할 것인가에 대해 알아보고, 개인에서부터 리더에 이르기까지 모든 구성원들이 비공식성을 어떻게 활용해야 하는지에 대해 살펴볼 것이다.

두 개의 부록이 있다. 하나는 연구 방법론과 자료에 대한 설명이며 다른 하나는 진단 도구이다.

▼

조직이 새로운 방향을 잡을 때, 리더들은 종종 조직의 공식적 라인 내에서 일을 한다. 리더들은 흔히 성과측정 기준을 수립하고, 목표를 설정하며, 계획을 세우고, 업무 수행원칙을 정의하고, 프로세스와 프로그램을 정교히 하며, 그리고 위계와 구조에 손을 댄다. 아주 가끔은 이런 공식적인 노력들이 리더가 원하는 만큼 빠르고 적절한 견인력을 가져다주지 못한다. 결국 실행하기 위해 오랜 시간이 필요하거나, 계획이 처음과는 다르게 변형되거나, 아니면 아예 폐기되는 경우도 많다. 변화를 위한 대부분의 노력들은 사실 그 변화가 시작된 지

2년이 지나지 않아 흐지부지 되거나 없어진다. 그런 어려움을 극복하는 일부 조직만이 지속적인 성과 우위를 가질 수 있다.

더군다나, 변화의 비공식적 측면들(공식성 바깥에 존재하는 행동과 리더십을 요구하는)은 경쟁자들에게 쉽게 노출되지 않는다. 또한 경쟁 우위를 형성하고 있는 공식적 요소들은 성공사례로 쉽게 모방되는 반면, 비공식적 요소들은 쉽게 복제되지도 않는다.

이 책의 목적은 리더들, 특히 공식 조직 내에서 이미 효과적인 리더십을 보이고 있는 사람들을 돕고자 하는 것이다. 한 걸음 물러서서 전체 내용을 보고, 그들이 어디에서 어떻게 효과적으로 비공식 조직들을 이끌어 가며 그 결과로 얼마나 더 큰 영향력을 갖는 지 지켜보고자 한다. 이를 위해 어떤 신비스런 재능을 갖거나 소셜 네트워킹의 전문가가 되어야 하는 것은 아니다. 리더가 지녀야 할 것은 개방된 마인드, 필요한 만큼 새로운 행동을 취하려는 의지, 실행에 대한 집중, 지속적으로 실질적인 결과를 성취하려는 강한 열망, 그리고 공식 조직 밖에 놓여 있는 광대한 성과 잠재성을 보는 능력 등이 필요한 것이다.

▲

PART 1 ⟶

이성과 감성,
균형이 필요하다.

비공식성은 마술과 같다. 항상 깜짝 놀랄만한 결과를 만들어 내는데, 도대체 그 방법을 알수가 없기 때문이다. 흔히 비공식 조직의 감정적 측면은 공식 조직의 명백하고 합리적인 측면과 함께 존재한다. 핵심은 비공식성과 공식성이 균형을 이루 때 가장 큰 이익을 얻을 수 있다는 것이다. 균형을 유지하는 것은 생각보다 훨씬 어렵다. 균형점이 항상 이동하기 때문이다. 하지만 비공식적 요소와 공식적 요소간의 균형이 이뤄지고 이것이 유지되면, 조직은 두 요소가 제공하는 최상의 결과를 얻을 수 있다.

1부에서는 조직 행동론의 역사를 간략히 설명하고 합리주의자와 인본주의자가 왜 그동안 번갈아 가며 우세를 보였는지 논의하고자 한다. 개인적 경험뿐 아니라 대기업과 중소기업의 사례들도 살펴볼 것이다. 우리의 초점은 일반 기업에 맞추고 있지만, 다양성과 여러 가지 이슈에 대한 근본적인 문제를 설명하기 위해 두 개의 비영리 그룹(뉴욕의 오르페우스 챔버 오케스트라Orpheus Chamber Orchestra와 아프리카의 !쿵 부족the !Kung tribes)을 포함하고자 한다. 위계가 거의 존재하지 않고 리더십에 있어 매우 다른 접근을 보여주고 있는, 이 두 조직을 검토함으로써 우리는 기업과, 비즈니스 영역에 속해 있는 집단, 그리고 문화 공동체 속에서 작동되는 집단적 역학 관계에 대해 폭 넓게 이해할 수 있을 것이다.

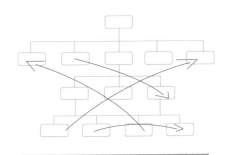

CHAPTER 1

공식 조직=논리
비공식 조직=마술

톰 로빈스Tom Robbins는 이렇게 말했다. "논리는 필요로 하는 사람에게 주어지고, 마술은 원하는 사람에게 주어진다."[1] 지난 수세기 동안 많은 작가들은 이성과 감성 사이의 긴장, 그리고 이성과 감성의 통합이라는 주제에 많은 관심을 가져왔다. 하지만 이와는 대조적으로 경영관련 전문가들은 오로지 이 둘 간의 갈등이라는 한 가지 측면에만 집중해 왔으며, 갈등과 통합 중 무엇이 더 중요한지를 따지는데 지난 100년의 시간을 허비해 왔다. 이 장에서 우리의 의도는 두 가지 가운데 무엇이냐가 아니라 공식과 비공식적인 제안을 통해 얻는 것이 무엇이며 왜 공식적인 제안과 비공식적 제안이 함께 작용되어야 하는지를 밝힐 것이다.

논리인가? 마술인가?
골치 아픈 논쟁에 대한 간략한 역사

경영학의 합리주의 학파는 20세기 내내 비즈니스 조직에 대한 사상을 지배해왔다. 합리주의 학파는 과학적 관리의 아버지로 불리는 프레드릭 테일러Frederick Taylor의 연구에 뿌리를 두고 있다.[2] 그는 구성원을 선발하고, 훈련하며, 성장하게 만들기 위해 과학적 엄격함을 사용할 필요가 있다고 강조했다. 프레드릭 테일러는 과학적 방법론의 성공을 확신하면서, 조직에서 성과를 최적화하기 위해서는 관리자와 직원 간에 분업과 협력이 필요하다고 주장했다. 그의 이론은 당시 상황에 부합했다. 제2차 세계대전 이전에 이 이론은 많은 공장에 적용되었고 가끔은 놀랄만한 생산성 향상을 보여 주기도 했다. 프레드릭 테일러는 모든 조직들이 효율을 높이고 드러나지 않은 성과 잠재력을 표출시키기 위해, 소위 "시간과 동작연구time and motion studies"를 사용할 수 있다고 주장했다. 궁극적으로 과학적 관리에 대한 그의 아이디어는 헨리 포드Henry Ford의 자동 공정 라인으로 확산되었다.

　이후 출현한 다른 학파는 보다 감성적인 접근법을 제시했다. 1960년 더글러스 맥그리거Douglas McGregor는『기업의 인간적 측면The Human Side of Enterprise』를 출간했는데, 그는 이 책에서 기업 내 개인의 행동에 대해 두 가지 이론을 제시했다.[3] X 이론과 Y 이론이다. X 이론은 구성원들이 기본적으로 일을 싫어하고 지시 받는 것을 선호하며 금전적 보상과 처벌을 통하여 동기부여 된다고 가정한 것이다. 이 이론은 합리주의 학파의 이론과 맥을 같이하고 있다. 그러나 Y 이론은 구성원들이 기본적으로 일을 좋아하며 책임을 추구하고 목적과 정서 그리고 만족 등에 의해 동기부여 된다고 가정한 것이다.

Y이론은 그 시대의 다른 유명한 사상가들의 저서에서도 인용되며 큰 반향을 일으켰다. 아브라함 매슬로우Abraham Maslow는 욕구의 단계 이론에서 자아실현을 가장 높은 수준의 욕구로 정의했다.[4] 이 단계는 사람들이 개인으로서 타인을 어떻게 느끼는지, 무엇을 하는지, 그리고 그들은 왜 타인과 일을 하는지 등을 설명하고 있다. 프레드릭 허즈버그Frederick Herzberg는 그의 논문인 「한 번 더: 종업원들을 동기부여 하는 방법One More Time: How Do You Motivate Employees」에서, 직원들은 도전하고 책임을 지며 성과를 내는데 좋은 느낌을 가짐으로써 감정적으로 동기부여 된다고 주장했다.[5]

합리주의적 접근과 감성적인 접근의 주창자들은 그들의 관점을 통합하려 노력하지 않았다.[6] 스탠포드 대학의 해롤드 레빗Harold Leavitt 교수는 그의 저서 『경영 심리학과 상의하달Managerial Psychology and Top Down』에서 1950년대 조직 성과를 연구하는 이 두 학파가 서로를 어떻게 보는 지 다음과 같이 기술했다.

● 거대한 전투가 벌어지고 있는 가운데 하나의 소소한 논쟁이 MIT에서 일어났다. 그 당시 우리는 Y 이론으로 유명한 선구자적 인본주의자인 더글러스 맥그리거를 자랑스러워했고 우리는 그의 교만한 추종자이자 사도였다. 우리의 이 열정적인 소규모 집단을 "사람

중의 사람the People-people" 이라고 불렀고, MIT 1번 빌딩의 3층을 본 거지로 활동했다. 우리의 적敵은 돌머리 집단인 회계 및 재무 전공자들, 테일러Taylor의 후계자들인 과학적 관리를 추종하는 무리, 그리고 산업공학 전공자들이었는데 이들은 우리와 같은 빌딩의 1층에 자리 잡고 있었다.

우리는 가끔 재무통제나 비용회계와 같은 비인간적 과목들을 수강해야만 했다. 짐작하겠지만, 이러한 적 영토로의 진입은 인간화된 신조에 대한 우리의 믿음을 강화시켰을 뿐이었다. 이런 신조에 대한 우리의 헌신과 몰입은 점차 커졌고, 누군가가 1층으로 변절할 경우 그에 대한 비난도 강해졌다. 1층의 인간들은 진리가 무엇인지 알지도 못하고 완고했으며 편협하기까지 했다. 그들은 마음(감성)이 있어야만 하는 자리에 기계(이성)를 얹다 놓았다. 심지어 그들은 신성한 단어인 사기, 동기부여, 그리고 참여 등을 이해조차 하지 못했다. 우리는 1층의 그 무리를 "돈을 좇는 원시인make-a-buck Neanderthals" 이라고 했고, 그들은 우리를 "행복 소년들happiness boys" 이라 불렀다.[7] ●

레빗의 이야기가 약간은 비꼬는 듯하지만, 여전히 유사한 논쟁이 일어나고 있으며 이런 논쟁은 학계에서뿐만 아니라 비즈니스 조직 리더들 간에도 흔하게 생기고 있다. 리더는 조직의 성과 향상과 성장을 위해 중요하다고 생각하는 것에 자원을 집중시켜야 한다. 그러나 최선의 방법이 무엇인지에 대해서는 서로 다른 생각을 갖고 있다.

우리는 많은 조직에서 양 진영에 속한 수많은 리더들 간에 벌어지고 있는 논쟁을 보아 왔으며, 그런 논쟁에 참여하기도 했다. 리더들 가운데 일부는 두 접근법이 모두 중요함을 충분히 이해하고 있기도 하다. 하지만 머리와 가슴에 대한 이런 종류의 논쟁은 너무나도 오랜 역사를 갖고 있어 지루할 뿐이다.

비공식 조직에 주목하는 이유

1954년 스탠포드 대학교 경제학과를 졸업한 존 카젠바흐는 형식주의자 클럽의 회원이었다. 대학에서 그는 경제분석, 구조적 문제해결론, 그리고 합리적 의사결정론 등의 연구에 몰두했다. 그가 졸업 무렵 미국은 한국전에 참전 중이었는데, 존 카젠바흐는 자신이 원하는 군대를 선택하기 위해 해군사관후보생 학교에 지원을 했고 졸업 후 다시 해군병참장교 학교로 갔다. 존 카젠바흐와 같은 형식주의자에게 군대는 천국이었다. 당시 그는 효과적인 병참운영에 기여하는 절차, 프로그램, 그리고 업무 규칙 등의 개발업무를 수행했다.

존 카젠바흐는 해군병참장교 학교를 마친 후 보급·병참 부장교로 임명되었다. 수륙양용함 유에스에스 웨트스톤USS Whetstone 전함에서 그는 존 샌드록John Sandrock 대위를 직속상관으로 모셨다. 병참부대에서 수년간 근무한 경력이 있는 존 샌드록은 훌륭한 해군장교의 전형적인 이미지와도 딱 어울리는 사람이었다. 키가 크고 단정하며, 이것저것 모든 것을 명령하고 지휘하는 사람이었다. 그는 수병들과 일정한 거리를 두고 관계를 유지하였으며 규율과 규칙을 엄밀하게 집행했고, 부하들에게도 자신이 하는 방식을 따르게 했다.

유에스에스 웨트스톤 전함에서의 1년이 지난 후 존 카젠바흐는 진주만에 정박하고 있던 유에스에스 니콜라스USS Nicholas 전함으로 전출되었다. 그 곳에서 존 카젠바흐는 병참 장교 찰리 스튜워트Charlie Stewart 대위를 상관으로 모시게 되었다. 당시 유에스에스 니콜라스 전함은 태평양 함대에서 가장 오래된 구축함으로 악명이 높았다. 전함 곳곳에서 삐거덕 거리는 소리가 났고, 심지어 녹슨 곳도 많았다.

찰리 스튜워트는 존 샌드록과 전혀 달랐다. 그래서 존 카젠바흐는 조금 당황했다. 찰리 스튜워트의 군복은 낡았고 다림질도 제대로 되어 있지 않았다. 그는 규칙이나 규율을 거의 언급하지 않았다. 그러나 수병들과는 아주 친밀한 관계를 맺고 있었으며, 그의 병참 운영성과는 높이 살만했다. 결국 찰리 스튜워트는 군 복무의 마지막 해에, 니콜라스 전함이 태평양 함대 내 동일한 유형의 전함 가운데 가장 훌륭하게 운영되고 있다는 성과를 인정받아 해군으로부터 훈장을 받았다.

이런 포상이 우연한 것은 아니었다. 찰리 스튜워트와 그의 수병들은 효율성 향상을 위해 3년 동안 꾸준히 노력해 왔다. 전함의 보급실은 항상 정리가 잘되어 있었으며, 전함 운영을 위한 지출 기록은 단 한 건의 결점도 없었고, 보급창고와 재고관리는 월마트 매장만큼이나 훌륭하게 유지되었다. 심지어 식당조차도 맛있는 음식과 빠른 서비스로 높은 평가를 받았다. 낡고 삐걱거리는 이 오래된 전함에서 이런 결과를 만들어 내는 것은 결코 쉬운 일이 아니었다.

비록 존 카젠바흐가 그 때 이 용어를 사용하지는 않았지만, 찰리 스튜워트의 운영 방식은 명백히 "비공식적인 우위"를 갖고 있었다. 이 말은 모든 선원들이 각자 직무에 대한 공식적인 측면을 완전히 숙지하고 있었음에도 불구하고, 그 것만이 전함의 운영을 훌륭하게 만드는 것이 아니라는 의미다. 업무에 대한 자부심과 각자 직무에 대한 감정적 몰입이 전함 내 모든 그룹을 뛰어나게 만든 것이었다.

병참 부서에서 찰리 스튜워트의 역할은 거의 필요 없어 보였는데, 이것이 오히려 효과적이었다. 수병들은 대부분 자기 규율적인 태도와 마음을 갖고 있었다. 찰리 스튜워트는 명령뿐 아니라 제안을 하는 경우도 거의 없었다. 그래서 존 카젠바흐는 병참 부서에서 복무하는 것이 최고의 행운이라고 생각하기 시작했다. 찰리 스튜워트가 다른 함대로 전출되고 존 카젠바흐가 그의 직위를 이어받았을 때, 그는 새로 맡은 자신의 직무가 수월할 것으로 판단했다. 존 카젠바흐는 이미 만들어진 절차와 규율을 단지 따르기만 하고 이전에 해왔던 것처럼 지켜보기만 하면 될 것으로 생각했다. 이것처럼 쉬운 일이 있을까? 존 카젠바흐는 전적으로 공식적인 요소만을 생각했던 것이다.

그런데 비공식적인 요소의 위대함을 깨닫게 된 사건이 있었다. 이 사건은 진주만에 정박 중이었던 니콜라스 전함에 대한 해군 제독의 검열기간 동안 발생하였다. 제독이 오기로 한 바로 하루 전, 니콜라스 전함의 함장은 장교들을 소집하여 제독을 맞이하는 행사에 대해 논의했다. 그런데, 찰리 스튜워트와 윌리암 인스킵William Inskeep이라는 두 명의 장교는 다른 임무를 수행하느라 이 회의에 참석하지 못했다.

해군 제독이 전함에 승선할 때 그의 승선을 인정하고 공식적으로 환영하는 절차는, 해당 전함의 장교들이 일제히 칼을 빼서 가슴에 대는 경례(예도 경례 sword salute)로 시작된다. 함장은 이것이 걱정스러웠다. 왜냐하면 장교들이 칼을 차거나 사용한 적이 없었고, 이전에도 예도 경례를 요청받거나 해본 적이 없었기 때문이었다. 또 설상가상, 회의에 참석하지 못했던 찰리 스튜워트와 윌리암 인스킵이 제독의 방문 당일 갑판 근무여서 그들이 예도 경례로 제독을 맞이해야만 했다.

그 날이 왔다. 찰리 스튜워트와 윌리암 인스킵은 각자의 근무 위치에 있었다. 제독이 배에 올랐다. 윌리암 인스킵은 칼의 손잡이를 단단히 움켜쥐고 날렵하게 칼을 꺼내 치켜 올렸다. 한편, 찰리 스튜워트는 팔을 꺾어 위로 올리면서 손 끝을 그의 모자에 갖다 대는 거수경례를 했다. 윌리암 인스킵은 찰리 스튜워트를 힐끔 보면서 어떻게 된 건지 의아해 하고 있었다. 그 순간 칼끝이 제독의 모자 테두리를 찔렀고, 그 모자는 제독의 머리에서 날아가 바다 저편 아래로 떨어졌다. 전함에 있는 모든 사람들이 숨을 죽인 채 이 광경을 지켜보고 있었다.

찰리 스튜워트를 구한 것은 바로 비공식 조직이었다. 함장은 장교들과 회의를 하던 중, 예도 경례는 너무 어렵고 위험하다고는 결론을 내리고 표준 거수경례를 하도록 했다. 회의에 참석했던 장교들은 찰리 스튜워트가 전함으로 돌아오자마자 그에게 바뀐 사항에 대해 말해주었다. 그래서 그는 제독이 도착했을 때 어떻게 해야 하는 지를 잘 알고 있었던 것이다. 하지만, 윌리암 인스킵은 찰리 스튜워트와는 달리 동료 장교들과 친밀한 관계를 형성하고 있지 못했다. 결국 어느 누구도 절차가 바뀐 것을 그에게 말해주지 않았던 것이다. 회의에 참석했던 장교 모두가 "그건 내 일이 아니니까…"라고 생각했던 것이다. 천천히 바다 속으로 가라앉고 있는 제독의 모자는 공식성이 작동되지 못할 때 비공식성의 중요성을 잘 알려주는 중요한 상징물이 되었다.

군대라는 조직은 위계, 공식성, 규칙, 규정 등이 다른 모든 것을 압도하는 곳이다. 존 카젠바흐가 그런 군대에서 비공식성의 중요성을 배우게 된 것은 매우 흥미로운 일이다. 결국 그는 공식적인 구조뿐 아니라 감정(신뢰, 용기, 두려움, 충성 등)과 같은 비공식적인 기능의 보완 없이는 해군(그리고 이후 연구한 이래로 육군, 공군 등도 포함)이 제대로 운영되지 않는다는 사실을 깨달았다.

감성적 영향력의 중요성

존 카젠바흐가 잘 다려진 제복을 입고 손 때 묻은 규정집을 항상 지니고 다니는 존 샌드록에게 전함 운영에 있어서 감정적 몰입이 얼마나 중요한지, 그리고 감정이 실제로 문제가 되는지를 물었다면 그는 아마도 다음과 같이 대답했을 것이다. "그럼요. 중요하죠. 하지만 업무 절차와 실행 만큼은 아니죠."

오늘날, 특히 대기업의 관리자들이나 임원들에게 비슷한 질문을 한다면 그들도 존 샌드록과 비슷한 대답을 할 것이다. 형식주의자들은 세상을 이성^{理性}이라는 안경을 쓰고 보는데 그들은 논리, 분석, 데이터, 프레임웍 등에 가치를 둔다. 그들은 (일반적으로 선택된 임원 집단에 의해 설계되고 집행되는) 공식적인 업무 절차와 프로그램을 통해 사람들을 관리한다. 이러한 공식적인 요소들은 프로토콜과 메모 등의 형식으로 전체 조직에게 전달되며 포괄적인 통제·보상 시스템으로 자리 잡게 된다. 만약 형식주의자인 관리자들이 감정적 몰입의 중요성을 받아들인다 하더라도, 그들은 그것을 올바른 합리적 접근의 부산물 정도로 생각할 것이다. 즉 자신들의 세운 계획이 훌륭함을 직원들이 알게 되었고, 그로 인해 몰입이 이뤄졌다고 믿는 것이다. 이런 메커니즘에서는 감정적 이슈를 거의 고려하지 않는다. 하지만 대부분의 사람들은 이런 메커니즘에 대해 감정적으로 반응하는 경우가 많다. 그들의 감정적 반응은 종종 긍정적이라기 보다는 부정적이라 문제가 된다.

결국 그들은 계획 입안자들이 의도한 것과 반대로 행동한다. 또 다시 우리는 임원들의 불평을 듣게 된다. "왜 직원들은 한 배를 타고 있다고 생각하지 못하지? 우리가 전달한 문서를 못봤나?"

이성적으로 명료하다고 해서 바람직한 행동을 자극하는 감정적 몰입이 생기는 것은 아니다. 그리고 감정적 요인들이 부정적으로 고려되는 경우, 조직은 의도한 목적에 도달하지 못하는 경우가 많다. 근본적인 이슈는 관리자들이 변화에 영향을 미치는데 있어 감정의 중요성과 힘을 충분히 이해하고 있지 못하거나, 이를 믿지 않는다는 것이다. 그들은 감정이 인간 행위에 미치는 영향을 과소평가한다. 그리고 감정적 요소를 관리하고 통제하는 것을 어렵게 생각한다.

우리는 합리적 구조와 논리적 계획의 가치가 감소되는 것을 원하지 않는다. 하지만 우리가 수행해 온 과거 수년간의 방대한 경험과 연구에 따르면, 감정적 영향력이 논리적 주장과 합리적 영향력 못지않게 그들의 태도를 형성하고, 그들의 행동에 자극을 주며, 그리고 가끔은 보다 큰 영향을 미치기도 한다는 사실을 알게 되었다.

공식 조직을 움직이는 힘, 논리

왜 관리자들은 이성적 접근법을 좋아하고, 상의하달식 실행방식에 의존하는가? 대체적으로 공식 조직의 메커니즘은 명확히 정의되고, 명명되며, 문서형태로 나타나고, 측정되기도 한다. 공식적인 요소들로는 아래과 같은 것들이 있다.

실제로 이런 공식 메커니즘은 문서에서나 볼 수 있다. 공식 조직에

전략	자원의 활용을 극대화하고, 역량을 최대한 효율적으로 사용하기 위해 조직 전체의 선택을 안내하는 일련의 우선순위, 계획, 그리고 성과목표
구조	누구에게 무엇을 보고해야 하는지를 결정하고, 조직전략 달성을 위해 필요한 의사결정을 지원하는 지휘라인과 스텝라인
절차와 순서	조직과 개인의 성과를 모니터하고 평가하는데 사용되는 명백한 목표와 지표
프로그램과 이니셔티브	제한된 업무 일정에서 특정한 목표를 달성하기 위해 투입되는 일련의 업무계획, 목적, 규칙, 그리고 자원 등
성과목표와 측정	조직과 개인의 성과를 모니터하고 평가하는데 사용되는 명백한 목표와 지표

있어서 문서화는 매우 중요하다. 문서화는 공식적인 메커니즘을 정형화시키고, 일련의 참조와 결재 등의 단계를 거치면서 매번 정확하게 같은 방법으로 구성원들에게 전달되기 때문이다. 이것 때문에 바로 조직의 공식적인 요소들이 오랫동안 잘 알려져 왔다. 대면 미팅, 대화, 사회적 네트워크, 특정 행동과 같은 것들은 지나고 나며 사라지지만 이런 형식의 공식적인 문서들은 정확성과 영속성을 갖고 있다. 합리적이고 분석적인 문제 해결 과정과 결과들은 반드시 문서화된다. 공식 문서에는 권위가 있다. 조직도, 직무기술서, 성과평가표 등은 모두 의견 차이나 분쟁이 있을 때 특별히 유용한 도구가 된다.

　이런 것들은 모두 이치에도 맞고 좋아 보인다. 공식성은 기계를 돌리는 볼트와 너트 같은 하드웨어로 이뤄져 있다. 공식적인 메커니즘을 통해 제공되는 템플릿은 오랜 시간 검증된 것으로 리더들에 의해 이해되고 다뤄지며 다음 리더들에게 전달된다. 공식 조직은 효율성을 만들어내고, 권위를 명확하게 표명하며, 우선순위가 무엇인지를 구성원들에게 전달하고, 공통의 목적 달성을 위해 구성원들이 합리적으로 행동하도록 만든다. 모든 기업은 논리적인 것들을 필요로 한다. 그래서 대다수의 리더들이 공식적인 것에 크게 의존하는 것이다.

이성적 사고의 한계

형식주의자 리더들은 변화를 만들고자 할 때 대부분 공식 조직에 의존한다. 그러나 공식 조직은 변화에 필요한 도구들을 제대로 제공하지 않는다. 리더들은 늘 합리적 사례를 과장하여 강조한다. 특히 어려운 변화를 만들어 내고자 할 때 그들은 왜 새로운 계획이 중요한 지를 극도로 상세하게 밝히고, 경쟁자들은 무엇을 하고 있는지, 그리고 고객 세분화가 왜 중요한지를 설명하며, 정교한 재무 분석을 실시하고, 회사의 목표에 대해 장황하게 토론하며, 지나칠 정도로 세부적인 스코어카드를 만들어 제공한다. 이렇게 하는 이유는 간단하다. 조직이 변화의 필요성을 논리적으로 이해한다면, 이것을 그대로 받아들여 실행에 옮길 것이라는 믿음 때문이다. 합리적이고 적절하게 설명한다면 문제없을 것이라는 믿음이 깔려있다.

하지만 행동의 변화가 필요한 경우, 대부분의 사람들은 자신과 팀의 노력이 조직 내 우선순위가 높은 중요한 업무들과 감정적으로 연계됨으로써 개인적으로 의미를 갖고 싶어 한다. 리더들은 이를 잘 이해하고 회사의 비전, 목표, 전략 등을 각 개인이 추구하는 목적과 성과 등과 연계시킬 수 있어야 한다.

구성원들의 강한 감정적 지원 없이는 어떤 변화도 불가능하기 때문이다. 많은 리더들이 공식적인 방법을 통해 원하는 정도의 성과 수준을 이끌어 내는데 실패하는 이유도 바로 여기에 있다. 공식적인 방법들은 "합리적으로 제한되어 있다." 공식적인 방법들은 어떤 행동에 대한 감정적인 결정 인자를 허용하지 않는다. 감정적인 결정 인자들은 이성적인 주장과 공식적 조직 바깥에 존재한다. 감정적 대응은 논리적 주장을 따르지 않는다. 구성원들의 선택과 행동이 논리적 주장뿐 아니라 이런 감정적인 대응에 의해 결정된다는 사실을 고려하지 않는 다면, 구성원들을 합리적으로 이해시키려고 하는 모든 노력과 수고는 헛된 작업이 되고 말 것이다.

비 공 식 조 직 이 부 리 는 마 술

비공식성은 공식성처럼 쉽게 정의되지 않는다. 공식성처럼 명확한 구조적 경계를 갖고 있지 않기 때문이다. 비공식성은 종종 중첩되기도 하며, 분석가들이 선호하는 특정한 원칙을 따르지도 않는다. 비공식성은 감정적 수단을 통해 기본적인 행동에 영향을 미치는 조직 요소들의 합이다. 공식적인 요소와는 달리, 조직의 비공식적인 요소들은 문서화된 지시 사항처럼 눈에 보이지도 않는다. 하지만 비공식적 요소들은 아래와 같이 규정되고 명명될 수 있다.

- 공유 가치: 공유 가치는 개인 또는 집단적인 행동과 의사결정을 위해 공유되고 있는 신념과 규범이다. 공유 가치는 공식적으로 언급되고 전개되는 가치와는 구별된다. 몇몇 조직이 갈등을 공개적으로 다루는 것을 피하기 위해, 막후에서 갈등을 해결하고 무언無言 혹은 불문不文의 규범을 갖는 것이 좋은 예이다.
- 비공식 네트워크: 비공식 네트워크는 지식의 공유, 신뢰, 에너지, 그리고 여타 다른 특성들에 기반을 둔 사람들 간의 긍정적

인 관계 패턴이다. 영민한 사람들(다른 사람들이 통찰력을 얻기 위해 찾는 사람들)은 허브로 통칭되며, 이런 사람들은 비공식 네트워크를 형성하고 유지하는데 중요한 역할을 수행한다. 당신이 속해 있는 여러 네트워크 중 하나를 떠올려보자. 당신이 경력 상담, 정치적 조언, 혹은 특별한 전문성 등을 얻기 위해 찾아가는 사람들이다. 단, 그들은 당신의 일반적인 위계 내에 존재하지 않는다. 뭔가 불확실한 것들로 혼란스러울 때, "도대체 이곳에선 무슨 일이 일어나고 있는지"에 대한 수많은 루머와 추측 등을 함께 나누는 사람들도 여기에 포함된다.

- 커뮤니티: 커뮤니티는 공통의 정체성과 관행을 공유하는 그룹으로 공식 조직 보다 집중적이며 다양한 기능을 수행한다. 어떤 면에서 커뮤니티는 공통의 관심과 존재의 이유를 갖고 있으며, 그룹 간 관계의 밀도에 있어서 경계가 뚜렷하다. 사업을 수행함에 있어 환경적으로 지속가능한 방법에 집중하는 커뮤니티가 있다면 이것이 바로 적절한 예다. 또는 지정된 흡연 장소에서 매일 모여 상호 교류를 하는 사람들도 커뮤니티의 한 예이며, 소수자 그룹으로 서로 비공식적인 지원과 멘토를 하는 그룹도 포함된다.

- 자부심: 사람들은 자기 자신에게 의미 있는 목적을 이루기 위해 특별한 역량을 사용할 때 자부심을 느낀다. 목적은 개인별로 매우 다양하다. 예를 들어, 어떤 CEO은 최근에 일어난 인수 협상 작업을 마무리 한 것에 자부심을 가질 수 있으며, 서비

스 안내원은 단골 고객의 불만을 잘 처리해 준 것에 뿌듯함을 느낀다. 자부심 그리고 자부심을 느끼는 것에 대한 기대는 강력한 동기부여 요인이다. 자신이 존경하는 가족이나 멘토 등으로부터 자신의 성과를 인정받을 때, 그의 자부심은 더욱 커진다. 이런 종류의 승인承認과 동의同意는 동기부여에 큰 영향력을 행사한다.

비공식성이 문서로 기록되어 있지 않다는 것은 이점이 될 수도 있다. 예를 들면, 새로운 것을 시도하는 것은 여러 가지 규칙들이 엄격하게 코드화 되어 있지 않은 상태에서 더 용이하기 때문이다. 네트워크와 커뮤니티 등과 같은 비공식 조직에서 사람들은 상부로부터의 명령을 받았을 때 보다, 동료 간 상호교류에 의해 자극을 받았을 때 더 빠르게 반응한다. 고객으로부터 칭찬을 받은 세일즈맨은 공식적으로 성과에 대해 높은 평가를 받거나 혹은 월간 목표 달성에 의해 고무되는 것보다 더 많은 자부심을 즉각적으로 느낀다.

우리는 가끔 비공식 조직과 문화의 차이에 대해서도 질문을 받곤 한다. 비공식성과 조직 문화는 공통의 요소를 가지고 있어 동일한 것으로 여지지기도 하기 때문이다. 그러나 한 가지 중요한 차이가 있다. 사전(메리엄-웹스터 콜리지에이트 Merriam-Webster's Collegiate 영어사전, 10판)을 보면, 문화를 회사나 조직(에서 구성원의 행동)을 특징 지워 주는 공유된 태도, 가치, 목적, 그리고 관습이라 정의하고 있다. 이 정의는 우리뿐 아니라 많은 리더들이 동의한다. 문화의 중심에 인간의 행동을 놓고 보면, 인간의 행동은 공식적 요소와 비공식 요소들뿐 아니라 항상 이성적이고 감정적인 차원 모두와 관련되어 있다. 문화는 더 단순하게 "여기에서 이루어지는 일의 방식"으로 설명될 수도 있다.

비공식 조직은 다른 문화적 요소와 밀접하게 연결되어 있는 메커니즘에 의해 보다 잘 정의된다. 이 메커니즘의 대부분은 명확히 규정될 수 있고 분명한 영향을 미친다. 예를 보자. 찰리 스튜어트의 부하와 동료들은 불확실한 상황에서 그에게 정보를 제공했다. 그는 당일 효과적으로 행동할 수 있는 비공식적인 메커니즘을 갖고 있었던 것이다. 그 메커니즘은 찰리 스튜어트와 그의 부하 및 동료들이 상호 느끼고 있던 강렬한 비공식 네트워크에 의해 지속적으로 발전되어왔다.

충성심과 같은 가치를 의무화함으로써 조직 문화를 직접 바꾸는 것은 쉽지 않다. 윌리암 인스킵의 경우, 부하나 동료들에게 더 충성심을 가지라고 명령을 내린다고 해서 그것이 작동하겠는가? 이것이 의미하는 바는 무엇인가? 어떻게 그런 충성심을 계속 유지할 수 있나? ˝하지만, 정서적 몰입을 조성하는 특수한 메커니즘을 개발하는데 있어 윌리암 인스킵이 찰리 스튜어트처럼 감각적이었다면, "의전(경례) 계획"의 변경 내용을 알지 못해 위신이 떨어지는 일은 없었을 것이다.

따라서 문화적 변화는 비공식 조직의 메커니즘을 조정함으로써 가능하며, 이를 통해 인간 행동의 근간에 있는 요소들을 활용하고 바람직한 성과 향상을 만들어 낼 수 있다. 공식 조직을 통해 추진되는 실용적인 변화 노력 또한 문화의 변화를 만들어 낼 수 있지만, 이 경우 변화는 매우 느리게 진행될 수 있으며, 부정적인 반응과 저항이라는 부작용을 초래할 수도 있다.

비공식적 요소들은 전략적, 분석적, 논리적, 효율적이지 않다. 그리고 강제하기도 어렵다. 통상적인 인식으로 볼 때 관리할 수도 없다. 이것은 직관, 개인, 감정, 그리고 즉각적이며 다양한 것으로부터 많은 영향을 받는다. 구성원들이 주어진 업무 이상의 일을 하고, 더 잘하도록 동기부여 하고, 정보를 신속하고 의미 있게 유통시키며, 협력을 촉진하고, 행동의 변화를 만들어 나가는 데에는 비공식성이 아주 유용하다. 공식 조직 바깥에 존재하는 것은 그 안에 존재하는 것만큼 명확하게 정의되지 않는다.

조 직   지 수 organization quotient

씨에이엔CAN으로 알려진 스페인 은행 까하 나바라Caja Navarra는 사회적 책임과 이익을 연계하는 시민은행이라는 새로운 모델을 만들어 냈다. 비공식성은 위계적인 스페인 지역의 은행을 변모시키는 데 중요한 역할을 했다. 한 가지 예를 들면, CAN은 은행 근무 경력이 없는 사람들을 고용했으며, 이들에게 전형적인 은행 업무처리 기술뿐 아니라 일반적인 고객서비스 능력을 더 강조했다. CAN은 공식적인 지위에서 요구되는 일련의 과제 보다 구성원들 스스로가 그들의 역할을 폭 넓게 정의하도록 격려했다. 고객과 서비스에 대한 관심은 은행과 지역 주민들 사이에서 비공식적인 관계를 만들어 냈다. 그 결과 CAN

은 사회적으로 긍정적인 영향을 미치면서 상당한 이익도 올릴 수 있게 되었다.

비록 CAN이 비공식 조직을 통하여 혁신을 일으킨 것은 사실이나 공식 프로세스와 업무를 포기한 것은 아니다. 공식적인 절차와 업무를 포기하면서까지 생존할 수 있는 은행은 없다.

실제로 조직에서 아주 뛰어난 사람들은 공식성과 비공식성 모두의 중요성을 매우 잘 알고 있다. 승진을 하거나 특별한 직책을 부여받은 사람들은 최고의 성과를 만들어 내기 위한 방법을 잘 알고 있다. 그들은 일을 저절로 이뤄지게 만드는 공식적인 프로세스를 습득하기보다, 조직의 비공식적 측면이 실제로 어떻게 작동하는지를 재빠르게 파악한다. CAN, 구글Google, 그리고 사우스웨스트 항공Southwest Airlines 등과 같은 기업들은 새로운 직원을 채용할 때, 이런 직관적인 능력을 적극적으로 사용한다. 공식 조직과 비공식 조직의 특성은 지적 능력을 측정하는 전통적 방법인 지능 지수IQ와 감성 지수EQ간의 차이와 비교될 수 있다. IQ는 언어와 수리 성취검사를 통해 개인의 합리적인 기술과 지능 측정을 목적으로 한다. 학교에서 IQ가 높은 학생들이 대부분 성적이 좋고 명문 상급학교에 진학하는 경향이 있다. 공식 조직에서 이뤄지는 대부분의 행동은 IQ와 관련되어 있다. 전략 수립, 프로세스 분석, 조직 구조설계, 통합된 성과측정 기준의 개발 등이 그것들이다.

그러나 IQ가 모든 지능을 측정하지 못한다는 논쟁은 오랫동안 있어 왔다. 특히 과거 10년 동안 EQ라는 아이디어가 데니엘 골먼Daniel Goleman의 『경영적 사고 Management Thinking』라는 책 덕분에 경영의 영역에까지 EQ가 통용되기 시작하였다.[8] 하지만, 이 개념의 뿌리는 찰스 다윈Charles Darwin의 「생존을 위한 감정적 표현의 중요성」 연구로 거슬러 올라간다. 찰스 다윈은 감정 이입이 사회성에 큰 영향과 자극을 주기 때문에 감정 이입 자체가 영장류의 진화에 이점으로 작용했음을 알게 되었다. 1920년대 콜럼비아 대학의 에드워드 손다이크Edward Thorndike 교수는 "사회 지수social intelligence" 라는 용어를 만들었는데, 그는 이것을 조직 구성원들을 이해하고 관리하는 능력으로 설명하고 있다.[9]

데니엘 골먼의 저서는 미국과 전 세계에 큰 영향을 미쳤는데, 두 번째 그의 저서인 『감성 지수로 일하기 Working with Emotional Intelligence』에서 그는 그 개념을 기업으로까지 확장했다. 그는 이 책에서 "작업의 규칙이 변하고 있다. 우리는 새로운 잣대로 평가되고 있다. 교육이나 전문성 또는 얼마나 똑똑한 지를 평가할 뿐 아니라, 우리 자신과 다른 사람들을 얼마나 잘 다루는 지를 평가한다."라고 기술했다.[10]

IQ는 전략, 조직, 성과측정 등의 영역에서 작용한다. EQ는 가치를 주입하고 관계를 형성하며, 업무에 감정적으로 몰입하게 만드는 데 필요하다. 관리자(실은 모든 구성원)들은 IQ와 EQ를 각각 언제 사용해야 하는지 알고 있어야 한다. 그래야만 높은 성과를 낼 수 있다. 이것이 가능한 사람들은 소위 높은 조직 지수OQ: organizational quotient를 갖고 있는 것이다. 이런 균형 능력은 IQ를 매우 신뢰하는 형식주의자들과, EQ에 상대적으로 강한 비공식주의자, 혹은 관계 조성자relationship cultivator 등으로부터 최고의 관리자를 구별을 하게 한다.

논리가 필요할 때 vs 마술이 필요할 때

공식성은 예측 가능하며 반복적인 일들을 수행할 때 가장 적합하다. 이런 일들은 변화가 적은 것이 특징이며 효율을 중시한다. 업무의 예측 및 반복 가능성은 조직의 공식적인 인프라를 구축하고자 하는 노력을 정당하게 만든다. 이런 노력들은 효율을 높이고 예외적인 것과 변형을 제거하기 위해 문서화되고 지속적으로 개선된다. 급여 지급 업무가 대표적인 예이다.

반대로 비공식성은 예측이 어려운 사건에 잘 적용된다. 공식 조직의 범위 밖에서는 다양한 이슈들이 제기된다. 이런 이슈들은 일반적인 보상체계 이외의 다른 방식으로 동기부여 되는 구성원들에 의해 다뤄진다. 이들은 조직의 경계 바깥에서 협력을 하고, 공식적인 전략으로 인해 받게 되는 제약에 구애받지 않고 의사결정을 한다. 때론 비공식 조직 내에서 어떤 변화에 대한 움직임이 반복적으로 일어날 때, 이것을 공식 조직에 광범위한 변화가 필요한 것으로 이해되기도 한다.

또 다른 차이는 공식 조직이 "베스트 프렉티스best practice"에 의해 너무 제한된다는 것이다. 모든 조직은 공통적으로 직급과 부서, 기능 전반에 걸친 성과 향상의 수단으로 베스트 프렉티스를 추구하는 경향이 있다. 이론은 간단하다. "만약 증명된 베스트 프렉티스를 결정하고 적용할 수 있다면, 우리는 업계 최고의 성과를 낼 수 있다." 하지만 위대한 리더들은 널리 퍼져있는 형식적인 베스트 프렉티스에 좀처럼 만족하지 않는다. 그리고 베스트 프렉티스를 넘어서기 위해서는 높은 통찰력, 적극적인 위험 감수, 그리고 비공식성을 이해하고 이용해야 한다. 이것이 바로 "베스트 퍼포먼스best performance"와 "베스트 프렉티스"를 구별하는 마술이다.

공식성과 비공식성의 특성

공식성	비공식성
효율	적응
확장성	지역중심
예측 가능성	혁신 가능성
통제	동기부여
명확	모호
훈련을 통해 성장	자연 발생적
위계적	협력적
이성적	감성적

CHAPTER 2

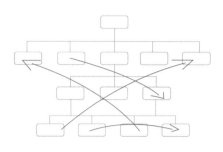

균형의 변화

"모든 것을 스스로 알아서 구매하고 소비하는" 고객에 대해 생각해 보자. 버니 마르쿠스Bernie Marcus는 크리스 로쉬Chris Roush의 저서 『인사이드 홈데포Inside Home Depot』에서 수습사원을 교육할 때마다 다음과 같은 이야기를 했다고 밝혔다. 그는 특별한 나사를 사기 위해 홈데포를 찾은 한 고객을 예로 들었다. 자동차로 수 마일을 운전하여 홈데포에 와서는 입구에서부터 길게 늘어선 줄을 따라 주차를 하고, 자신이 원하는 나사를 찾기 위해 상점 통로를 두리번거리며, 판매원에게 그 위치를 물어, 나사가 있는 선반에 도착했으나, 그 나사의 재고가 없었다. 우리는 그 고객을 "골탕 먹인 것"과 같다고 버니는 말한다.[1]

버니 마르쿠스와 아서 블랭크Arthur Blank가 고객을 골탕 먹이려고 홈데포를 설립한 것은 아닐 것이다. 그들은 고객에게 최상의 서비스를 제공하고자 했다. 버니 마르쿠스와 아서 블랭크는 직원들을 괴롭히지 않는 것이 고객을 괴롭히지 않는 최선의 방법임을 알고 있었다. 과거에 그들이 상사들로부터 괴롭힘을 당해 본 경험이 있기 때문이다. 그들은 원래 미국 최초의 주택개량 회사인 핸디 댄스Handy Dan's의 매니저들이었다.

부분적으로는 이런 경험들 때문에, 홈데포가 인간적인 요소를 강화시키는 기업으로 성장할 수 있었다. 아서 블랭크는 "버니와 나는 특별한 비전을 갖고 홈데포를 설립했습니다. 그 비전 때문에 우리는 중요한 가치가 생생하게 살아 있는 회사를 만들 수 있었지요. 그 가치는 구성원들 간의 상호존중, 탁월한 고객서비스, 그리고 우리 지역공동체와 사회로의 환원 등이었죠. 그리고 가장 중요한 것은 바로 이거에요. 가치는 우리의 생활 속에서만 의미를 갖는다는 것이죠."

버니 마르쿠스와 아서 블랭크는, 비록 그들이 사용했던 방식과 용어가 조금 다를 수는 있겠지만, 비공식적 요소들을 동원하는 데 있어 전문가였다. 특히 버니 마르쿠스는 이 분야에 더 많은 관심을 갖고 있었다. 홈데포에서는 모든 구성원들이 함께 일하는 것뿐 아니라, 개인적 관계를 설정하고, 신뢰하며, 존중하고, 그리고 공통의 이해에 기반을 둔 사회적 네트워크에 참여하도록 장려되었다. 물론 두 명의 설립자가 항상 모범을 보이기도 했지만, 엄격한 교육을 통해 구성원들 모두가 개인적으로도 친분을 갖도록 만들었다. 또한 구성원들은 고객을 단지 판매의 대상으로 인식하지 않았다. 그들은 고객과 개인적인 관계를 구축해나가는 방법을 배워야만 했다.

홈데포의 문화는 단순히 고객을 돕는 것 이상의 것이 필요했다. 직원들은 고객과의 개인적인 관계를 중요하게 생각하고, 이를 만들어 나가도록 하는 회사의 정신과 철학을 이해해야만 했다. 그래서 홈데포의 모든 직원들은 엄격한 교육을 통해 회사의 공식적인 업무 처리뿐 아니라 개인적인 것들도 서로 알아야 한다는 사실을 배워 나갔다. 홈데포의 헨리라는 한 전직 임원은 회사에서의 첫 3주간 동안 중역실에서 보낸 시간이 전혀 없었다. 그는 3주간 전국의 매장을 돌며 그 유명한 오렌지색 앞치마를 두르고 일을 했다고 한다.

헨리는 우리에게 캘리포니아의 한 매장에서 있었던 일에 대해 말했다. 어느 날 현장 주임이 그에게 묻기를 "헨리, 피비^{PB} 24 사용법을 아나요?" "글쎄요. 모릅니다." 그는 주저거리며 다시 말했다. "그런데, 배우고 싶네요." "좋아요, 날 따라와요" 현장 주임이 말했다.

헨리는 현장 주임을 따라 주방 코너로 갔고 청소도구가 있는 통로에 멈춰 섰다. 현장주임은 진열된 것에서 큰 빗자루를 꺼내어 헨리에게 주었다. 그리고는 "청소하세요." 라며 웃으며 말했다. "저는 이 통로에서 당신이 청소를 얼마나 잘하는지 지켜볼게요." 결국 새로 부임한 부사장 헨리는 큰 빗자루의 사용법과 그 유용함을 배우기 위해 1시간 정도를 소비했다. 이 경험과 홈데포 매장에서의 다른 경험 등으로 인해, 그는 회사의 일선 현장에 있는 직원에게 있어 가장 중요한 것이 무엇인지 잘 알 수 있었다.

홈데포의 직원들은 오렌지색 앞치마와 함께 "홈데포의 방식^{Home Depot way}"에 대해 상당한 자부심을 갖고 있다. 그들은 자신의 직업을 일이라고 생각하지 않는다. 일종의 소명으로 간주한다. 애틀란타에 위치한 홈데포 매장의 한 직원과의 인터뷰에서 그녀는 "음… 제 남편에게는 비밀이에요. 저는 주말에 집에서 마약에 찌든 듯한 남편의 얼굴을 들여다보고 있는 것보다, 회사에 나와 일하는 것이 훨씬 좋아요. 정말이에요. 나는 일과 동료들, 그리고 고객들을 사랑해요!" 라고 말했다.

사실 홈데포의 공식적인 조직과 절차, 그리고 업무 프로세스가 없다고 말하는 것은 아니다. 실제로 아서 블랭크는 철저한 형식주의자였다. 회계사로 훈련받은 그는 도표와 스프레드시트에 대한 애착이 남달랐으며, 가격을 결정하고 간접비를 산출하는 등 복잡한 사안에 대해 상세하게 토의하는 능력을 갖고 있는 것으로 유명했다. 그랬던 그가 직원들을 대상으로 한 교육에서 다음과 같은 질문들을 하곤 했다. "자, 시간당 10 달러 하는 6년 경력의 목수 한 명과 이제 겨우 집 한 채를 만들어 본 경험이 있는 시간당 5달러의 사람 두 명이 있습니다. 목재팀은 누구를 고용하는 것이 더 가치 있는 것일까요? 정답: 어떤 매장에서 필요한지에 따라 다르다. 더 중요한 것은 고객이 무엇을 필요로 하느냐에 따라 다르다는 것이다. 다시 말하면, 회사의 모든 공식적인 측면은 비공식적인 서비스에 달려있다.

훌륭한 서비스와 몰입된 직원들 덕분에(물론 다양한 선택, 낮은 가격, 그리고 편리한 위치 때문이기도 하지만) 버니 마르쿠스와 아서 블랭크의 기업은 역사상 가장 성공적인 소매 가구건축재료점 체인으로 그 명성을 드높였다.

예측 불가능한 환경에서 어떻게 할 것인가

수년 동안 홈데포는 비공식 조직(가치, 구성원, 태도, 습관, 행동, 스토리 등) 에 의해 운영되고 성장했으며 번영해 왔다.

그러나 회사가 성장함에 따라 조직은 점점 더 복잡하고 다양해졌다. 조직 구조, 공식적인 업무 프로세스, 그리고 각종 프로그램 등에 대한 일관성을 높이는 작업과, 에이전트 오렌지(홈데포의 직원을 일컫는 용어-옮긴이)들의 느슨한 업무처리 프로세스와의 균형을 맞출 필요가 있었다. 회사 경영에서 손을 떼었던 버니 마르쿠스와 아서 블랭크가 다시 복직했다. 아서 블랭크는 다시 공식성으로의 전환을 강조했고, 그는 이를 통해 회사가 계속 성장할 것이라고 기대했을지도 모른다. 하지만 이익률과 시장 점유율이 떨어지기 시작했다. 미국의 가장 위대한 소매기업의 영원히 멈추지 않을 것 같았던 성장이 갑자기 정지된 듯 보였다.

홈데포의 이사회가 회사의 미래에 대해 점점 더 염려하게 된 것은 당연했다. 이사회는 보다 더 규율 잡힌 관리가 필요하다고 생각했고, 무엇보다도 새로운 CEO와 그에 걸맞는 보다 명확한 전략이 필요하다고 결론지었다. 이사회는 지이GE의 전 사장 로버트 나르델리Robert Nardelli를 고용했다. 당시 대부분의 사람들은 로버트 나르델리가 최상의 선택이었음을 믿어 의심치 않았다. GE 임원들은 전략적 엄격성, 조직적 명확성, 그리고 분석적인 교육 등으로 명성이 있었다. 홈데포가 원하던 것도 바로 그것이었다.

예상했던 대로 로버트 나르델리 사장은 비용 절감과 생산성 향상을 위한 다양한 방법들을 바로 도입했다. 예를 들면, 재고는 홈데포 같은 거대 소매기업에게는 중요한 문제다. 로버트 나르델리 사장은 모든 재고를 깔끔하게 관리해 왔던 제조업체 출신이었기 때문에, 처음부터 엄격한 재고관리 프로세스에 관심을 가졌다. 그러나 그는 정기적으로 대량 주문을 하는 도매 고객들을 상대해 왔을 뿐이었다. 그들은 비교적 예측 가능했으며, 매우 합리적인 고객들이었다.

하지만 홈데포의 경우 대부분은 소매 고객들이었고, 그들은 예측하기 힘들었으며 도매 고객들과는 달리 감정적으로 움직인다. 버니 마르쿠스가 인용한 나사 이야기처럼 고객들은 "재고 없음stockout"을 싫어한다. 고객들의 요구에 맞춰주지 못하는 것은 재앙과 같은 결과를 가져올 수 있다. 홈데포가 고객이 원하는 것을 갖고 있는 않다면, 고객들은 로스Lowe's, 코스트코Costco, 또는 길모퉁이의 철물점과 같은 곳으로 바로 발길을 돌릴 것이기 때문이다.

홈데포 창업자들의 가장 큰 장점 중 하나는 공급과 수요 변수들에 대한 직관적인 능력이었다. 사업 햇수가 늘어나면서 이 직관은 시기에 따른 각 상품별 재고 및 발주 관련 의사결정에 훌륭하게 작동하였다. 그래서 그들은 이에 따라 주문을 하곤 했다.

홈데포의 임원 헨리는 주택건설자재 사업의 예측 불가능한 변화와 재고 관리문제에 대한 사례를 들려줬다. 그는 조만간 한 전기기술자가 백열전구 40개를 사기 위해 그 지역의 홈데포 매장에 올 것이라고 말했다. 그 기술자는 백열전구 40개가 매장에 있는지 미리 확인하려고 들지 않는다. 그는 전화 주문도 하지 않는다. 그는 그저 자신이 하고 있는 일에 필요한 40개의 전구를 구매하려고 올 뿐이다. 매장 직원들은 그 전기기술자를 잘 알고 있으며 그의 구매 습관에도 익숙해져 있어서, 거의 매번 그를 만족시켜 줄 수 있었다.

이런 간헐적인 구매는 로버트 나르델리 사장과 그의 전문가 팀이 만들어 낸 공식적인 재고 추적시스템으로 파악되지 않는다. 관리자들은 전기기술자가 많은 주문을 할 것이라는 사실을 여전히 알고 있다. 그러나 관리자들은 일정기간 동안의 평균 판매흐름에 기반을 둔 재고 관리시스템에 의하여 구속받는다.

그런 날이 기어이 오고야 말았다. 전기기술자가 매장으로 들어와서 그전에 수십 번 드나 든 매장의 통로로 성큼성큼 걸어갔다. 그런데 구입 가능한 전구가 10개밖에 없음을 발견했다. 그런 일이 처음인지라, 전기기술자는 관리자를 찾았다. 두 번째도 이런 상황이 되면, 그는 다른 매장으로 갈 것이다. 세 번째라는 것은 아예 존재하지 않는다.

경제적인 면에서 재고 관리는 충분히 이해할 수 있다. 이는 완벽히 논리적이다. 그러나 이것이 고객과 지역사회에 적합한 맞춤형 서비스를 제공하는데 있어, 매장 직원들이 갖게 되는 자부심을 설명해 주지는 못한다. 그리고 이 재고 시스템으로는 잃어버린 판매량 또는 실망해서 발길을 돌린 고객들의 수가 얼마나 되는지도 추적할 수 없다.

로버트 나르델리 사장은 비용 절감과 생산성 향상을 위한 여러 가지 조치들 덕분에, 광범위하게 퍼져 있던 비공식성에 공식적인 인프라를 만들었다고 믿었다. 그러나 그의 노력은 균형을 이루었다기 보다 오히려 혼란만을 가져왔다. 헨리가 인정한 것처럼, 효율은 효과에 우선한다. "자칫 잘못하면, 바퀴는 더 자주 더 쉽게 빠집니다." 라고 헨리가 덧붙였다. 주택 건축 및 개량 시장의 호황으로 경쟁회사인 로스Lowe's의 주가는 치솟았지만, 로버트 나르델리 사장의 재임 기간 동안 회사의 주가는 상대적으로 정체되었다.

로버트 나르델리 사장의 전략이 틀린 것은 아니었다. 또한 시스템에서의 비효율성이 대체적으로 비공식적인 요소들로 인해 야기된다고 했던 그의 가정도 틀리지는 않았다. 그러나 그의 전략과 방식을 지원함에 있어 비공식 조직의 동원을 소홀히 한 것이 문제였다. 직원들은 회사가 보다 나은 시스템을 필요로 하고 있으며, 보다 엄격한 관리가 필요함을 잘 알고 있었다. 로버트 나르넬리 사장이 그들에게 비공식적인 협조를 요청했다면 그의 계획이 보다 충분한 지원을 받았을 것이다.

뒤얽혀있는 공식성과 비공식성

앞서 우리는 많은 경영 전문가들이 공식 조직과 비공식 조직에 대해 양극화 된 견해를 취하고 있음을 밝혔다. 그렇다고 경영 전문가 모두가 하나의 견해에만 맞춰져 있는 것은 아니다.

그 중의 한 명인 체스터 버나드Chester Barnard는 어떻게 이성적인 것과 감성적인 것이 직장에서 상호 교류되고 있는 지를 이해하고 있다는 점에서 두드러진 이론가였다. 그리고 현재의 관점에서 보면 그의 지식은 시대를 매우 앞선 듯이 보인다. "행복 소년들"이 MIT에서 활개를 치기 10년 전, 이미 체스터 버나드는 조직이란 이성적이며 또한 감성적이라는 주장을 했을 뿐 아니라, 공식 그리고 비공식 조직이라는 용어를 정의했다. 우리가 이전에 인용한 많은 이론가들과는 달리 체스터 버나드는 오랜 기간 기업의 임원으로 근무하기도 했다. 그는 거의 40년 동안 미국전화전신 회사the American Telephone and Telegraph Company에서 일했고 뉴저지의 벨전화 회사Bell Telephone Company의 대표의 경력도 갖고 있다. 그는 또한 록펠러 재단Rockefeller Foundation의 대표, 국립과학 재단National Science Foundation의 이사장, 그리고 재무성 차관 등 공공 서비스 부분에서도 활동적이었다.

1938년에 체스터 버나드는 『임원의 기능The Functions of the Executive』이라는 책을 출간했는데, 여기서 그는 공식 조직과 비공식 조직의 개념, 그리고 두 조직 간의 관계를 정의했다. "우리가 원하는 대로 하도록 어떤 사람들을 설득할 때, 그들은 스스로가 그렇게 할 것인지 아닌지를 결정할 수 있다고 우리는 가정한다. 우리는 엄청난 양의 규정과 제도, 그리고 법규 등을 오랜 시간 고민하여 만들어 낸다. 이럴 때마다 우리는 이런 규제들에 의해 영향 받는 주요 사안들이 일반적으로 그들 외부에 존재하는 세력들에 의해 지배된다는 것을 전제로 해야 한다."2)

체스터 버나드의 이론은 분명하다. 비공식적 메커니즘(설득)은 선택을 필요로 하는 반면, 공식적 메커니즘(규정)은 우리로부터 선택을 빼

앗아 간다는 것이다. 예를 들면, 25 달러를 초과하는 경우에만 영수증을 제출하는 규정은 그렇게 하지 않을 수 있는 선택을 제거해 버린다. "현명하게 비용을 씀"의 가치는 비용 제한이 현명하게 고려되는 점에서 선택을 필요로 한다. 다시 말하면, 그는 선택을 필요로 하는 비공식적인 세력과 선택을 제한하는 공식적 규정 간에 서로 관계가 있다는 것을 인식한 것이다. 이 책에서는 균형이라는 용어가 바로 이러한 관계에 이르는 것으로 사용되었다. 그러나 이것으로 인해 공식성과 비공식성이 동일한 방식으로 존재함을 의미하지는 않는다. 그 보다는 조직에서 구성원들의 선택과 행동에 대한 상대적인 영향력이 그들로부터 기대되는 성과와 적절하게 반응함을 의미한다.

예를 들어 홈데포 이야기는 공식적인 요구와 비공식적인 요구를 어떤 방식으로 균형을 잡아나가야 하는지를 보여주고 있다. 이것은 결국 회사가 공식성과 비공식성 모두에게 의존하여 최고의 성과를 이뤄낼 수 있도록 이끌어 준다.

일반적으로 공식 조직은 명확하게 보이는 상황, 이미 알려진 과제, 잘 정의된 관계, 그리고 표준화된 거래 등을 다룰 때 좋다. 이런 공식적인 프로세스와 과제의 대부분은 자동화 될 수 있고 수십 년 동안 그렇게 되어 왔다. 이 때문에 공식 조직은 높은 효율과 일관성 있는 운영 등을 위해 미세한 부분까지 세심하게 조정되어 왔다.

일상적인 회사 업무에서는 비공식 조직의 강점이 잘 드러나지 않는다. 그 보다는 예측하지 못한 새로운 상황이 발생하거나, 일반적인 작업의 경계를 넘어 의사결정을 해야만 할 때, 업무 지침이 명확하지 않거나 변화를 필요로 할 때 비로서 비공식 조직의 강점이 돋보인다. 대부분의 조직은 예측 가능한 업무와 그렇지 않은 업무를 모두 다룬다. 이것이 바로 공식성이 필요할 때를 알고, 어떻게 처리해야 하는 지를 배우는 이유다. 그리고 공식성의 논리와 비공식성의 마술 간의 균형을 배워야 하는 이유가 되기도 한다.

설립 초기에 스타벅스Starbucks는 이런 균형을 잘 잡았다. 스타벅스의 전 CEO 이자 현재의 이사장인 하워드 슐츠Howard Schultz는 비공식 조직의 특성을 개발하고 조성하는 데 탁월했으며, 공식적인 요소가 핵심적인 역할을 해야만 한다는 사실 또한 정확하게 인식하고 있었다. 혁신과 첨단기술 등의 칼럼으로 유명한 패스트 컴퍼니Fast Company 에서, 그는 "단지 업무 프로세스나 창조적인 정신 등에만 의존하여 일을 한다면 당신은 결코 성장할 수 없다. 회사에서는 이런 두 관점 간의 섬세한 균형이 이뤄져야만 한다." 라고 말했다.[3] 공식성과 비공식성의 균형을 위한 스타벅스의 노력은 바리스타 또는 파트너(스타벅스에서 직원을 부르는 방식) 등 일선 직원들을 훈련하는 방식에서도 쉽게 찾아볼 수 있다. 스타벅스는 파트너들로 하여금 올바른 의사결정을 하도록 도와주는 원칙이 있다. 그러나 그들의 행동을 지배하는 규정이 문서나 철판에 새겨져 있지는 않다. 스타벅스는 파트너들에게 확신을 심어주는 데 초점을 두고 있어서, 대부분의 의사결정이 상부에 위임되지 않고 현장에서 실시간으로 이루어진다.

이렇게 공식성과 비공식성 간의 균형이 사업 초기에 정착되면서, 스타벅스는 일관된 운영시스템을 구축할 수 있었으며 일정한 성과 목

표를 달성할 수 있었다. 예를 들면, 고객들이 선호하는 바닐라 그란
데 라떼는 콘코드Concord, 찰스톤Charleston 그리고 뉴욕New York 등 어디
에서나 같은 맛을 유지 수 있었다. 그러나 공식과 비공식의 균형 덕분
에, 스타벅스의 직원들은 자신을 자동화된 기계처럼 인식하지 않는다.

이런 균형은 단지 회사에만 적용되는 것은 아니다. 여기에 적합한
사례가 있다. 비즈니스 세계와는 거리가 멀지만, 다음의 사례는 관계
의 다양성과 보편성 모두를 보여주고 있다.

아프리카에서도 문제가 된다. 공식성과 비공식성의 균형

남아프리카의 !쿵 부시맨은 공식 조직과 비공식 조직 간의 흥미로운
균형을 이루고 있다(!쿵은 자음 앞에 클릭 소리를 사용하는 언어를 쓰고 있으
며, 그 클릭은 문헌에서 !로 표기된다. 우리는 !쿵 부족민과 직접 작업하지는 않았
고, 2차 작업을 통해 그 부족에 대한 이해를 높여왔다).

!쿵 부족은 나미비아Namibia와 보츠와나Botswana에서 수렵과 채집을
하며 살고 있다. 이 부족에게 정착이란 없다. 부족민들은 끊임없이 이
동하고 평야를 횡단하여 먹을 것이 있는 곳에 거처를 마련한다. 당연
히 물질적 소유욕도 별로 없다.

하지만 !쿵 부족에는 공식 조직과 같은 것이 있다. 가장 안정적인
사회적 단위는 남편, 아내(또는 아내들)와 자식으로 이루어진 직계 가족
이다. 약 20명 정도의 확대된 가족 형태로 구성된 집단은 함께 생활하
며 일상적이고 반복적인 일들을 한다. 임시 거처를 짓고, 음식을 조리

하며, 옷과 도구를 만들고, 창을 수선하고, 독화살을 만들며, 불이 계속 타도록 지키고, 아이들을 돌보는 것 등이 여기에 포함된다. 이들 집단은 덜 엄격하다. 그리고 가끔은 가족의 구조가 변할 때, 집단이 깨지거나 혹은 재조합되기도 한다.

비록 !쿵 부족의 공식 조직이 일반적인 일들에 대한 책임을 갖고 이것들을 일관되고 효율적으로 수행하고 있다 할지라도, 부족 전체는 고도로 불안정한 환경에 노출되어 있다. 짐승이나 채소와 같은 식량을 어디서 구해야 하는지 잘 모른다. 기후는 예측 불가능하며, 종종 극단적인 날씨를 보이기도 한다. 이 집단은 사고와 질병에 취약하다. 먹는 물의 안정적인 확보는 불확실하다.

이런 상황에 효과적으로 대처하기 위해 !쿵 부족은 비공식 조직에 의존한다. 짐승을 사냥하고 음식을 얻는 일 등이 예측 불가능하기 때문에, 그들은 여섯 명에서 열 명 정도의 소집단을 만들어 사냥을 하거나 여러 가지 필요한 기술을 함께 개발한다. 일부 소집단에는 다양한 식물에서 추출할 수 있는 치료 내지 독성 성분에 대한 전문가들이 있다. 다른 작은 그룹에는 새를 잡는데 특별한 기술을 갖고 있는 사람이 있으며, 또 기린을 잡는 특별한 기술을 갖고 있는 사람도 있다. 여자들은 작은 동물들을 잡고 남자들은 좀 더 큰 야생 동물들을 사냥한다.

그래서 !쿵 부족은 환경이 갑자기 변해서 어려운 상황에 직면하게 되면, 공식 조직의 경계를 벗어난다. 갑자기 먹잇감이 줄어들거나 병이 돌아 부족의 인원이 급격하게 줄어 들 경우, 소집단 간의 친밀감을 빠르게 유지해 나간다. 그들은 자원을 공동으로 모으고 분배하기 위해 재빨리 비공식 네트워크를 만든다. 상황이 악화될수록 !쿵 부족은 새로운 그룹을 만들기 위해 다양한 네트워킹 활동을 하며 광범위한 친분을 유지하는 것이다.

이러한 균형을 유지하는 것에는 모두가 참여한다. 그러나 환경은 언제나 변한다. 예측 가능 한 것으로부터 불가능한 것에 이르기까지 모든 일을 관리하기 위해서는, 상황에 맞는 공식적 메커니즘과 비공식적 메커니즘 모두에 접근할 수 있어야만 한다.

끊임없이 변하는 균형점

모든 조직은 성장 단계에 따라 공식성과 비공식성 간의 균형이 변하며, 급격한 성장 또는 쇠퇴기에는 심각한 불균형을 보이기도 한다.

10명에서 50명 미만의 직원으로 구성된 신생 회사들은 다음과 같은 네 가지 이유로 인해 자연스럽게 비공식 조직의 특징을 갖는다. 첫째, 그들의 세계는 전반적으로 예측 불가능하고 불안정하다. 둘째, 구성원들이 개인적으로 서로 잘 알고 있다. 셋째, 그들은 예기치 못한 갑작스러운 도전에 대응하기 위해 다양한 그룹을 형성하고 재형성하기를 반복한다. 마지막으로, 회사의 가치는 보통 강하게 공유되며(비록 언급되지 않더라도) 리더가 구성원들의 일상 생활에 깊이 관여하고, 신속하게 의사결정을 하며, 상호 교류를 통해 문제를 해결하고자 하는 시도가 계속 발생된다.

신생 회사의 구성원들은 오랜 시간 같은 곳에서 생활하고 집단적인 좌절마저도 공유하면서 생산적인 관계를 형성해 나간다. 이런 관계는 흔히 상호 존중, 공통의 이해, 강한 목적의식, 그리고 자부심 등에 반영되면서 목표 달성을 돕는다. 이런 모든 것들이 신생 기업에 있어 자연스러운 동기부여 요인들이다. 복잡하고 귀찮은 공식적인 절차가 필요치 않다.

그러나 조직이 커지면서 작업집단의 차별화, 명료한 구조, 그리고 반복 가능한 업무 프로세스 등이 필요해진다. 예를 들면, 기술 기반의 신생 기업에서 판매 기능이 새로 도입되는 것은 가끔 회사 전반에 퍼져있는 엔지니어 문화의 동질성에 대한 첫 번째 충격이 되기도 한다(판매 기능은 고객의 니즈를 어떻게 충족할 것이냐에 초점을 두고 있으며, 기술에 대한 고려는 상대적으로 낮기 때문이다). 성장 단계에 있는 조직에서 판매 역량이 기술 개발을 일정 부분 대체 가능한 것으로 인정할 때, 판매 인력을 채용하고, 자극하며, 이들을 유지하기 위해 공식적인 보상에 관심을 갖게 된다. 이와 비슷하게 소규모 시제품 제작 보다는 대량 생산을 통한 기업규모 확대전략을 갖고 있는 조직의 경우, 품질을 통제하는 업무가 더 중요해진다. 조직이 성장함에 따라 누가 실행에 책임을 지고 있으며, 누가 의사결정 권한을 갖고 있고, 또 누가 자원을 통제하는가 등은 명확히 구분되어야 한다. 업무 흐름이 복잡해짐에 따라, 흔히 반복되는 업무를 효율적으로 수행할 수 있는 분명한 프로세스가 필요해진 것이다. 복잡성의 증가로 리더들은 누가 믿을 만하며 누가 비난을 받아야 할지에 대해 보다 확실하게 구분하고 싶어 한다.

공식적인 요소들(보상, 운영, 통제, 책임의 명료성, 효율적인 업무 흐름 등)에 대한 욕구는 점진적으로 늘어날 수 밖에 없다. 일반적으로 회사 직원이 1,000명을 넘어서는 시점에서는 확고한 공식 조직을 필요로 한다. 회사 조직이 그 시점에 이르렀음에도 조직 구조와 규칙에 대한 합리적인 기준이 없다면, 조직 구성원들의 행동을 일관성 있게 유지하기가 어렵다. 그리고 공식 조직의 결여로 인해 혼란, 좌절, 무익의식 sense of futility 등이 초래되기도 한다.

조직이 지속적으로 성장하면서 경영 전문가들에 대한 수요도 늘어난다. 이들은 보다 효율적인 성과 보상시스템과 같은 공식성들을 만들어낸다. 보다 확고한 전략, 전사적인 업무 프로세스, 그리고 분석적인 성과측정 등은 조직이 규모의 이익을 얻을 수 있게 해준다. 다양한 효율성 강화 프로그램이 등장하는 것도 바로 이 단계의 특징이다.

비공식 조직이 항상 긍정적이지는 않았지만, 여전히 조직 도처에서 중요한 역할을 수행하고 있다. 홈데포의 사례에서 알 수 있듯이, 비공식성은 공식적인 조직 전략에 대한 "수용"과 "거절"을 결정하는 요소이다. 비공식성은 공식적인 회사의 전략적 계획들을 더디게 하게 할 수도 있고 가속화 시킬 수도 있다. 그러나 리더가 비공식성에 덜 주목할 경우, 비공식성은 무대 뒤로 사라진다. 이것이 효과적인 비공식 조직의 혜택을 유지하는 데 가장 큰 어려움이 된다.

비공식성에 대한 주의가 사라짐에 따라, 조직은 성과 목표를 달성하는 데 있어서 다양한 문제에 직면한다. 대부분의 리더들은 문제의 원인이 비공식성(신뢰의 상실과 같은 것)에 있다는 사실을 잘 모르고 있다. 이런 문제들은 대개 회사가 고객을 감동시키지 못하거나, 시장에서의 급격하고 적대적인 반감에 직면해 있거나, 혹은 지속 가능한 운영 목표에 심각한 위기를 맞이하는 경우 발생되곤 한다.

사업의 성장 단계에서 꼭 필요한 공식성이 실제로 비공식성을 억압하는 경우도 있다. 비공식성은 회사가 성장함에 따라 서서히 약해진다. 임원 코칭 전문가인 마샬 골드스미스Marshall Goldsmith는 그의 저서 『여기서 얻은 것이 저기서는 당신의 것이 될 수 없다 What Got You Here Won't Get You There』에서 조직의 성장단계 별로 리더에게 필요한 비공식적 특성과 공식적 특성간의 균형을 언급했다. 그는 이 같은 균형이 조직의 성장 단계별로 차이를 보인다고 말했다.[4) 조직이 공식적으로나 비공식적으로 이미 어느 정도 성장했다면, 좀 더 공식적인 프로세스를 추가하면서도 비공식 조직의 변화되는 역할을 인지하고 비공식 조직에 건강하고 긍정적인 지원을 아끼지 말아야 한다. 그리고 이런 활동에 깊은 주의를 기울이고 자원을 배분해야 한다.

빠르게 성장하고 있는 성공 기업의 하나인 이베이eBay는 그 균형을 항상 관찰하고 관리해왔다. 이베이의 사업은 상품과 돈을 교환하는 광범위한 구매자와 판매자 공동체에 기반을 둔 것이다. 이베이는 고객의 윤리적 행동을 모니터링하고 요구하는데 있어서 큰 비중을 두지 않았다. 회사는 좋은 의도를 갖고 있는 구매자와 판매자들의 집단적 신뢰에 의존했다. 초기에는 규정을 어기는 사람들이 거래를 하지 못하도록 경고를 주는 악성 판매자 지수bad seller ratings만을 부여할 뿐, 다른 징벌이나 제재를 하지 않았다. 이러한 개방성과 자유 시장에 대한 철학은 초기 이베이를 유명하게 만든 토대가 되었다. 회사 문화는 빠르게 확장하는 사용자 커뮤니티 내의 신뢰를 기반으로 모델화 된 것이다. 회사의 사업 모델은 비위계적이며 민주적인 것으로 묘사되곤 했다.

그러나 회사가 점점 커지자, 이베이 사용자 기반이 기하급수적으로 늘어나게 되었고 규정을 위반하는 사례들이 더욱 많아지기 시작했다. 이 시점에 이베이의 CEO 맥 휘트먼Mag Whitman은 대다수 선의의 이베이 이용자들을 보호하고 회사의 건전성을 방어하기 위해 공식적 메커니즘이 필요하다는 것을 인식했다.

그래서 1999년 신설된 "규칙, 신뢰 및 안전부서"를 운영하기 위해 연방검사 출신인 롭 체스넛Rob Chesnut를 고용하였다. 롭 체스넛은 속임수를 방지하고 자율적인 경찰 활동으로는 해결이 어려울 것으로 판단되는(이베이 공동체의 가치에서 벗어나는) 것들에 대해 공식적인 정책들을 개발했다. 그 해 이베이는 무기 판매를 금지하기로 했다. 맥 휘트먼은 2001년 11월 패스트 컴퍼니Fast Company의 한 기사에서 "이베이 사이트에 무기를 올려놓는 것은 적절하지 않다. 그것은 우리가 바라는 회사의 모습과는 어울리지 않았다." 라고 밝혔다.[5]

공식성과 비공식성 간의 끊임없이 변하는 균형점이 지금은 분명하게 보이지만, 당시에는 이것을 파악하는데 제법 오랜 시간이 걸렸다.

▼

조직의 규모가 커지고 복잡성이 증가함에 따라, 공식적인 요소에 대한 필요성이 늘어나고 있다. 하지만 비공식성에 대한 필요성을 찾아 이것과의 균형을 이루게 하는 것이 무엇보다 중요하다. 여전히 많은 조직과 리더들이 올바른 균형을 찾아내지 못하고 있이루지 못하고 있다.

▲

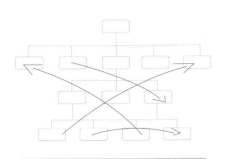

CHAPTER 3

공식 조직과
비공식 조직의 통합

미국의 위대한 자연주의자 이 오 윌슨E. O. Wilson은 공식성과 비공식성을 함께 고려하는 것에 대한 중요성을 이미 오래전부터 비유적으로 강조해 왔다. 그는 자신의 저서 『통섭:지식의 통합Consilience: The Unity of Knowledge』에서 다양한 자연과학 학문들을 어떻게 통합할 것이며, 종국에는 인문학과 자연과학이 통합되는 것에 대해 기술한 바 있다.[1]

이것은 찬사 받아 마땅한 영감이며 계속 추구할 가치가 충분하다. 그런데 통섭이라는 단어가 의미하는 바가 정확히 무엇인가? 옥스퍼드영어사전에 의하면, 통섭의 정의에는 "동의함agreeing", "의견 일치concurrence" 그리고 우리의 개인적 선호를 "일치시키는 것" 등이 포함되어 있다. 이것은 말처럼 그렇게 쉽지 않다.

실제로 지난 100년 동안 경영학자들은 공식 조직과 비공식 조직의 통합이 아주 어렵다는 사실을 잘 알고 있었다. 조직 연구의 선구자이자 인간관계 학파의 주요 인물인 메리 파크 폴렛(Mary Parker Follett)은 1920년대 초반에 통합의 개념을 다음과 같이 정의했다. "(갈등을 일으키는) 두 개의 욕망이 합쳐질 때, 즉 두 개의 욕망이 한 곳에서 발견될 때 비로소 해결방안이 등장하는 것이며, 이것은 어느 한 쪽에게 희생을 요구하지 않는다."[2]

비공식 조직을 활용하는 것이 공식 조직의 영향력을 감소시키는 방향으로 전개되어서는 안 된다. 사실 다양한 활동들이 통합된다는 것은 공식성과 비공식성을 구분하는 라인이 사라지는 것을 의미하며, 조직을 이끄는 행위는 그 조직이 결코 갈 수 없었던 새로운 방향으로 끌고 나가는 것을 말한다.

공 식 조 직 은 약 자 편 이 아 니 다

대부분의 경영자와 관리자들은 공식성과 비공식성 모두를 통합하기를 원한다. 하지만, 그렇게 하는 것이 왜 어려울까?

첫 번째 이유는 비공식성을 인지하고, 통제하며, 계량화하기 어렵기 때문이다. 두 번째 이유는 경영자들의 지배적인 인식이 공식성의 통제를 장려하고 논리적(전형적으로 분석적이라 할 수 있는) 추론에 기반을 둔 이성적 의사결정을 존중하기 때문이다. 그리고 세 번째 이유는 리더십 개발 프로그램 자체가 규율의 엄격한 준수, 업무 절차의 효율,

그리고 위계적 통제에 뛰어난 사람들을 육성하는데 집중하고 있기 때문이다. 대부분의 회사는 이런 구성원들에게 큰 보상과 승진을 약속한다.

눈에 보이지 않는 비공식성

경영자들은 당연히 공식 조직을 선호한다. 공식성이 쉽게 이해되고 명확하게 묘사되기 때문이다. 누구에게 보고하고, 어디서 어떤 종류의 의사결정이 이루어지는지 등을 구체화하기는 비교적 쉽다.

많은 임원들은 비공식 조직을 공식 조직의 반대 개념, 반체제 연계와 같은 비밀스러운 조직, 감시 레이더 망을 피해 각종 루머를 교묘하게 생산해 내는 조직, 생산성을 떨어트리고 조직을 혼란에 빠트리는 집단 등으로 생각하고 있다. 그들은 비공식 조직을 그대로 내버려 두더라도 결국은 공식 조직의 리더십 범위 안에 들어올 것으로 생각한다. 만일 그렇게 되지 않는다면, 무슨 수를 써서라도 비공식 조직을 공식 조직 안에 끌어 들여야만 한다고 믿고 있다.

공식성과 비공식성 간의 가시적인 차이는 새로운 인력이 조직에 합류할 때 가장 명확하게 드러난다. 새로 입사한 구성원들은 공식 조직에 빠르게 적응한다. 그러나 비공식 조직에 적응하기 위해서는 시간이 필요하다. 조직 내 비공식성을 이해하고 경험해야만 하기 때문이다. 조직 내에서 공식화된 가치 선언문을 읽는 것만으로는 충분하지 않다. 이것으로는 조직 내에 공유된 가치가 어떻게 작동되고 있는지를 이해할 수 없다. 조직도에는 의사결정에 있어 큰 비중을 갖고 참여하는 모든 사람이 포함되어 있다고 볼 수 없다. 또한 의사결정에 영향을 미치는 신뢰할 만한 조언자를 찾는 데에도 별 도움이 되지 못한다. 새로 입사한 구성원들은 이런 비가시적인 영향력과 씨름을 하게 되고, 조직 지수가 낮은 사람들은 상당한 시간이 흐른 뒤에도 조직 내에서 혼란스러워하며 좌절하고 있는 자신을 발견하게 된다.

군인 같은 경영자, 과학자 같은 경영자

대부분의 리더들은 비공식 조직을 이해하기 힘들어 한다. 왜냐하면 이들은 비즈니스를 전쟁이나 과학으로 생각하고 있기 때문이다. 군인 스타일의 리더는 소단위 조직을 군대의 소대와 유사한 개념으로 본다. 경쟁자들은 적이고 게임의 목적은 그들을 정복하는 것이다. 그렇게 하기 위해서는 군대에서 적용되는 것과 유사한 규율과 통제 메커니즘이 필요하다.

조직 이론가 칼 웨이크Karl Weick는 군사용어가 비즈니스의 언어에서 광범위하게 사용되고 있다고 지적했다.[3] 본부, 주임, 스텝, 일선, 분과division, 전략, 전술, 모집, 정보전, 규율, 그리고 행동규범 등의 단어가 대표적인 예다. 비즈니스를 전쟁으로 인식하는 사고방식에는 다음과 같은 전제가 있다. 전략적 선택은 상부에서 이루어지며, 전술적 행동은 중간계층에서 실행되고, 뛰어난 개인적 성과는 일선에서 수행된다는 것이다. 이런 사고방식은 통제와 효율적인 집행을 숭배한다. 많은 관리자들은 비예측성을 좋아하지 않는다. 이는 군대의 장교들과 같다. 뜻밖의 일은 대부분 나쁜 것으로 간주된다. 이는 통제(질서를 수립하고 유지하는 것)를 무너트리기 때문이다. 잘 설계된 공식 조직은 변화를 효율적으로 제거하고, 계획대로 실행하며, 예측된 결과를 만들어내는 소득을 올릴 수 있다.

이런 사고방식은 비즈니스 세계에서도 흔하게 목격된다. 우리는 한 통신회사의 임원 30명을 대상으로 기업문화를 진단하는 프로젝트를 수행했다. 지아 칸Zia Khan은 비즈니스를 전쟁으로 생각하는 임원과 관리자들의 사고방식 때문에, 조직 전체가 명령과 통제 일색의 시스템을 갖게 되었고, 조직 전반에 걸쳐 군대식 표현이 만연하고 있음을 밝혀냈다. 해당 기업의 모든 구성원들은 고개를 끄덕이고 긍정적인 말들을 나지막하게 주고 받으며 지아 칸의 발표를 가치 있는 통찰로 받아들였다.

우리는 프로젝트를 마무리하면서 보고서를 작성했다. 해당 회사의 대표는 즐거워하지 않았다. 그는 "군대식 용어의 사용은 조직의 소수자들을 반영할 뿐이에요. 그리고 그 행동은 우리의 자랑스런 문화와도 맞지 않습니다." 라고 항변했다. 우리는 군대적 행동이 회사 가치를 향상시키는데 부적절함을 강조했고 이에 대해 약간의 토의를 진행했다. 그는 결국 매우 흥분하여 다음과 같이 말했다. "흠… 방법이 없네요. 그 소수자들이 모이는 곳에 확 폭탄을 터트려버리는 수밖에…"

군인 스타일의 경영자는 다음과 같은 3가지 방식을 통해 공식 조직을 강화시킨다.

첫째, 그들은 실행에 있어서 준비 과정의 중요성을 지나치게 강조한다.

둘째, 그들은 눈에 보이는 계층과 구조를 강조한다. 결국 그들은 "우리"와 "그들" 간의 경계를 엄격하게 정의하면서 "그들"이 집단 내부에 있는지 아니면 외부에 있는지를 규명하고자 한다. 공식적인 경계에 대한 이런 집착은 본질적으로 매우 유동적인 비공식적인 관계와 협동, 그리고 네트워크 등을 이해하는 데 큰 방해가 된다.

셋째, 공식적인 지위가 중요함을 지나치게 강조한다. 그래서 사람들은 전적으로 서열과 지위에 따라 일을 하며 책임을 진다고 가정한다. 결국 그들은 성과 달성에 있어 "자유의지에 의한 노력"이 가장 중요한 동기부여 요소임을 간과하고 있는 것이다. 일상의 업무 그 자체를 좋아하는 것이 가장 큰 동기부여라는 사실을 모른다.

비즈니스를 전쟁으로 정의하는 리더들은 권력이 어떻게 조직 구조와 업무 프로세스를 통해 전달되는가에 집중하는 반면, 비즈니스를 과학으로 정의하는 리더들은 문제가 해결되는 과정과 방식에 집중한다. 수많은 회의 공간, 프로젝트 규정, 프로그램 기술서 등은 모델, 증명, 가정, 그리고 자료 분석 등과 같은 논리적인 언어들로 채워진다. 이것은 문제를 해결하고 솔루션을 개발하는데 있어, 이성적인 분석이 가장 중요하다는 믿음을 반영하고 있다.

이런 사고방식은 과학자적인 리더들의 관심을 끌기에 충분하다. 이들은 분석적이고 과학적인 방법들이 엄격하게 적용될 때, 어떤 문제도 해결할 수 있다고 믿는다. 또한 이런 사고방식에는 선택된 소수의 지성인들과 경험 많은 리더들만이 이성적 진실에 가까운 의사결정을 한다는 믿음이 깔려 있다. 여기에는 적절한 수준의 지성과 경험을 갖고 이에 걸맞은 교육 훈련을 받은 사람과, 적절한 수준의 공식적 역할을 수행해 온 사람들도 포함된다. 즉 고대 사원의 성직자들, 전략적 기획 그룹, MBA출신의 임원, 전문 컨설턴트들 등이 보다 광범위한 조직에서 객관적이며 과학적인 의사결정을 하는데 주도권을 행사한다고 믿는 것이다.

엔론Enron사의 붕괴는 비즈니스를 과학으로 보는 사고방식이 어떻게 비공식 조직의 긍정적인 영향력을 억제했는 지를 보여주는 전형적인 사례이다. 엔론은 결국 자기중심적인 엘리트주의로 인해 일선에서 일하고 있는 직원들의 경고와 지혜를 경시하고 무시했기 때문에 그 같은 사태에 이르게 된 것이다.

2001년 10월 엔론 사건이 발생하기 바로 직전에 우리는 엔론 직원들을 대상으로 한 설문조사 내용을 분석했다. 분석 결과 구성원들은 회사의 재무 성과와 비전, 가치, 그리고 업무 몰입 등의 사이에는 커다란 차이가 있다고 느꼈다. 공식 조직(그리고 소위 전략이라는 최상의 논리)은 비공식 조직을 완전히 지배하고 있었으며, 회사 가치에 전혀 부합되지 않는 수많은 윤리와 행동양식에 따른 실수들이 아무런 제어도 없이 반복되고 있었다.

비즈니스를 과학으로 보는 사고방식은 두 가지 측면에서 리더들에게 큰 영향을 준다. 첫째, 이성적인 것만을 지나치게 강조하여 직감과 지혜의 가치를 경시한다. 이것은 불완전하거나 차선의 해결책만을 제시하는 오류를 범하기도 한다. 또한 이런 해결책들은 대부분 충분한 몰입과 에너지를 확보하지 못한 채 결국 실패로 끝나는 경우가 많다.

둘째, 공식적인 지위와 인지된 통찰력, 그리고 이성적 판단 등으로 인해 문제 해결의 책임을 너무 적은 소수에게만 두려는 경향이 있다. 대부분의 중요한 문제들은 조직에 있는 많은 구성원들에 의해 수시로 해결되고 있으며, 리더의 역할은 리더십 시스템 내에서 필요한 광범위한 문제 해결에 집중되고 있음을 명심해야 한다.

공식 조직에게만 적용되는 리더십 프로그램

회사는 공식적인 프로세스를 통해 리더들을 채용하고, 선발하며, 교육하고, 그리고 승진시킨다. 이는 공식 조직을 관리하는데 있어 필요한 양식과 기술에 초점을 둔다. 그리고 공식주의자들을 보상하는 자기 강화적 시스템self-reinforcing system을 창조한다.

비공식 조직은 그들만의 방법으로 구성원들을 채용, 선발, 교육, 그리고 보상한다. 그러나 승진이나 보상에 영향을 미치는 권력은 그들에게 없다. 따라서 조직 내에서 영향력 있는 위치로 올라간 사람들은 비공식 조직보다는 공식 조직을 사용하는 것이 보다 편하다.

리더의 선발은 통상 이력서에 나타나 있는 자격 요건에 기반을 둔다. 여기에는 자격(예를 들면, 자격증이나 학력), 업적(판매 20% 신장), 경력(공식 역할의 다양성을 성공시킴) 등이 포함된다.

비공식 리더들의 자격 요건은 쉽게 문서화되거나, 전달되지 않으며, 그 요건을 평가하기도 쉽지 않다. 실제로 비공식 조직의 대가들은 대부분 일선 현장 가까이에 있으며, 약간 놀라운 사실이지만, 최고 리더의 역할을 수행할 수 있는 승진 대상자로 인정받지 못하는 경우가 많다. B급 인력으로 불리기도 하는 그들은 빠른 승진을 추구하지도 않으며, 부하 직원들의 보상이나 승진에 아주 제한된 영향력만을 갖고 있다. 그럼에도 불구하고, 그들을 가시적인 업무 성과에서는 인식되지 않는 중요한 역할을 수행한다. 그리고 그들을 비공식적인 특성들에 의해 동기부여 된다.

당연한 이치지만, 누구든지 조직의 상위 계층에 오를수록 비공식적인 요소보다는 공식적 요소들에 더 의존하려 한다. 리더를 위한 훈련은 공식 조직을 관리하는데 있어 필요한 역량과 경험에 집중된다. 예를 들면, 비즈니스 모델 개발, 논리적인 의사소통 방식, 측정 가능한 성과평가 방식, 공식업무 수행 방식, 프로젝트 일정 관리 등이 포함된다.

좀 더 공정해지기 위해서는, 인사담당자들이 비공식 조직에서 사용되는 방식의 중요성을 좀 더 인식하고, 리더들을 위한 교육 과정에 이것들을 반영해야 한다. 하지만 이런 종류의 교육들은 대부분 사업 성과에 직접적으로 영향을 주는 경우가 별로 없으며, 감성적 역량과 재무 성과와의 관련성을 찾는 것 자체가 모호하기만 하다. 예를 들면, 팀의 성과를 촉진시키는 중요한(아마도 유일한) 요소는 바로 자부심이다. 자부심은 바로 팀의 구성, 업무처리 방식, 그리고 성과와 결과에 대한 공통의 헌신 등을 통해 공유된다. 하지만 현실에서는 팀 리더 후보자들을 모아놓고 결속과 친교, 그리고 개인적으로 만들어낸 화학적 교감 등을 갖도록 요구하는 정도다. 그리고 교육에 대한 평가 또한 성과에 대한 달성률을 파악하는 것이 아니라 야외에서 팀워크를 얼마나 잘 구축했는 지를 애매하게 따지는 경우가 많다.

▼

공식성과 비공식성을 일치시키는 작업은 생각보다 힘들다. 그럼에도 여전히 훌륭한 리더와 위대한 조직은 높은 수준의 기업 성과와 경쟁 우위를 만들어 내기 위해 여러 가지 방법들을 찾고 있다. 중요한 것은 바로 자신만의 방법을 찾아내는 것이다.

▲

지휘자가 없는 오케스트라

오르페우스 챔버 오케스트라The Orpheus Chamber Orchestra는 공식성과 비공식성의 일치를 위해 최상의 방법을 찾아낸 훌륭한 사례 중 하나다.

그레미 상을 여러 번 수상한 경력이 있는 오르페우스는 매년 카네기 홀을 비롯한 전 세계 유명한 연주회장에서 빈번하게 콘서트를 열고 있는 세계 최고의 클래식 오케스트라 중 하나이다. 이 오케스트라의 앨범을 듣고 있노라면 세계 최고 수준의 음악가들로 구성된 오케스트라 중 하나로 생각할 수 있다. 연주를 실제로 관람하지 않고 그들의 연주를 들을 경우 다른 오케스트라와의 차이를 알아차리기는 쉽지 않다.

하지만 그들의 연주를 실제로 목격하는 순간, 그 차이는 바로 드러난다. 오르페우스에는 다른 오케스트라의 핵심으로 여겨지는 것이 없다. 바로 지휘자가 없는 것이다. 다시 말하면, 오르페우스는 공식 조직의 가장 중요한 요소인 CEO 없이 성공한 오케스트라인 셈이다.

과도한 비공식성으로부터 겪은 피해

오르페우스는 1972년 연주자 일부가 모여 설립한 오케스트라이다. 이들은 설립 초기부터 지휘자를 두지 않는다는 아이디어에 동의했다. 이는 단지 지휘자의 "권위"에 대한 반발 때문이 아니라 모든 연주자들의 "재능과 헌신"에 대한 믿음 때문이었다.[5]

전통적인 오케스트라에서 지휘자는 공식적인 리더로 행동하는데, 그는 연주회 기간 동안 연주자들을 정해진 시간에 모으고, 연주의 어떤 부분을 강조하며, 보다 부드러운 터치가 필요한 곳이 어딘지를 결정하고, 작곡자의 의도를 해석하는 등 여러 가지 중요한 의사결정을 한다. 이렇게 음악에 대한 해석 방법을 결정하는 책임에서 벗어나, 지휘자의 명령에만 따르는 연주자들은 기계의 톱니바퀴와 같은 부속품으로 격하된 느낌을 가질 수 있다.

오르페우스의 모든 연주자들은 오케스트라의 모든 의사결정에 공동 책임을 느낀다. 연주자들은 개인적 직관, 사적 관계를 통한 교감, 그리고 각 개인의 헌신과 에너지 등에 의지하며 음악을 함께 듣고 느끼며 해석한다. 수년간 오르페우스에서 바이올린 주자로 있었던 론니 바우흐Ronnie Bauch는 다음과 같이 말한다. "전통적인 오케스트라에서는 일시적인 질적 향상만 있을 뿐이다. 연주자들은 지휘자의 신호와 지시를 기다린다. 오르페우스에서는 지휘자가 없어, 연주자들 모두 서로의 연주를 매우 집중해서 듣는다. 이것은 더 많은 활동과 능동적인 태도, 그리고 색 다르고 풍부한 소리를 만들어내는 연주 기법이 만들어지고 있음을 의미한다. 청중들은 이런 것들을 실제로 듣는다."

론니 바우흐로부터 들은 내용은 오르페우스의 초창기를 설명하는 것이다. 나는 그의 목소리와 눈에서 향수를 느낄 수 있었다. 초기부터 그들의 시도는 아주 실험적이었다. 한 곡을 연주하기 위해 그들은 수백시간 동안 연습을 했다. 어떤 악곡이 어떻게 연주되어야 하는지를 토론하며 대부분의 연습시간을 보냈다. 이는 일종의 음악적 실험과 다름없었다. 모든 연주자들은 정확한 소리를 내기 위해 노력했고, 하나를 위한 모두와 모두를 위한 하나가 되는 공동체를 어떻게 키워나가야 할 지를 고민했다. 원래 오르페우스에서의 유일한 공식 직책은 콘서트마스터concertmaster였는데, 그는 각 연주에서 임시 예술감독의 역할을 하며 연주의 해석이나 레파토리에 대한 다양한 의견이 있을 경우, 이들을 조율하곤 했다.

비록 이렇게 과도한 비공식성이 훌륭한 음악을 만들어내기도 했지만, 전체 연주자들이 모든 의사결정에 관여하는 것이 너무 많은 시간을 소모하게 하고, 감정과 육체적인 피로를 유발한다는 사실도 알게 되었다. 오르페우스의 단원들은 모두 일이 많았다. 그들은 대부분 녹음도 하고 교습도 하며 다른 오케스트라에서 연주하는 경우도 있었다. 오르페우스는 전통적 오케스트라보다 더 많은 연습 시간이 필요했다. 연주곡을 정하는데도 시간이 오래 걸렸다. 그리고 음악적 해석에 대한 논쟁이 격렬해지는 경우도 생겼고, 이 때문에 구성원이 떠나기도 했다. 결국 피로와 좌절감 등으로 지쳐버린 연주자들 중 일부가 오케스트라를 떠나기도 했다.

공식성과 음악과의 통합

오르페우스가 성공적인 연주를 거듭하며 국제적인 주목을 받기 시작하자, 오케스트라 단원 모두는 비공식성만으로는 점차 증대되고 있는 청중들의 욕구를 만족시키기 어렵다는 사실을 알게되었다. 음악의 순수성을 유지하면서도 연주자들에게 많은 부담을 주지 않는 그런 효율적인 시스템을 강구해야만 했다. 론니 바우흐는 "창업 단계를 막 지난 기업과 같았죠. 우리는 성공적이고 안정적인 조직으로서 청중의 일관된 요구에 부합하는 음악을 들려주기 위해 공식적인 시스템을 도입할 필요가 있었습니다." 라고 말했다.

오르페우스에서는 공식성 보다 비공식성이 강했다. 그래서 강력한 공식 조직이 필요했던 것이다. 이것이 없다면 비공식 조직은 지금보다 더 큰 어려움을 겪게 될 것이기 때문이었다. 그럼에도 불구하고 연주자들은 지휘자를 원하지는 않았다. 그들은 결국 효율성을 높이고 의사결정의 질을 향상시키면서도 리더십을 공유한다는 철학을 유지하기 위해, "핵심 시스템core system"이라는 새로운 프로세스를 만들었다. 새로운 곡을 연습할 때면, 연주자들은 소수의 리더들(핵심 그룹)을 투표로 선발한다. 이 리더 그룹에는 콘서트 마스터, 차석 콘서트 마스터, 그리고 오케스트라의 각 섹션을 대표할 리더들이 포함된다.

이 핵심 그룹은 악곡 전체를 철저하게 검토하여 어떻게 연주해야 하고, 연습시간을 최소화하기 위해서는 어떤 연습 방식을 취해야 하는 지를 결정한다. 이런 과정은 오케스트라의 다른 단원들이 참석하지 않은 상태에서 이뤄진다. 물론 오케스트라 단원 전체가 모였을 때, 각각의 연주자들은 여전히 다양한 의견과 질문을 할 수 있다. 하지만 악곡을 리드하는 사람들은 핵심 그룹이다. 그들은 악곡의 일부를 바꿀 수 있는 권한을 갖고 있다. 그리고 새로운 곡을 연주하게 될 때면, 핵심 그룹의 구성원들은 새로운 사람으로 교체된다. 결국 리더십에 대한 책임을 오케스트라 단원 전체가 지는 것과 같았으며, 연주자들 간에 긴밀하고 잘 짜여진 비공식 네트워크가 매번 새롭게 만들어지게 되는 것이었다.

이 핵심 시스템은 제대로 작동되었다. 오르페우스는 공유된 리더십을 유지하면서도 여전히 생산성과 효율성을 향상시키기 위한 공식적인 구조를 성공적으로 제도화했다. 그들은 비공식 조직의 중요한 요소를 유지하면서도 지휘자 없이 아름다운 음악을 연주할 수 있었다.

불가능해 보였던 일을 가능하게 만들었다. 그들은 비공식성의 뿌리를 해치지 않으면서도 자신들만의 유일한 접근 방법을 만든 것이다.

비즈니스 구조를 만들어 내다

오르페우스가 엄청난 찬사를 받았던 시절(1999년 그래미상 수여), 조직과 관련된 다양한 문제들이 불거지기 시작했다. 해외 투어 기간은 점점 더 길어졌고, 교육을 위한 연주처럼 오케스트라 연주자들에게 부담이 되는 것들이 늘어나기 시작했다. 오르페우스는 보다 전문적인 경영을 위해 대표 감독을 고용했다. 그러나 이사회는 그 감독의 리더십에 불만이 많았다. 결국 2002년 12월 이사회는 그래함 파커Graham Parker를 행정이사로 고용하여 마케팅, 운영, 그리고 투어관리 등에 대한 책임을 맡겼다. 그래함 파커의 직속 상사는 그 당시 이사회에 소속되어 있던 론니 바우흐Ronnie Bauch였다. 2008년 오케스트라가 새로운 재정 위기에 직면했을 때, 그래함은 리더십 구조를 보다 명료하게 하기 위해 대표 감독으로 승진되었다.

　일반적인 오케스트라의 운영에 있어서, 대부분의 리더들은 공식적인 책임과 잘 정의된 역할을 따르도록 요구하지만 오르페우스에는 조금 달랐다. 바로 오르페우스의 철학을 따라야만했다. 연주자들이 리더십 과제를 공유하고 그들 스스로 전체 조직이 갖고 있는 "공동의 선善"에 전념한 것처럼, 행정 인력들도 그들 나름의 비공식 조직을 활성화시켰다. 직책과 책임 등 공식적 요소들도 있었지만, 그들은 업무 수행에 있어서 유연한 정신과 조직 운영철학 등과 같은 비공식성의 특징을 기준으로 삼았다.

2007년 말, 카젠바흐 센터의 파트너인 지아 칸과 알렉스 골드스미스Alex Goldsmith는 오르페우스의 경영전략수립 프로젝트에 참여했다. 이 프로젝트는 오케스트라의 기부금 수입 증대를 위한 각종 캠페인 계획을 수립하기 위한 것이었다. 행정 담당자들은 오케스트라의 비전, 미션 그리고 장기전략 등이 명확하지 않으며 진부해서 잠재적인 후원자들을 설득하기가 어렵다는 사실을 알게 되었다. 그러나 그들은 전통적인 전략 수립 프로세스로는 오르페우스의 매우 독특한 비공식적 문화를 반영할 수 없을 것이라 생각했다.

그래서 그들은 연주자들이 연습을 이끌어나가는 것처럼 전략 수립 세션을 만들어 나갔다. 그들은 예술 감독과 유사한 역할을 하는 "촉진자facilitator" 그룹을 만들었다. 이 그룹은 여러 가지 회의를 주도하며, 궁극적인 의사결정권을 갖는다. 그리고 오케스트라 구성원인 연주자, 스텝, 이사회 등을 대표하는 핵심 그룹(각 구성원별 동등한 비율로)도 새로 만들었다. 경영전략 수립에 있어서 이 같은 협력은 상의하달식 의사결정 시스템으로는 절대 할 수 없는 다양한 아이디어와 구성원들의 몰입을 만들어 냈다. 공식 조직(핵심 그룹, 촉진자 그룹, 그리고 의사결정 책임이 있는 사람 등)은 비공식적인 토론을 결코 방해할 수 없었다. 비록 그것이 일의 진행을 더디게 하더라도 이같은 원칙은 지켜졌다.

전략수립 기간 동안, 조직은 여전히 미해결된 리더십 과제를 갖고 있음이 분명해보였다. 경영진은 오케스트라가 어떻게 예술적 창의성을 지속적으로 유지하면서 보다 효율적으로 운영할 수 있는 지에 대해 문제를 제기했다. 우리는 오르페우스의 이사이자 하버드 대학 심리학과 교수인 리차드 해크맨Richard Hackman 과의 공동 작업을 통해, 비공식적인 열정과 공식적인 책임을 통합하는 독특한 형태의 리더십 시스템인 선임 리더십팀senior leadership team을 오르페우스에 도입했다. 선임 리더십팀과 더불어 예술적 이슈를 처리하는 예술계획 수립팀도 구성되었으며, 이 팀에는 예술 감독, 대표 감독, 그리고 총괄 매니저 등이 참여했다. 오케스트라 운영과 관련된 이슈는 행정 인력들과 함께 그래함 파커가 주관하는 주간 회의에서 다루어졌다.

선임 리더십팀은 그래함 파커와 네 명의 행정이사, 그리고 선임 예술 감독 등으로 구성되었다. 그래함 파커는 밝혔다. "테이블에는 언제나 긍정적인 긴장을 만들어 내는 오케스트라 단원들이 있었습니다. 다른 오케스트라에서는 연주자들을 관리자 그룹과 같은 테이블에 앉히지 않습니다. 연주자들은 자기들끼리 토의를 하고 정리한 후에 관리자에게 그 내용을 전달할 뿐이죠. 우리는 서로가 마주보고 앉아 당면한 이슈에 대해 직접 이야기했습니다."

선임 리더십팀은 회의 안건을 정하는데 매우 엄격했다. 이는 다른 이슈들이 제기되어 정해진 토론을 방해하지 못하게 하고, 보다 광범위한 주제를 충분히 논의할 수 있게 하기 위해서였다. "우리는 일주일에 한 번 두 시간씩 모여 생각하고, 꿈꾸고, 여기에서 저기로 어떻게 갈 지를 탐색합니다." 그래함 파커는 말했다. 공식적인 구조 내에서 예술가 공동체와 관리자 공동체를 의도적으로 통합하자, 엄청난 수준의 창의성이 발현된 것이다.

　이런 구조를 만들어 내기 위해, 그래함 파커는 그들이 무엇을 하는 것 보다 어떤 방식으로 함께 하는 가에 주의를 기울여야 함을 알게 되었다. 그들은 첫날 회의에서 행동 규범에 대해 토의하고, 논쟁하고, 동의하는 데 거의 모든 시간을 할애했다. 오르페우스의 명성이 높아지면서 새로운 도전들이 끊임없이 생겨났다. 결국 오르페우스는 공식과 비공식 조직의 통합을 통해 지속적으로 해결책을 찾아 나설 수밖에 없었다.

어떻게 통합할 것인가

우리는 서로 다른 별개의 영향력을 갖고 있는 공식적 메커니즘과 비공식적 메커니즘이 함께 작동될 때 '균형'이라는 단어를 사용한다. 또한 공식성과 비공식성의 공헌 정도를 구분하기는 어렵지만, 이 두 가지가 결합되어 전반적인 영향력을 행사했을 경우 '통합'이라는 단어를 사용한다. 이런 구분에 대해 너무 염려할 필요는 없다. 어렵긴 하지만 있는 그대로 받아들이면 된다.

　비공식적 메커니즘과 공식적 메커니즘의 통합은 제법 까다롭다. 그리고 비공식 조직과 공식 조직 간의 균형점을 만들어 내는 것도 이런 도전과제의 일부이다. 공식성에 과도하게 의존하는 리더가 비공식적인 한계에 직면하는 경우, 그는 매우 어려운 상황에 빠지곤 한다. 그러나 균형에 집중하고 있는 리더는 기본적인 욕구를 찾아내고 실질적인 해결방안을 모색할 수 있다. 물론 올바른 균형을 찾는데 있어서는 시행착오를 반복하기도 한다. 그러나 이런 실수들은 그렇게 심각하지 않다. 공식 조직과 비공식 조직 간의 경계를 잘 관찰할 수 있는 사람들이 바로 현명한 리더들이다.

공식적인 프로세스는 일련의 과업들을 효율적으로 만드는 반면, 비공식적인 네트워크는 예상하기 어렵거나 기존의 업무 프로세스로는 결코 해결할 수 없는 문제들을 해결할 수 있게 한다. 통합은 중요하다. 높은 성과를 내는 조직이 반드시 다뤄야만 하는 상수constant가 있다면, 이는 균형을 붕괴시키는 예기치 못한 변화이다. 그래서 리더들은 공식과 비공식 메커니즘 간에 실질적인 통합이 이뤄지는 지점을 예측할 수 있어야 한다. 예를 들면;

전략적 의도와 부합되는 의사결정과 행동으로, 감정적인 동기부여가 되는 경우. 회사의 목표가 직원들의 일상 업무에서 어떻게 해석되어야 하는지를 그들 자신이 잘 이해하고 있다. 직원들은 자신이 수행하고 있는 중요한 직무에 대해서도 명확하게 인식하고 있으며 감정적으로도 몰입되어 있고, 실제 업무도 그렇게 수행하고 있다. 사우스웨스트 항공사Southwest Airlines의 경우, 조종사에서부터 수하물 처리직원에 이르기까지 직원들 모두가 비행기를 제시간에 이착륙시키기 위해 최선을 다하고 있다. 이것은 공식적인 요구사항이라기 보다는 비공식적인 근무 규범에 가깝다. 그러나 이것은 항공기 왕복 소요시간을 줄임으로써 원가를 낮춘다는 공식적인 전략에도 충분히 부합되는 행동이다.

일상 업무가 지속적으로 향상되는 경우. 업무의 개선과 성과의 향상은 리더와 관리자들 뿐 아니라 일선 직원들의 제안에서 비롯된다. 공식 프로세스는 항상 일관되게 수행되고 있다. 비공식 네트워크는 이런 공식 조직을 보완하고 지원한다. 사람들은 비공식적으로 다양한 실험들을 하고 나서야, 해당 업무를 공식 프로세스에서 표준화시킨다. 최상의 성과 향상은 항상 공식적인 프로세스에서 이뤄진다. 토요타 자동차가 전형적인 사례이다. 토요타 생산라인에 있는 직원들은 차량조립 프로세스의 효율을 극대화시키고 품질을 향상시키기 위해 끊임없이 제안하고 있다.

기존의 업무를 수행하고 있는 작업 집단이 유기적으로 성장하며 보다 효율적인 실행 구조를 갖고 있는 경우. 이런 종류의 작업 집단화는 공식적이며 일반적인 네트워크를 기반으로 이뤄진다. 그러나 일부 뛰어난 조직에서는 비공식적인 절차를 통해 충분한 검증을 하고 나서야, 이런 형태의 집단화를 도입한다. 예를 들어 구글Google은 신제품 개발, 새로운 프로그램 개발 프로세스, 또는 시험 프로토콜 등과 같은 것들을 "너무 빨리" 조직화하는 것에 매우 신중하다. 오히려 구글은 비공식적인 "소집단grouplets"을 장려하는데 이들은 많은 자원을 요구하지도 않고, 기존에 확립되어 있는 작업방식을 방해하지 않으면서도 자신들만의 방법으로 계획한 일들을 추진해나가기 때문이다.

다양한 가치 명제가 해당 조직과는 다른 목적과 포부를 가진 개인들을 만족시키는 경우. 예를 들면, 성과 지향주의적인 인재 A는 개인 보상과 승진에 많은 관심을 갖고 있다. 그래서 승진과 임금 인상이 그의 가치 명제를 지배한다. 반면 삶의 질을 중시하는 인재 B는 동료들과 함께 생산성을 높이며 업무를 수행하는 것에 관심을 갖고 있다. 그래서 팀별 업무 성취도와 동료들로부터의 인정 등이 그의 가치 명제를 지배한다. 버니 마르쿠스와 아서 블랭크가 창업한 홈데포가 강력한 주인의식, 동료의식의 강화, 그리고 개인적 책임감 등을 만들어낸 훌륭한 사례이다.

조직 구성원이 회사, 동료, 일상의 업무 성취 등에 대해 자부심을 갖는 경우. 지위 고하를 막론하고 동료에 대한 존경은 경영진에 대한 존경 못지않게 중요하다. 미국 해병대는 계급과는 상관없이 서로가 자부심을 고취시키며 비공식적인 방식으로 동료들을 훈육함으로써 공식과 비공식적인 요소들을 통합시키는 문화를 발전시켰다.

외부 협력회사, 공급자, 고객 등이 해당 조직의 성공을 위해 자발적으로 나서는 경우. 예를 들면, 애플사의 맥Mac컴퓨터를 초기에 구매하는 고객들은 회사의 열렬한 추종자들이다. 그들은 애플의 의도가 궁극적으로 사용자 친화적인 컴퓨터를 만드는 것이라 철썩 같이 믿고 있다. 그들은 애플의 모든 회의나 컨벤션 등에 무슨 일이 있어도 반드시 참석하며, 그들에게 흥미 또는 호기심을 갖게 하는 모든 것에 대한 논평도 잊지 않는다. 회사는 당연히 그들의 조언에 주의를 기울인다. 현명한 행동이다. 이는 그들의 비공식적인 열정을 지속시킬 수 있는 공식적인 플랫폼과 포럼을 만들어 냈다.

공식 또는 비공식적인 요소로 쉽게 구분해 낼 수 없는 통합 지표들도 제법 많다. 그리고 조직의 상위 집단에서는, 비공식적으로 동원되는 것과 공식적으로 관리되는 것을 구분하기도 쉽지 않다. 이 두 가지는 근본적으로 뒤얽혀 있기 때문이다.

경찰 조직에서 활용된 비공식 조직의 힘

미국 범죄 드라마 프로그램을 꾸준히 시청한 사람들은 경찰에 대해 많은 것을 알고 있다. 10여년 간 방영된 범죄전담반Law & Order(미국 NBC방송의 범죄수사드라마_옮긴이)과 그 이후의 수많은 후속편들 덕분에 시청자들은 경찰 직무에 대해 샅샅이 알게 되었다. 간단히 요약하면 수사팀은 대개 2명의 경찰로 구성되며, 이들은 매번 큰소리로 윽박지르며 다그치기만 하는 형사 반장 혹은 정신범죄학자 등과 같은 사람들로부터 이런 저런 지원을 받으며 업무를 수행한다. 또한 "내근직" 경찰들은 대부분 나쁜 사람이며, 좋은 경찰들이 사소하게 저지른 잘못에 대해 계속 비난한다.

이 수사물들은 재미있다. 하지만 우리에게 대도시 경찰의 공식적인 업무와 비공식적 업무에 대해서는 별 이야기를 해주지 않는다. 중요한 것은 실제 경찰 업무란 것이 텔레비전에서 보이는 영웅주의와는 거리가 먼 아주 일상적이면서도 집요하며 힘든 노동을 요구하고 있다는 사실이다. 실제로 경찰 조직에서 최고의 성과를 만들기 위해서는 조직의 공식적 요인들과 비공식적 요인들을 효율적으로 통합되어야 만 한다.

경찰 조직의 성과(범인을 잡는 것 뿐 아니라 범죄를 예방하는 것)를 가장 잘 보여준 휴스턴 경찰서Houston Police Department를 보면, 새로 만들어진 공식적인 메커니즘과 기존의 비공식적으로 이뤄져왔던 활동 간의 균형을 통해 어떻게 성과를 향상시켰는 지 잘 알 수 있다. 경찰과 수사관들은 범죄 사건을 해결하고 범인을 체포하기 위해 늘 서로에게 의존한다. 당연히 그들은 그렇게 하기 위해 공식 또는 비공식적인 방법으로 팀을 만들었으며, 이것은 결국 업무 성과와 효율에 큰 차이를 가져다주었다.

대부분의 경찰서와 마찬가지로 휴스턴 경찰서는 두 가지 형태의 경찰로 구성되어 있다. 응급전화에 대응하고 담당지역에 경비임무가 부여된 순찰팀 그리고 살인이나 강도와 같은 범죄유형에 따라 구분된 수사팀이 있다. 대부분의 경우 이 두 조직은 별도로 운영되며, 상호교류가 필요할 때 통합되어 운영되기도 한다.

휴스턴 경찰서에서 응급전화에 대응하는 것은 반드시 필요한 직무다. 하지만 대부분의 경찰들은 전화 받는 일을 좋아하지 않는다. 비록 응급전화가 사람들의 이목을 집중시키는 경우도 종종 있긴 하지만, 대부분의 전화가 범인을 체포하는 중요한 사건으로 이어지지 않는다. 결국 범죄를 줄이는 것에 직접적인 영향을 미치지는 못하는 것이다. 게다가 이런 업무는 보다 능동적인 경찰 업무 수행을 방해한다.

휴스턴 경찰서의 마이크 폴하버Mike Faulhaber 경사는 이미 발생된 범죄를 처리하는 작업 보다는 범죄를 사전에 예방하는 것이 더 중요하다고 믿고 있었다. 이것은 보다 능동적인 경찰 업무 개발을 의미했다. 경찰서는 응급전화에 신속하게 대응하는 시스템도 유지해야만 한다. 이런 노력이 과거에도 한 차례 있었지만, 실패로 끝나고 말았었다. 하지만 경찰들이 늘어나는 업무에 대해 극심한 반감을 보였기 때문이다. 또한 이미 능동적으로 경찰 업무를 수행하고 있는 사람들을 자극하기도 했다. 능동적인 경찰 업무를 기대하고 있는 사람들을 한가하게 응급 통화나 처리하도록 강요한 것도 문제였다. 당연히 남아있는 사람들은 덜 멋진 일을 하는 것에 분개할 수밖에 없었다. 결국 동료들 간의 교류와 협력은 점점 더 악화되었다. 이것은 공식적인 메커니즘(능동적인 경찰 업무를 수행하는 팀의 신설)을 도입함으로써 기존에 있었던 효율적인 비공식적 메커니즘(보다 근사한 경찰 업무에 대한 자부심)을 상쇄시켜버린 대표적인 사례가 되었다.

그래서 마이크 폴하버는 경찰 스스로가 선택할 수 있게 했다. 그는 능동적인 경찰 업무 그룹을 새로 만들었고, 그룹에 대한 명확한 기대치를 설정했으며, 경찰서의 모든 인력에게 이 팀에 합류할 수 있는 기회를 제공했다. 이 팀에 합류하는 것은 보다 많을 일을 해야 함을 의미했다. 그러나 이것은 또한 응급전화 응대 업무로부터의 해방을 의미하기도 했다. 능동적 그룹에 참여하지 않은 경찰들은 911 테러와 관련 장난 전화들을 재치 있게 받아넘기며 전화선을 만지작거리고 있어야 했다.

　모든 경찰들에게 선택에 대한 책임을 분명하게 밝혔기 때문에, 능동적인 순찰팀을 선택하지 않은 경찰들이라 하더라도 자신이 무시되거나 불공정한 업무 부담을 갖게 되었다고 느끼지 않았다. 이렇게 단순하지만, 스스로 선택하게 만든 메커니즘을 통해 사람들은 공식적인 일상 업무와 비공식적인 동기부여를 비교하며 정렬할 수 있게 되었다. 부가적인 이득은 프로세스가 공정하게 이뤄졌다는 것과, 과거 비공식적인 저항이 지지로 바뀌었다는 것이다. 그 결과 공식성과 비공식성의 통합이 이뤄졌다.

　이 방법은 매우 성공적이었다. 각 부서의 경찰들에게는 자율성이 부여되었고, 자신들이 계획한 프로젝트를 스스로 조직화할 수도 있었다. 이와 더불어, 능동적인 경찰들은 수사와 관련된 다양한 문제해결 경험을 통해 자신이 원할 경우 수사 전담 요원으로 승진할 수 있는 기회를 가질 수 있었다.

　마이크 폴하버가 만든 특별 그룹으로 인해, 경찰 조직 전체에 활기가 넘치게 되었다. 동료들의 지지와 자부심과 같은 비공식성이 그들의 행동을 어떻게 이끌어 나갔는지, 그리고 이 비공식성을 어떻게 활용하여 공식적인 메커니즘에 적용했는지 주목할 필요가 있다. 이것이 바로 진정한 통합인 것이다.

　이렇게 비공식 조직을 동원함으로써 그들은 전혀 의도하지 않았던 추가적인 긍정적 효과까지 얻게 된다. 능동적인 경찰 업무 그룹은 비공식 조직 전체에 큰 영향을 끼쳤다. 구체적으로는 순찰 업무를 수행하는 경찰들이 다른 범죄 수사관들과의 네트워크 강화에 발 벗고 나섰다는 사실이다. 능동적인 경찰 그룹은 문제 해결을 위해 많은 시간을 보냈으며, 특정한 문제나 범죄 해결에 전념할 수 있는 시간이 허용되었기 때문에 보다 효과적으로 수사관들과 연계할 수 있었다.

휴스턴 경찰서는 이런 종류의 새로운 네트워크 연계를 통해 다양한 성과를 올릴 수 있게 되었다. 예를 들면, 범죄 현장에서 수사관들은 종종 순찰과 경찰들의 지원을 필요로 한다. 마약 범죄 수사과의 잘루드Zalud 수사관은 "마약범죄 수사관들은 잠복을 할 때 평상복 차림으로 임무를 수행하죠. 그래서 우리는 제복을 입은 순찰 경찰에 의존하는 경우가 많습니다. 그들과 동행함으로써, 평상복을 입은 수사관들은 길거리에서 갑작스런 행동으로 범인을 제압하는 것에 대한 정당성을 갖게 됩니다." 라고 설명했다.

이 직무에 가장 적합한 순찰과 경찰들은 해당 지역에 대한 전문적인 지식을 갖고 있는 사람들이다. 필요한 지역에 대한 경험과 지식이 없는 순찰과 경찰과 협력할 경우, 오히려 힘든 상황만을 야기할 수도 있다. 따라서 어떤 순찰과 경찰이 수사과 경찰들과의 협업에 관심을 갖고 있는지 알고 있어야만 한다. 그래야 두 개 그룹간의 상호 교류가 보다 원활하게 이뤄지고 범죄사건이 보다 성공적으로 해결될 수 있으며, 안전하고 효율적인 업무 처리가 가능한 것이다.

예전 휴스턴 경찰들은 중요한 의사결정 순간에 직감에 의존하는 경우가 많았다. 그러나 지금은 어떤 순찰과 경찰들이 지원했는지 알고 있기 때문에 그들의 재능에 의존하여 의사결정을 할 수 있게 되었다. 능동적인 경찰 업무 프로그램은 인재의 조기 확보뿐 아니라 수사 업무에 관심을 갖고 있는 순찰과 경찰들에게도 기회를 제공한 셈이다. 만약 그들이 다른 부서나 새로운 직위에 지원하고자 한다면, 이 같은 프로그램은 그들에게 일종의 훈련 기회를 제공하는 것과 같다.

▼

마이크 폴하버 경사가 동원한 방법에 주목해야 한다. 그가 공식 조직을 만들기는 했지만, 비공식 조직과의 통합을 통해 충분한 지원을 받아낼 수 있었다. "우리 모두는 같은 팀이다. 모든 경찰은 범인을 체포하고 도시를 더 안전하게 만들고자 일하고 있다. 이것이 우리의 사명이다. 우리는 그것을 위해 함께 협력한다." 마이크 폴하버의 말이다. 그리고 그는 존재하는 비공식 조직의 특성에 근거하여 전체 조직을 쉽게 변화시켰다.

이것은 생각처럼 그렇게 쉽지 않다. 공식성을 추구하는 경영자나 관리자들은 통제와 효율, 규모의 경제 등을 맹목적으로 추종한다. 그들은 잘 정렬된 프로세스, 분명한 성과 측정, 분석적인 규율 등이 어떻게 "조만간에 자신이 원하는 것을 그들이 하도록 만들 수 있다고" 믿는다. 하지만 그런 방식으로는 역량 있는 구성원과 고객들을 잃을 뿐이다.

반대로, 비공식성의 신봉자들은 권한이양, 몰입, 감정적 에너지 등과 같은 보이지 않는 장점을 너무 자주 인용한다. 그들은 A부터 B까지 되어가는 과정에서 시간과 자원을 너무 많이 소비한다.

좋은 조직, 훌륭한 리더, 그리고 위대한 공헌자들은 지금도 변함없이 조직의

두 가지 측면 모두에 주의를 기울인다.

▲

PART 2 ⟶

**성과는 관계에서
시작된다.**

대부분의 직원들은 금전적 보상 보다는 그들이 수행하고 있는 일에 대해 느끼는 감정에 의해 더 동기부여 된다. 금전적 보상이 인재를 선발하고 유지시키기는 하지만, 일상 업무에서 높은 성과를 내며 자신의 일에 대해 자부심을 갖고 있는 사람들을 보면, 그들은 스스로를 끊임없이 동기부여 하며 최고 수준의 일을 수행하려 노력한다. 훌륭한 관리자는 직원들 스스로가 수행하는 일에 대해 좋은 감정을 갖게 된다. 반면 일부 직원들에게 공식적인 보상만을 제공하며 그들에게 의존하는 관리자들은 높은 성과를 낼 수 없다.

자부심의 원천은 기업 가치에서 비롯된다. 그러나 대부분의 가치는 액자 안에 있을 뿐, 구성원들의 행동에 반영되지 않고 있다. 조직이 추구하는 가치가 거창하고 위대할수록, 이것은 보다 구체화되어 일상에서 수행되는 업무들과 직접 연결되어야만 한다. 조직이 원하는 막연한 꿈처럼 보여서는 안 된다. 그리고 무엇보다 중요한 것은 이런 가치들이 조직 전체뿐 아니라 구성원 개인의 목표에도 부합되어야 한다는 것이다. 이렇게 되면, 비공식 조직은 공식적인 성과 목표를 능가하는 감정적 몰입을 만들어 낼 수 있다. 또한 조직이 정한 이성적인 규율에 의해 만들어내는 성과 이상의 것을 만들어 내기도 한다.

젠틀 자이언트Gentle Giant 운송회사 사례가 가장 대표적이다. 다른 운송회사들과는 달리, 젠틀 자이언트사는 실제 이삿짐을 나르는 작업에 일부 훈련되지 않은 직원들을 투입하여 연습하는 경우도 있다. 이 회사의 사례는 다른 기업 및 비영리 조직 등의 사례들과 함께 이번 장에서 다뤄진다. 우리는 이 같은 사례를 통해 비공식성에 의한 감정적 힘이 높은 성과를 내는 데 얼마나 기여하는 지를 알게 될 것이다.

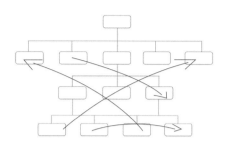

CHAPTER 4

일이 전부다?!

우리는 벨 캐나다^{Bell Canada} 회사에 소속된 12명의 현장 기술자들을 만나, 그들의 상사인 토니 콱^{Tony Kwok}의 업무 지도 방식에 대한 이야기를 나눴다.

지아 칸이 현장 기술자 중 한 명인 헤더^{Heather}라는 여성에게 물었다. "일을 하면서 언제 가장 만족스럽나요?"

그녀는 "네. 누구도 해결할 수 없는 문제를 제가 처리했을 때요." 라고 대답했다. 이 말에 다른 기술자들이 쑥덕거렸다. 일부는 웃기도 하고 일부는 의아한 표정을 지었다.

"왜 그러죠? 헤더 말에 조금 놀라는 것 같네요?" 지아 칸이 다른 기술자들에게 물었다.

"예… 놀랄 일이죠." 기술자 한 명이 대답했다. "여기서 그녀가 할 수 있는 일을 못하는 사람은 아무도 없거든요."

모두가 크게 웃었다.

지아 칸이 다시 기술자들에게 물었다. "당신들은 헤더가 남이 해결 못하는 일을 처리했을 때 좋아한다는 사실을 알고 있었나요?" 기술자들은 모두 고개를 가로저었다. 지아 칸은 헤더에게 물었다. "당신 상사인 토니 곽은 당신이 언제 만족하는지를 알고 있나요?"

"물론이죠." 헤더가 대답했다.

"그걸 어떻게 알죠?" 지아 칸이 물었다.

"왜냐하면 토니는 그런 일들만 저에게 줘요." 그녀는 자신 있게 대답했다.

왜 자부심이 돈보다 중요한가

일상적인 업무 성과를 칭찬하고 기분 좋게 만드는 것은 행동에 직접적인 영향을 주는 강력한 동기부여 방식이다. 불행하게도 대부분의 직원들은 일상의 업무를 매우 지루하고 따분하며 스트레스뿐이라고 생각하고 있다. 그래서 일상의 업무를 "기분 좋게" 수행하도록 만드는 것은 생각처럼 쉽지 않다. 그리고 구성원들이 갖는 긍정적인 느낌은 대부분 비공식성에서부터 발생한다.

가장 강력한 감정적 동기 중 하나는 "자부심"이다. 학교에서는 스스로 자부심을 갖게 만들어주는 선생님으로부터 배운 학생들일수록 열심히 공부한다. 운동선수들은 승자만이 얻을 수 있는 자부심 때문에 그들의 신체적 한계를 극복하며 힘든 훈련도 마다하지 않는다. 또한 결과를 통해 얻어지는 자부심 못지않게 과정에서 갖는 자부심도 훌륭한 동기부여 요인이 된다. 정유회사에서 위험한 일을 하는 직원들은 업무를 수행할 때 아주 특별한 주의를 기울이게 되는 데, 이는 자신이 주의를 기울임으로써 동료의 안전을 보장할 수 있다는 안전에 대한 자부심에서 기인한다.

하지만 대부분의 동기부여 프로그램은 급여인상, 복리후생, 승진 등 공식적인 보상에만 초점을 맞추고 있다. 우리는 다양한 연구와 경험을 통해, 많은 구성원들은 일과 성과에 대한 자부심에 의해 크게 동기부여 됨을 알게 되었다. 『왜 자부심이 돈 보다 중요한가Why Pride matters More Than Money』라는 책에서 우리는 자부심이 가장 강력한 동기부여의 원천임을 밝혀냈다.[1]

자신이 하는 일을 어떻게 생각하는지가 가장 중요하다

사람들로부터 최고의 성과를 끌어내도록 동기부여 하는 데 있어서 자부심은 가장 중요하다. 이런 사실은 미술, 음악, 체육, 의학 및 대중예술 등 여러 분야에서 증명되었다. 조지 칼린George Carlin이 수십 년간 코미디 클럽에서 고생스럽게 일을 한 동기는 돈이나 인정이 아니었다. 그것은 일 자체였다. 그는 자신의 역할에 맞는 신체적 특징을 부각시키기 위해 준비하는 과정에 있어서도 완벽을 기하고자 했다. 랜

스 암스트롱Lance Armstrong이 뜨르 드 프랑스Tour de France(프랑스에서 1903
년 이래 7월에 열리는 프로 사이클 로드레이스 경기-옮긴이)에서 일곱 차례나
승리할 수 있었던 힘의 원천은 승리 후 얻게 되는 영광이 아니라 연습
과정에서 얻게 되는 개인적인 성취감이었다. 우리가 현장에서 확인
한 바에 따르면, 인간은 어떤 일을 수행하는 과정에서 좋은 기분을 느
끼고자 하는 욕구를 갖고 있다. 이런 사실은 이미 아브라함 매슬로우
Abraham Maslow, 더글러스 맥그리거Douglas McGregor, 피터 센게Peter Senge,
그리고 프레드릭 허즈버그Frederick Herzberg와 같은 사상가들의 연구를
통해 밝혀진 것과 같다.

동기부여를 방해하는 자부심의 그늘

자부심은 과할 경우 자만이라는 형태로 표현되기도 한다. 구약성서에
서는 자만을 일곱 번째 치명적인 죄악으로 꼽고 있다. 그리고 우리도
자만(자기를 과대 포장하는)이라는 감정이 조직의 이익에 긍정적인 도움
을 주지 못한다는 사실에 동의한다. 또한 많은 사람들이 요트나 좋은
아파트, 그리고 훌륭한 디자이너의 옷 등 물질적인 소유에 자부심을
갖는 경우도 많다. 하지만 동기부여를 위해 금전적인 보상에 과도하
게 의존하는 조직들은 결국 더 높은 경제적 보상을 제시하는 다른 조
직에게 인재를 뺏기고 말 것이다.

　　불행하게도 자부심이 나쁜 결과의 원인이 되는 경우도 있다. 이 같
은 사례가 최근 밥 서톤Bob Sutton의 블로그 「일이 문제다Work Matters」라

는 포스팅을 통해 밝혀졌다.[2] 이 글은 대형 제재소에서 일하는 직원들이 매년 1백만 달러어치의 장비를 훔친다는 사실을 파헤치기 위해 수행된 게리 래섬Gary Latham의 연구 중 일부였다. 회사는 범죄 사실을 알면서도 강력한 노조 때문에 직원들을 처벌하기가 어려웠다. 하지만 게리 래섬은 조사를 통해 직원들의 절도 동기가 경제적인 이유가 아님을 밝혀냈다. 직원들은 회사의 물건을 훔치는 과정에서 스릴을 느끼고 있었으며 이 같은 사실을 동료들에게 자랑하기 위해 그 같은 일을 저질렀던 것이다. 우습게 들리겠지만, 그들은 이런 행동에 큰 자부심을 가졌다.

게리 래섬은 경영진과의 협의를 통해 도서관 시스템을 도입, 개인적으로 사용하는 장비들을 대여할 수 있도록 함으로써 "스릴을 죽이는" 제도를 만들었다. 이제는 더 이상 훔치는 것이 재미있거나 자랑거리가 되지 않았다. 동료들 사이에서 선망의 대상처럼 보이는 동기가 사라지게 되자, 절도사건 발생률은 영zero 퍼센트로 떨어졌다. 심지어 직원들은 과거에 훔쳤던 것들까지 모두 제자리에 돌려놓았다.

좋은 자부심도 같은 방법으로 작동된다. 일을 통해 자부심을 갖거나 함께 일하는 동료들을 통해 자부심을 갖도록 하는 것 모두가 차별화된 인센티브 방식이다. 이것은 동기부여 하는 데 있어서 왜 비공식적인 요소들을 이해하고 활용하는 것이 중요한지를 잘 설명하고 있다. 핵심은 자부심을 갖고 있는 사람들이 긍정적인 업무 성과를 낼 수 있도록 연결하고 정렬하는 것이다.

결과뿐 아니라 과정에서 느끼는 자부심도 중요하다

동기부여 전문가들은 최종 결과뿐 아니라 일을 수행하는 과정에서도 좋은 느낌을 갖도록 하는 것이 중요하다고 지적한다. 좋은 관리자는 월간 업무 성과를 초과 달성하는 것에 관심을 갖는다. 하지만 동기부여의 달인으로 불리는 사람들은 월간 목표뿐 아니라 그 목표 달성을 위해 매일 수행해야 하는 작은 일들을 구분하고 그것을 인정하는데 더 많은 주의를 기울인다. 그리고 동기부여의 달인들은 부하 직원이 월간 목표를 달성하지 못하더라도, 목표를 이루기 위한 과정에서 기울여 온 노력을 인정하고, 좋은 기분을 유지시키기 위해 끊임없이 노력한다.

급여와 보너스, 그리고 승진도 여전히 중요하다

금전적 보상과 같은 유형적인 요소는 아브라함 매슬로우의 정의처럼 생존과 생활유지 욕구를 충족시켜 준다. 많은 사람들은 그들의 가족을 안전하게 돌보는 것에 최상의 우선순위를 부여한다. 그러나 일단 이런 기본적인 욕구들이 충족되고 나면, 돈은 행동변화와 성과향상을 자극하기보다 인재를 유인하고 유지하는 것에만 작동될 뿐이다.

모든 조직에는 자부심의 원천이 다양한 모습으로 존재한다

성공적인 모티베이터motivator는 다양한 실험과 오류를 통해, 사람과 목적에 따라 서로 다르게 적용되는 자부심을 활용할 줄 안다. 예를 들어, 회사의 분명한 사명mission, 제품에 대한 우수한 품질, 지역 스포츠 팀의 후원 등은 모두 자부심을 갖게 하는 잠재적인 원천들이다. 중요한 것은 자부심의 원천을 다양한 방법으로 활용하여 구성원들 일상의 업무에 감정적 유대감을 만드는 것이다. 경영자들은 신뢰할 만하면서도 다양한 자부심의 원천이 조직 내에 건강한 상태로 존재하게 하여, 중간 관리자들 스스로가 여러 가지 자부심을 만들어 낼 수 있는 선택권을 가질 수 있도록 도와야 한다. 그러나 항상 자부심을 갖도록 만드는 가장 좋은 방법은 사적이면서도 비공식적인 관계를 형성할 수 있는 직속 상사가 나서는 것이다.

고립된 상태에서 자부심을 느끼는 사람은 드물다

모든 개인은 자신의 좋은 감정을 공유하고자 하는 "자부심 청중pride audience"을 갖고 있다. 이것은 실제 존재할 수도 있고, 가상의 집단으로 존재하기도 한다. 훌륭한 모티베이터들은 모두 잠재적인 자부심 청중을 주의 깊게 지켜본다. 직장 생활을 새로 시작하는 젊은 직원들의 경우 부모와 가족, 동료와 멘토 등이 자부심 청중 집단에 포함된다. 때로는 졸업한 학교의 선생님과 이전 회사의 상사, 혹은 유명인사 등을 자부심 청중으로 삼는 경우도 있다. 직장 생활을 오래한 사람들의 경우, 일상을 공유하는 동료가 바로 자부심 청중이 된다. 앞서 밝힌 제재소 사례를 보면, 이런 자부심 청중이 얼마나 강력한 지를 잘 알 수 있다.

사람들은 자부심 청중이 어떻게 자신의 업적을 인정하는(또는 인정할) 지를 감안하여 행동한다. 이 때문에 현명한 자부심 형성자들pride-builders은 인간미가 없는 형식적인 엽서나 빠르고 쉬운 이메일 등을 이용하기 보다는 직접 펜으로 편지를 써서 집에 보내는 방식으로 자신의 생각을 전달한다. 그들은 공식적인 일 자체를 위해서가 아니라 그일을 수행하는 이유를 설명하기 위해 직접 편지를 써 보내는 것이다. 그리고 이메일을 사용하는 경우에도, 충분히 생각하고 신중하게 작성하며 관련된 동료와 상사 등에게도 참조로 함께 보낸다. 이런 행동은 소속된 네트워크와 커뮤니티의 역할을 돋보이게 함으로써 일상의 업무에서도 자부심을 이끌어 내게 한다.

공식적인 보상은 위험을 줄여준다

보상과 자부심이 각각 다른 방법으로 사람들을 동기부여 한다는 사실은 분명해졌다. 하지만 어떤 상황에서 보상과 자부심이 같이 생겼을 때 종종 예기치 못했던 일이 발생하기도 한다. 금전적 보상과 같은 "외재적" 동기부여 요소와 자부심과 같은 "내재적" 동기부여 요소가 함께 작용될 경우, 어떤 효과가 나타나는 지에 대한 연구가 상당히 많이 수행되어왔다. 이 두 가지가 모두 함께 결합될 경우 동기부여는 두 배로 증가될까? 답은 "아니요!" 이다.

실제로 외재적 보상은 내재적인 동기를 감소시키기도 한다. 또한 개인이 어떤 행동에 대해 외재적이고 내재적인 두 가지 이유를 모두 갖고 있을 때, 그 행동은 "과대정당화" 되기 때문에 사람들은 내재적 이유를 경시하며 외재적 이유를 지나치게 강조하는 것으로 밝혀졌다. 이것이 레온 페스팅거Leon Festinger가 1957년에 밝혀낸 인지 부조화 이론cognitive dissonance reduction의 한 모습이다.[3]

예를 들어, 어린이집에 있는 영유아들은 보통 즐거운 마음으로 그림을 그린다. 그런데 그림을 잘 그린 아이들에게 "우등상"을 준다고 하면, 이 상을 받은 아이들은 그렇지 않은 아이들 보다 자발적으로 나서서 그림을 그리려 하지 않는다는 것이다. 그래서 금전적 보상은 때로 조직 구성원들이 갖고 있는 자생적 자부심을 해치기도 한다. 이것은 금전적 보상에 의해서만 움직이는 조직에서는 반직관적 아이디어로 인식된다. 만약 누군가가 당신의 취미활동에 금전적 보상을 하겠다고 나선다면, 그 일은 덜 재미있어지고 따분해지는 것과 같다.

우리는 또한 투자은행이나 보험회사 등 영업활동에 따른 금전적 보상에 관심을 갖고 있는 조직들이 자기 충족적 예언self-fulfilling prophecy을 만들어 낸다는 사실을 알게 되었다. 공식적인 보상 시스템은 대부분 돈에 관한 것이기 때문에, 구성원들은 그들이 받는 보너스 액수 또는 그들의 소득 수준을 과시하면서, 소유하고 있는 물질적인 것으로부터 자부심을 갖게 된다. 하지만 이것은 일 자체에 자부심을 갖게 하는 비공식적인 노력들을 쉽게 무시하게 만든다.

이와 관련된 많은 연구에서, 구성원들이 내재적 보상보다 외재적 보상에 의해 동기부여 될 때 그들 성과에 대한 품질과 창조성은 오히려 떨어지는 것으로 밝혀졌다.

이런 연구에는 물론 한계가 있다. 예를 들면, 어린이 집은 대규모의 복잡한 조직과는 상황이 전혀 다르기 때문이다. 그러나 현재의 행동에 어떤 변화를 자극하고자 할 경우, 금전 보다는 자부심이 문제가 된다는 주장을 지지하기에는 충분하다. 더군다나 일부 사례에서 보면, 금전적 보상이 자부심을 감소시키고 그래서 내재적 동기를 저하시키는 것으로 밝혀졌다.

이 같은 연구는 단기간 스스로 동기부여 하는 노력들이 장기적인 성과를 이루기 위해 지불해야 하는 비용처럼 인식되는 것임을 말해준다. 금전적 보상은 확실히 우리의 최종 목적이 아니다. 이제는 경력개발 전문가들이 내재적 보상에 대한 새로운 고민을 시작해야 할 때이다.

자 부 심 형 성 자 의 특 징

자부심 형성자pride-builders 혹은 마스터 모티베이터master motivator들은 자부심의 중요성에 대해 잘 이해하고 있으며, 회사 안팎에서 어떻게 해야 자부심을 갖게 하는지도 잘 인지하고 있다. 그리고 조직 내 모든 구성원들이 각자의 업무 속에게 자부심을 갖도록 자극하는 방법에 대해서도 잘 알고 있다.

요즘의 리더들은 마스터 모티베이터들에게 주목하고 있다. 그들은 믿을 수 없을 정도의 통찰과 에너지를 만들어내며, 어떤 일을 하더라도 스스로 자부심을 형성해 나가기 때문이다. 그들은 누군가 꼭 해야만 하는 일이라면, 그것에 대해 좋은 감정을 느끼게 하는 방법을 알고 있다. 그들은 또한 조직의 어떤 요소들이 동기부여를 저해하는지, 그리고 조직 내에서 어떤 것들이 공식적인 리더십 모델에서는 제대로 드러나지 않거나 간과되고 있는 지도 잘 알고 있다.

그들은 현재 수행 중인 업무를 통해 끊임없이 자부심을 고취시켜 나가려고 노력한다. 이런 자세 때문에 그들은 구성원들이 최선을 다해 업무를 수행할 수 있도록 돕는 것에 집중할 수 있는 것이다. 다시 말하면, 그들은 단순한 행동 규칙, 금전적 보상, 프로세스의 숙달 등에 의존하기보다 내재적으로 동기부여 된 구성원들로 하여금 성과를 만들어 낼 수 있도록 지원한다.

그러나 사람들을 너무 좋아하여 그저 작업환경을 즐겁게 만들고자 하는 일반적인 관리자들의 이미지와는 다르다. 마스터 모티베이터들은 결과에 초점을 두고 팀의 수준을 최상의 기준으로 유지하려고 노력한다. 요컨대 그들은 구성원들을 기분 좋게 만드는 것과 가시적인 결과를 창출하는 것 간의 잘못된 상쇄를 거부한다. 그들은 이 두 가지 모두를 실행한다.

동기를 부여하고 자부심을 형성하고자 할 때, 우리는 세 가지 유형으로 관리자를 구분한다(109 쪽의 표 참조). 전통적으로 "좋은" 관리자는 업무에 대한 공식적인 통제와 평가를 통해 성과를 이끌어내는 사람들이다. "사람을 좋아하는" 관리자들은 사교적이며 즐거운 업무 환경을 만들려고 노력한다. 이들은 팝콘 기계나 금요일 오후 신나는 메시지 등과 같은 이벤트들을 좋아한다.

"좋은" 관리자들이 일선 직원을 동기부여 하는데 어려움을 겪는 이유 중의 하나는, 직원들을 독특한 개인들과 비공식적 관계의 집합체가 아닌 동질적인 불특정 다수로 간주하기 때문이다.

따라서 그들은 인센티브와 같은 공식적 메커니즘을 적용하는 것만이 최고의 동기부여 방법이라고 믿는다. 그들은 또한 직원들이 근무 시간을 효율적으로 활용하도록 돕는데 집중한다. 왜냐하면, 그들은 개인 간의 차이를 염려하고 걱정할 이유도 시간도 없기 때문이다.

그러나 "자부심 형성자" 들은 개인을 불특정 다수의 일부로 보지 않는다. 그들은 직원의 대리인과 같은 역할을 하며 직원들의 행동 변화를 촉구한다.

물론 아무리 훌륭한 자부심 형성자라 할지라도, 완벽히 개인별로 모든 구성원을 동기부여 하는 것은 가능하지 않다. 그러나 다양한 직원들을 한 가지 방법만으로 관리하는 것은 직원들 각자가 정의하고 있는 개인의 열망과 성공을 무시하는 것과 같다.

개인의 행동에 활력을 불어넣는 가장 이상적인 방법 비공식 조직을 동원하여 개인별로 맞춤형 동기부여 경험을 제공하는 것이다. 하지만 이것은 공식적인 메커니즘과 서로 균형을 맞추거나 보완적인 영향을 주고받게 하여, 많은 구성원들이 지속적으로 효율 높은 행동을 할 수 있게 해야 한다.

유형별 관리자의 비교

	좋은 관리자	사람을 좋아하는 관리자	자부심 형성자
집중하는 대상	측정가능한 성과	개인적인 감정, 직장 내에서 잘 지내는 방법, 즐거운 분위기	성공에 대한 개인의 기준을 회사의 필요와 연결시키는 것, 개인별로 최고의 성과를 낼 수 있도록 독려하는 것
의사결정 근거	공정하고 합리적인 기준. 효율성에 집중하며 의사결정의 영향이 항상 측정 가능해야 함. 모두를 등등하게 취급	토론을 통해 문제를 해결. 다른 사람들이 행동하는 동안 문제의 원인을 찾아내고 그것을 일일이 설명함. 개인의 인기에 집중	해결책을 찾는데 적극적이며 구성원들을 관여시킴. 모두가 동의하지 않더라도 아이디어를 위해서라면 구성원들에게 많은 권한을 위임. 상충하는 아이디어 속에서도 최상의 것을 얻고자 노력
육성 방식	공식적인 육성 절차에 따라 가장 높은 성과를 내는 사람만 지원. 공식적인 보상과 승진에만 관심을 가짐	개인의 선호에 따라 개별적으로 접촉하여 기회를 제공	구성원들의 전체적인 자질 개발을 위해 강력한 대리인과 같은 역할을 함. 역할 모델링을 통해 행동 변화를 기대함. 최고의 노력을 기울이는 개인들에게 집중
구성원에 의해 다음과 같이 설명됨	"그 사람은 정말 좋은 관리자에요. 샘은 책임감이 뛰어난 사람이에요." "적합한 방법을 찾아낸다면, 그 일을 훌륭하게 해낼 수 있을거에요."	"누구와도 편하게 일해요. 숫자 보다는 사람을 더 중요하게 생각해요." "그 사람은 정말 좋아요"	"그는 결코 누군가를 실망시키지는 않을 사람이에요" "그는 나를 신뢰해요. 그래서 보다 더 열심히 일할 수 있게 만들어요. 결국 나는 그 사람 때문에 더 높은 목표를 달성하기도 해요." "그를 위해 일하는 건 정말 쉽지 않지만, 항상 신나요."

뜻밖의 모티베이터: 정치조직으로부터의 교훈

지금부터는 정치 조직과 관련된 이야기로, 미국 공화당의 케네스 멜만Kenneth B. Mehlman 사례를 살펴볼 것이다. 우리의 관심은 그의 정치적 견해에 있지 않다. 우리는 그가 정치집단 내 통찰력 있는 지도자로서 비공식적 요소와 공식적 요소간의 균형을 통해 여러 가지 도전적인 난관들을 어떻게 헤쳐 나갈 수 있었나에 관심을 가질 뿐이다.

케네스 멜만은 마스터 모티베이터이다. 그리고 그를 알고 있는 모든 정치인들은 그의 자질에 문제가 있다고 떠들면서도 또 한편으로는 긍정적인 평가를 내리고 있다. 2004년 케네스 멜만이 조지 부시George W. Bush대통령의 재선을 위해 선거운동을 맡게 되었을 때, 상황은 매우 어려웠다. 정치 선거전에서는 고통스러운 의사결정이 따라다닌다. 그리고 보복 정치와 극도의 이기주의, 개인적 열망 등이 넘쳐난다. 그 중에서도 대통령 선거운동은 이런 모든 문제들의 결정체다.

민주당과 공화당에 소속된 선거운동 책임자들은 수백만 달러를 운영하는 조직의 실질적인 리더들이다. 이들은 신속하게 선거조직을 구축하고 약 18개월간 운영한 후, 해당 조직을 완전히 해체한다. 선거운동을 하는 동안에는 예기치 못한 변화가 매일같이 일어난다. 선거운동 자체가 리더십과 경영, 그리고 조직관리 등을 시험하는 가장 큰 도전이다.

하지만 2004년 당시는 그 어느 때보다 훨씬 힘들었다. 조지 부시 대통령의 지지율이 50% 미만이었으며, 민심도 케네스 멜만과 그의 조직에 우호적이지 않았다. 현직 대통령의 지지율은 중간 선거에서의 성공 가능성을 가늠할 수 있는 중요한 지표다. 어느 대통령도 50% 미만의 지지율로 중간 선거를 이긴 적이 없었다. 케네스 멜만은 당시 분위기를 이렇게 밝혔다. "선거일이 다가오자 부시 대통령은 무척 힘들어 했습니다." 이처럼 어려운 상황에도 불구하고 조지 부시 대통령은 51%의 지지를 얻었고, 우리가 잘 아는 것처럼, 그는 결국 선거에서 이겼다. 그가 승리할 수 있었던 이유 중 하나로 케네스 멜만을 꼽는다. 그는 선거운동 기간 중 비공식적 조직의 감정적 측면을 성공적으로 동원한 것으로 알려졌다. 그는 구성원들에게 믿기 어려울 정도의 자부심을 불어 넣었던 것이다.

케네스 멜만은 조직 내 공식적인 요소를 비공식적인 요소와 통합시키겠다는 철학을 바탕으로 선거운동 분야에 있어서 최고의 위치에 올랐다. 그는 실제로 사람과의 관계 보다는 개인별 성과를 더 중시하는 전략적인 사람이었다. 그의 일상을 들여다보면 그의 엄격한 규율을 쉽게 알 수 있다. 케네스 멜만은 매일같이 1시간 30분씩 운동하고 6~7시간 잠을 잔다. 그는 원하는 것이라면 어떻게 해서든지 해낼 수 있다고 굳게 믿고 있는 사람이었다.

이런 성격 유형에도 불구하고 케네스 멜만은 비공식 조직의 중요성을 충분히 이해하고 있었다. 냉정하고 비정하기까지 한 선거운동 과정에서, 감정적으로 몰입된 선거운동원은 반드시 필요하다. 그저 있으면 좋은 정도가 아니다.

그는 유년 시절부터 자부심 형성자라는 개념에 대한 직관적인 이해력을 발전시켜왔다. 나중에 그는 각각의 사람들에게 알맞은 직무를 부여하고, 구성원 모두의 장점을 극대화시킬 수 있는 균형 잡힌 팀을 만들며, 사람들의 기분을 좋게 만들어 힘든 일도 스스로 나서서 할 수 있게 하는 등의 훈련을 계속해왔다.

그들이 하는 일에 자부심을 갖게 만들어라

선거운동은 흥미롭다. 하지만 선거운동을 위해 매일 해야만 하는 일들은 모두 힘들고 따분하기만 하다. 일상 업무는 선거운동을 지배하는 전체의 사명mission과도 동떨어져 있다. 모든 일상의 업무를 수행하는 과정에서 선거운동원들이 최상의 성과를 발휘하도록 활력을 갖게 만드는 것은 꽤나 도전적인 과제인 셈이다. 대부분의 일은 너무 단순하며 반복적인 것이어서 아무런 재미도 느낄 수가 없었다. 그러나 이런 단순한 활동도 무시할 수는 없었다. 잘못하면 후보자가 날카로운 미디어의 감시에 그대로 노출되기 때문이다.

백악관에는 대통령이 보는 문서를 사전에 면밀하게 검토하는 부서가 있다. 2000년 대통령 선거 당시에는 이러한 기능이 없었고, 종종 급히 작성되는 문서들 가운데 오류투성이인 것들이 많았다. 그래서 2004년 대통령 선거운동 초기에 케네스 멜만은 세 명을 고용하여 모든 공식적인 문서들을 철저하게 검토하고 교정했다. 다른 사람들 눈에는 이 일이 별로 쓸모없는 것처럼 보였다. 그러나 실제로는 깊은 고민과 세심한 주의를 요구하는 작업이었다. 그래서 케네스 멜만은 이 작업을 하는 사람들을 자기 사무실 바로 옆에 뒀다. 이 같은 조치로 인해 그들은 공식적인 문서의 교정이나 보는 따분한 작업을 한다는 생각에서 벗어날 수 있었고, 다른 선거운동원들도 그들을 보다 긍정적인 시각으로 보게 되었다. 케네스 멜만은 여러 동료들 앞에서 아주 빈번하게 그리고 가시적인 방식으로 그들에게 감사의 뜻을 표시하곤 했다.

조직 내 전체 구성원들의 잠재력을 극대화시키기 위해서는, 리더가 구성원 들의 역할적 특성과는 상관없이 항상 그들에게 감사하는 마음을 가져야 한다. 그리고 그들이 기분 좋게 업무를 수행할 수 있도록 도와야 한다. 실제 케네스 멜만은 공식서류 교정팀을 모두가 부러워하는 중요한 장소에 자리 잡게 함으로써 그들에게 강력한 동기부여 메시지를 전달했던 것이다.

원하는 게 있다면 상대를 먼저 존중하라

그의 말이 옳고 그르다는 사실 여부를 떠나, 케네스 멜만은 공화당의 전통적인 미디어 전략이 민주당과 크게 다르지 않다고 생각했다. 미디어에 대한 나쁜 고정관념, 이념적 차이, 개인적 성향 등 그 이유가 어떻든 간에, 당시 공화당은 미디어와의 우호적인 관계를 유지하는 데 있어 어려움을 겪고 있었다. 그는 당시 상황을 이렇게 표현했다. "공화당은 언론을 경계하고 또 언론은 이런 공화당을 신뢰하지 않는 악순환의 고리였다."

케네스 멜만은 이러한 관계를 바꾸기 시작했다. 그는 커뮤니케이션 팀과 함께 3단계 계획을 세웠다. 첫째, 정기적으로 기자들을 대면할 것. 둘째, 공손하고 열린 마음, 그리고 적극적인 자세를 유지하며 기자들에게 질문의 기회를 제공하고 정책 아이디어를 검토할 것. 셋째, 선거운동 참모들이 기자들과 개인적인 친밀감을 갖도록 할 것.

세 번째 도전과제는 선거운동 참모들이 기자들과 교류하는 데 있어 항상 존중하며 좋은 감정을 갖도록 하는 것이었다. "기자들은 늘 후보자에 대해 좋게 쓰지 않는다." 케네스 멜만이 말했다. "그러나 그들을 잘 대하면, 최소한 편견은 없어질 것이다." 그는 참모들이 기자들에게 적절한 존경심을 보여준다면, 기자들은 이에 걸맞은 행동을 할 것이라 믿고 있었다. 그는 또한 자부심을 고취시키는 또 다른 원천으로 이런 존경심을 활용함으로써 그의 팀을 동기부여 하는 데 성공했다.

다른 사람들에게 권력을 부여하라

케네스 멜만도 다른 선거운동 캠프의 리더들과 마찬가지로 모든 지출과 고용에 대한 공식적인 통제를 원했다. 그러나 통제 방식은 다른 리더들과 달랐다. 그는 공식적인 통제를 기반으로 하되, 비공식적인 방법을 적절하게 활용하여 구성원들의 몰입을 이끌어 내고 활력을 불어넣었다. 그는 보다 빠르게 결정하고 행동하는 데 필요한 권한을 다른 구성원들에게 부여했다. 이를 통해 상충되는 메시지의 위험을 최소화하면서 구성원들로부터 충분한 지지를 받았다. 그는 이런 방법을 통해 구성원 모두가 자부심을 갖게 된다는 사실을 잘 알고 있었다.

2000년 대선 당시에도 현장 책임자로 참여했던 케네스 멜만은 모든 지역에 다양한 계층으로 구성된 선거운동원이 필요하다는 사실을 몸소 깨달았다. 그는 이런 경험을 통해 선거운동 지도부에서의 통제가 일선에서 일어나고 있는 구체적인 욕구를 고려하지 못하고 있다는 통찰력을 갖게 된 것이다. 2004년 선거운동 지도부에 합류한 그는 전체 선거운동에 대한 임시 예산을 만들었다. 그리고 그는 지역의 선거운동 책임자들을 직접 찾아가 사전에 작성된 계획을 다시 검토하며 각 지역별 특성을 맞도록 수정했다. "저는 이것이 상의하달식 관리시스템이 아니라고 말했습니다." 케네스 멜만이 밝혔다. "내가 갖고 있는 예산 자료는 모두 과거에 기초하고 있습니다. 앞으로의 활동계획을 이야기해 주세요." 당시 그가 지역 책임자들에게 한 말이다.

선거운동이 진전되자 그는 기간별 성과를 점검하고 보다 효율적인 예산 및 업무 조정을 위해, 선거운동 단위 리더들과 월간 회의를 했다. 그 결과 단위 리더들은 예산에 대하여 진정한 주인의식을 갖게 되었고, 자금을 아끼며, 예산을 초과해서 사용하지 않으려 신경썼다. 그들은 스스로 예산을 관리한다는 사실에 무척 자부심을 가졌고, 케네스 멜만이 자신들을 신뢰한다는 사실에 더욱 자랑스러워했다. 단순한 사실이지만, 실제로는 매우 드문 일이다. 그의 기본적인 전제는 다음과 같다. 예견하기 힘든 상황이 자주 발생되고 있다면, "리더는 아래에서부터 리드될 수도 있어야 한다."는 것이었다.

케네스 멜만은 성과측정에 있어서도 유사한 접근법을 택했다. 예를 들면, 그는 주州 별로 등록된 새로운 유권자 수를 파악하여 각 지역 선거팀에 새로운 숫자 목표를 부여할 때 지역의 해당 팀 책임자들을 참여시켰다. 결국 그들은 성과 목표를 함께 만들어 나가면서 목표 달성을 위한 노력에도 자부심을 갖게 된 것이다. 해당 팀들은 이런 감정적 관여를 통해 보다 정교한 지표를 개발하고, 다양한 측면에서의 성과를 파악할 수 있게 되었으며, 팀에 활력을 불어 넣어 보다 높은 성과를 만들어 낼 수 있었다. "조직의 중간 계층이 성과 목표를 만드는데 능동적으로 관여한다면, 그들은 함께 작성한 성과 목표에 대해 주인의식을 갖게 된다. 결과적으로, 그들은 성과측정 기준이 상부의 지시사항을 표현하는 것일 뿐이라고 느끼지 않는다." 그들은 결국 성과측정 기준을 만들고 달성해 나가는 모든 활동에 자부심을 갖게 된다.

▼

함께 일하는 여러분의 동료를 동기부여 하는 것(또는 적어도 동료의 행동에 영향을 미치는 것)은 결국 우리 모두의 과제이다. 큰 조직에서는 대부분 동기부여 과제가 공식적인 "상의하달식" 문제로 간주되는 반면, 존경받는 기업에서는 세 가지의 관점이 모두 사용된다. 상의하달top down, 하의상달bottom up, 그리고 수평peer to peer적 관점이다.

수평peer to peer적 영역은 흔히 무시되곤 한다. 동료에 대한 존경은 자부심과 동기부여의 강력한 원천이 된다. 물론 동기부여는 실제 업무 관계로부터 비롯되는 상호 존경에 기반을 두어야만 한다. 동기부여 된 리더들은 거의 틀림없이 그들의 부하 직원들을 동료로 생각한다.

동료의 업무 성과에 대한 존중은 IDEO, 마이크로소프트Microsoft, 그리고 네이비 씰Navy Seals 등과 같이 매우 헌신적인 조직의 중요한 특성이기도 하다. 이런 조직 내에도 엄격한 위계질서가 존재하고, 이것이 목표 달성에 중요한 요소가 되기도 하지만, 동료에 대한 존경이 위계 못지않게 중요함을 잊어서는 안 된다. 그 동안의 연구결과를 지켜보면, 최고의 성과를 내는 조직은 모두 구성원들 스스로가 일에 대한 자부심을 유지하고 있으며 동료들 간의 상호교류도 활발하게 이뤄지고 있음을 알 수 있다.

▲

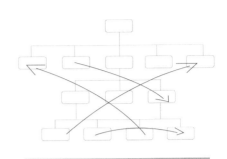

CHAPTER 5

보여주기 위한
가치는 버려라

두 조직이 있다. 이들은 모두 유사한 가치를 내세우고 있다. 조직 A
는 의사소통, 존경, 정직, 그리고 탁월함을 가치로 삼고 있다. 이 가
치들은 회사 웹 사이트와 직원 수첩, 그리고 회사 다이어리 등에 인
쇄되어 있다. 그러나 직원들을 상대로 실시한 설문조사 결과에 따르
면, 그들이 실제로 이런 가치들을 동의하는지 의심스러울 따름이다.
회사가 추구하는 네 가지의 가치를 직원들이 반대하는 것은 아니었
다. 단지 그들의 의사결정과 행동에 그 가치들이 적용되지 않고 있
다는 것이다.

　조직 B가 있다. 이 조직의 가치는 명예, 용기, 헌신이다. 이것들은
조직 A의 가치보다 더 특별하거나 예외적이지 않다. 하지만 큰 차이
가 있었다. 진정한 차이는 조직 B가 추구하는 가치 그 자체보다, 가치

가 조직 내 중요한 의사결정과 행동에 큰 영향을 미치고 있다는 것이었다. 조직의 모든 구성원들이 가치에 대해서 말하고, 중요하다고 인식하며, 심지어는 자신의 목숨과 관련된 의사결정을 내릴 때조차 조직이 추구하는 가치에 기반을 두고 판단했다.

A와 B는 우리가 익히 알고 있는 조직이다.

A는 엔론Enron이다. 모두 아는 바와 같이, 2001년 회계부정이 밝혀진 후에 파산됐다. 엔론의 CEO 제프 스킬링Jeff Skilling은 수감되었다.

B는 이백년 이상의 역사를 가진 미국 해병대USMC, U.S. Marine Corps이다. 군인 중에서도 가장 뛰어난 요원들로 구성되어 있으며, 어렵고 힘든 전투에서도 수많은 승리를 거두며 높은 성과를 올린 조직이다.

두 조직 간의 중요한 차이는 가치에 활기를 불어넣는 비공식 조직의 활용에 있다. 엔론의 가치는 인쇄된 단어 그 이상도 이하도 아니었다. 엔론은 가치를 '과시' 하는 조직이었다. 그들의 가치는 연설이나 발표에만 인용될 뿐이었다. 해병대는 가치에 의해 '움직이는' 조직이었다. 그들의 가치는 살아있으며, 함께 숨쉬고, 그리고 일상의 모든 행동과 의사결정에 영향을 주고 있었다.

가치, 조직을 끌고 가는 힘

가치란 무엇이 중요한지를 보여주는 믿음과도 같다. 가치는 또한 행동에 반영되어야만 의미가 있다. 어떤 조직이든 구성원들의 행동을 일일이 지시한다는 것은 불가능하다. 설사 가능하더라도 그렇게 해서는 안 된다. 그래서 가치는 구성원들의 행동과 의사결정의 기준이 되는 북극성과 같은 존재이어야 한다. 가치는 리더들의 행동을 통해 그들의 삶에 적용된다. 그리고 주위에 아무도 없을 때조차도 구성원들 스스로가 올바른 선택을 하도록 돕는다.

예를 들면 맥킨지 컨설팅 회사의 중역들은 어려운 상황에 부딪혔을 때, 그들은 스스로에게 이런 질문을 한다. "마빈Marvin이라면 어떻게 했을까?" 회사의 전설로 남아 있는 마빈 바우어Marvin Bower는 맥킨지의 창업자로 2003년에 사망했다. 그는 전문가 정신과 탁월한 고객서비스를 최고의 가치로 삼았으며 이를 생활 속에서 직접 실천했었다. 그리고 이런 그의 정신은 맥킨지 내부뿐 아니라 컨설팅 산업 전체에 큰 영향을 끼쳤다.

가치는 공식적이면서도 비공식적이다. 가치는 활자화 되어 조직의 물리적 공간에 게시되며 정교한 규칙으로 전개될 수 있다는 점에서 공식적이다. 공식적인 가치는 상부로부터 나와서 조직의 공식적인 수직 구조를 통해 퍼진다. 그러나 가치가 회사에 대한 일반적인 찬양과 같은 존재에서 벗어나 삶의 방식으로까지 활용되기 위해서는 비공식 조직의 도움이 필요하다. 이럴 때 가치는 사람들에 의해 공유되고 고취된다. 사람들은 일관되게 행동하고 끊임없이 소통하며 "말한 것을 실천walking the talk"하고 "실천한 것을 말talking the walk"하기 때문이다. 가치는 직장 상사들에 의해서뿐만 아니라 동료 간에 의해 지지되고 강화된다. 가치는 결국 경쟁기업을 이길 수 있는 힘이 되며, 이 성공은 또 다시 그 가치를 더욱 강화시킨다. 진정으로 가치에 의해 움직이고 있다고 주장할 수 있는 조직이 많지 않은 것은 너무나도 당연하다.

우리가 알고 있는 가치기반 조직들이 몇 개 있다. 미국 해병대, 사우스웨스트 항공Southwest Airlines 그리고 존슨 앤 존슨Johnson&Johnson 등이 대표적이다. 그러나 다음에 나오는 약간 생소한 사례들이 가치와 관련된 어려움과 기회를 잘 설명하고 있다.

관계를 통해 일에 대한 자부심을 만들어라

오랜 시간 운전을 하고, 무거운 짐을 나르며, 좁은 통로에서 커다란 가구를 옮기는 일이 그렇게 멋있어 보이지는 않는다. 이런 일을 하다 보면 온몸은 항상 땀에 젖게 되며, 종종 근육 통증에 시달리곤 한다. 그럼에도 불구하고, 뉴잉글랜드 주에 16개 지점을 둔 이삿짐 운송회사 젠틀 자이언트Gentle Giant의 직원들은 이삿짐을 나르는 일을 진심으로 "사랑"한다. 젠틀 자이언트의 직원들은 정말 놀랄 만큼 활기차고 열정적으로 짐을 트럭에 싣고 내린다. 높은 이직률과 형편없는 고객 서비스로 악명 높은 이 산업 분야에서, 젠틀 자이언트는 헌신적이고 능력 있는 구성원들을 끌어 들여 그들을 생산적으로 몰입하게 했다. 이 회사 대부분의 직원들은 진정으로 회사가 추구하는 가치를 생활화 하기 위해 노력하고 있기 때문이다.

젠틀 자이언트의 CEO 래리 오틀Larry O'Toole은 아일랜드 농장에서 자랐으며, 하버드 대학교 조정 선수로 활약한 덕분인지 덩치가 컸다. 그는 건강한 체격의 운송직원들과 비교해도 결코 뒤지지 않았다. 래리 오틀은 이삿짐 운송 사업에서도 품질 좋은 서비스에 대한 고객들의 욕구가 큰 것을 알고 젠틀 자이언트를 시작했다. 그는 하버드 대학교를 졸업하고 대기업에 취직하여 엔지니어로서의 삶을 시작했지만, 금세 그만두고 자기 사업을 준비했다. 그는 회사를 그만둔 후, 살고 있는 집의 밀린 월세를 내기위해 이삿짐 운송회사에서 아르바이트를 했다. 아르바이트를 하면서 자신이 어떤 종류의 사업을 하는 게 좋을지 생각하기로 한 것이다. 그러나 그는 자신이 이삿짐 운송과 같은 육체적인 일을 즐긴다는 사실을 알게 되었다. 이삿짐을 나르면서 농장에서 보냈던 어린 시절을 회상한 것이 한 가지 원인이었다. 그는 모든 이삿짐을 조심스럽게 다루고 옮겼으며, 사람들이 이런 자신을 좋아한다는 사실도 알게 되었다. 대부분의 이삿짐 운송직원들은 조심성이 없고 느렸던 반면, 래리 오틀은 주의 깊고 민첩하게 이삿짐을 옮겼다.

래리 오틀은 결국 다른 회사가 제공하지 못하는 서비스를 자신이 할 수 있다는 사실을 알게 되었다. 그는 보스턴 신문에 17달러짜리 광고를 게재했고, 손님들이 하나 둘씩 연락하기 시작했다. 초창기에 그는 트럭 한 대로 혼자 이삿짐을 옮겼다. 하지만 지금의 회사는 동쪽 해안지대를 따라 그 영역을 빠르게 확장해가고 있다. 젠틀 자이언트는 베터 비즈니스 뷰로Better Business Bureau, 보스톤 매거진Boston Magazine 및 보스톤 상공회의소 등으로부터 많은 상을 받았다. 이 회사는 2007년 월스트리트 저널이 선정하는 최고의 10대 소기업에 오르기도 했다.

가치와 일을 연결시키다

젠틀 자이언트가 제공하는 "숙련된 육체적 활동력"과 "팀웍", 그리고 "고객에 대한 개인적 배려" 등의 가치 조합은 다른 회사에서 찾아보기 쉽지 않은 것들이다. 래리 오틀은 이런 가치를 통해 이삿짐 운송이라는 일 자체를 일종의 도전으로 만들었으며, 결국은 이것이 성과를 향상시킨다는 사실을 알게 되었다. 또한 젠틀 자이언트는 이 세 가지 가치로 인해 경쟁회사들과는 차별화된 존재가 되었을 뿐 아니라, 이삿짐 운송에 있어 대명사와 같은 회사가 되었다. 우수한 직원들을 채용하고 동기부여를 통해 업무 성과를 높이는데도 회사의 가치는 유용했다.

래리 오틀은 특히 육체적 활동력(상체의 힘)이라는 가치를 강조했다. 이삿짐 운송은 고된 일이며 이를 잘하기 위해서 운송 작업자는 좋은 신체적 상태를 유지해야 했다. 회사가 25년여 전 이삿짐 운송사업을 시작했을 때, 래리 오틀은 운동선수들을 채용했었다. 그는 운송 작업자들의 고정관념을 받아들이지 않았다. 담배를 피우거나 잡담을 하며 오랫동안 휴식을 취하고, 어슬러 거리며 계단을 오르내리는 그런 사람들을 채용하지 않았던 것이다. 아니 래리 오틀은 상체가 아주 건강하고 활력이 넘치는 조정선수와 같은 사람들을 원했다. 지금도 젠틀 자이언트의 많은 운송 작업자와 사무실 직원들은 전직 조정 선수이고 내부에서 사용하는 용어도 조정 경기용어를 은유한 것들이 많다. 예를 들면, 젠틀 자이언트의 "선원"들은 트럭이 아닌 "보트"에 상자를 적재한다.

젠틀 자이언트에 새로운 직원이 입사하면, 그들은 회사의 오랜 전통으로 자리 잡은 혹독한 훈련을 받아야 한다. 하버드 대학 경기장에 있는 120계단을 37회 왕복 질주하는 것이다. 젠틀 자이언트의 육체적 활동력과 팀웍이라는 가치는 유형의 것이다. 모든 직원들은 반드시 이 의식을 통과해야만 하며, 경기장 계단을 기어오르면서 이 모든 행동은 기억할만한 경험으로 모두가 공유하게 된다. 래리 오틀 역시 종종 계단 오르기 훈련에 참여한다.

계단 질주는 재미있다. 그리고 어떤 관계를 형성시킨다. 그리고 육체적 활동력을 통해 가구 운송 작업에 필요한 체력을 갖추게 된다. 이런 과정을 거쳐 운송 작업자들이 일을 시작하게 되면, 그들은 현장에서 지속적으로 또 다른 훈련을 받는다. 도자기를 정교하게 포장하는 법이나 좁은 계단에서 비싸고 오래된 책상을 밑으로 내려 보내는 방법 등 특별한 기술 뿐 아니라 피아노를 옮기는 것과 같은 기본적인 일들을 현장에서 배운다. 실제로 50가지 정도의 특별한 훈련을 이수한 직원은 "여권"에 붙일(보이스카우트의 실적 배지와 같은) 스탬프를 받는다. 이 스탬프는 직원들의 훈련 진척정도와 역량 개발기록으로 제공되며, 그들 사이에서는 굉장한 자부심의 원천이 된다.

회사의 가치를 이야기로 전파시켜라

젠틀 자이언트에서 훈련을 담당하는 브리아인 콜먼Briain Coleman이사가 아일랜드Ireland에서 미국으로 왔을 때, 그는 (비록 꼭 그러리라 확신은 없었다 할지라도) 무언가 더 확실하고 단단한 시스템적인 인프라를 구축하기 위해 회사에 채용된 것으로 생각했다. 그러나 예상은 완전히 빗나갔다. 그는 직무의 단 10퍼센트만이 공식적인 훈련을 통해 전달된다는 사실을 알게 되었다. 나머지 90퍼센트는 "보트"에서 배운다.

운송담당 선원들은 이동하면서 많은 시간을 함께 보낸다. 이동 중에 그들은 재미있거나, 일하는 데 도움이 되는 정보들을 주고 받는다. 브리아인 콜먼은 이를 잘 알고 있어서, 운송담당 선원들을 섞어 놓음으로서 많은 이야기가 조직 전반에 빠르게 퍼지게 하는 방법으로 학습을 촉진시켰다. 브리아인 콜먼은 좁은 계단을 이용해서 5층 아파트로 큰 옷장을 옮기느라 애썼던 선원들에 대한 이야기를 했다. 당시 선원들은 이 물건을 5층의 꼭대기로 옮길 수 있을 것으로 생각했지만, 실제로는 불가능 했다. 선원들은 한참을 고민하고 다양한 방법을 시도한 후, 선원 반장이 고객에게 정중하고 진심 어린 사과를 하며 물건을 옮길 수 없다고 말했다. 그러나 고객은 받아들이지 않았다. "우리가 왜 젠틀 자이언트를 불렀다고 생각하죠? 그는 "내가 알기로는 당신들이 최고이기 때문이었죠. 당신들이 최고라면, 무언가 해결 방안을 생각해내야 하지 않을까요?"라고 말했다.

선원들은 다시 의논했다. 선원 반장은 브리아인 콜먼에게 전화를 해서 도움을 요청해야 겠다고 판단했다. 전화를 받은 브리아인 콜먼은 바로 현장으로 가겠다고 말했다. 그가 사무실을 막 떠나는 무렵, 다른 선원 반장이 사무실로 복귀하고 있었고, 브리아인 콜먼은 그에게 이 일을 말했다. 이 선원 반장은 브리아인 콜먼의 이야기를 무시할 수도 있었다. 자신이 나서서 돕는다고 따로 수당을 받을 수도 없기 때문이었다. 하지만, 그는 브리아인 콜먼과 함께 트럭에 올랐다.

모두가 한자리에 모였다. 오랜 시간 궁리한 끝에 그들은 결국 해결책을 찾아 냈다. 선원들은 옷장을 계단 아래에 눕힌 다음, 아파트 지붕에 있는 베란다에 수동으로 작동되는 기중기를 설치하고, 기중기에 옷장을 매달아 베란다 위로 오락가락 흔들리게 하면서 위로 끌어올렸으며, 결국 옷장을 5층 아파트 침실에 옮겨 놓을 수 있었다. 고객은 만족했고, 길 아래에 모여 있던 구경꾼들도 즐거워했다.

이 이야기는 회사 내에서 전설이 되었고, 지금도 직원들은 서로에게(그리고 신입사원들에게) 이 이야기를 꾸준히 전한다. 왜? 이것은 회사가 추구하는 가치가 무엇인지를 완전히 그리고 극적으로 설명하고 있기 때문이다. 직원들은 고객을 위해 힘든 육체적 과제들을 수행하며, 또 서로 협력한다. 왜냐하면 그들은 동료와 고객, 그리고 회사의 명성에 항상 신경을 쓰기 때문이다. 그들은 어떤 일도 젠틀 자이언트의 운송직원들을 굴복시킬 수 없다고 생각한다.

조직의 가치와 관련된 이야기가 동료들에 의해 입에서 입으로 전달되는 것은, 가치를 행동에 옮기게 하는 가장 효과적인 방법 중 하나이다. 조직 가치에 기반을 둔 행동은 이렇게 이야기를 통해 전파됨으로써, 그 가치가 특정한 상황에서 어떻게 적용되는지를 잘 보여준다. 스토리텔링이라는 행동 또한 아주 인간적이며 감성 지향적인 경험이다. 좋은 이야기는 구성원들에 의해 전파된다. 또한 그 이야기와 직접 관련이 없다 하더라도, 그 이야기의 일부가 되어 다양한 대화에 참여할 수 있는 기회를 갖게 된다. 그리고 좋은 이야기는 항상 반복된다.

고객을 통해 가치를 더욱 강화시켜라

운송직원들은 항상 고객과 밀접한 관계를 유지하며 일하기 때문에, 고객은 그들로부터 회사의 가치를 파악한다. 무거운 가구를 신속하고 능숙하게 옮긴 운송직원들은 그들의 작업이 잘 이뤄졌는지에 대한 평가를 현장에서 바로 들을 수 있다.

젠틀 자이언트의 운송직원들은 육체적 활동력이 아주 중요하다는 사실에 모두 동의한다. 그래서 그들은 이삿짐의 일부를 한 차례 집에 갖다 놓고는 다시 뛰어서 트럭으로 돌아간다. 왜 그럴까? 열정과 신체적 단련을 보여주는 것 자체가 고객들을 감동시키고, 보통 사람들과는 다른 아주 특별한 사람들이 자신을 위해 일하고 있다는 사실을 알려주기 때문이다. 고객의 존재, 그리고 고객을 즐겁게 해주고자 하는 운송직원들의 자부심은 마치 리더가 현장에서 칭찬을 하는 것과 비슷한 효과를 나타낸다.

이삿짐 운송을 위해 고객의 집에 도착한 젠틀 자이언트 선원들은 고객의 가족 모두에게 자신들을 소개한다. 하루 종일 고객과 함께 일하다보면, 가끔 직원들은 고객들로부터 운송계약에는 없는 일(식기 건조기를 청소해 달라거나 쓰레기를 치워달라는 것과 같은 일)들을 해달라고 요청받기도 한다.

그들은 육체적 활동력(그리고 창업자의 열정)과 고객에 대한 개인적인 배려가 강조된 기업 가치를 잘 알고 있기에, 고객들의 요청을 기꺼이, 신속하게, 그리고 헌신적으로 받아들인다. 그들의 공유된 가치와 팀워 정신, 스토리텔링, 그리고 고객을 돕는 것에 대한 자부심 등은 서로에게 자극을 주며 그 의미를 강화시켜나가고 있으며 구성원 모두의 일상 행동에도 큰 영향을 주고 있다. 그 결과 회사는 다른 경쟁사들보다 더 많은 요금을 청구할 수 있었다. 래리 오틀에 따르면, 대부분의 고객들이 보통 작업을 시작한지 20분 만에 이런 밀을 한다.

"젠틀 자이언트는 프리미엄을 받을 만 해요."

가치를 생활 속에서 실천하게 하라

2002년 휴스턴에 위치한 에너지 회사 릴리언트^{Reliant}는 한치 앞도 내다볼 수 없는 불확실한 상황에 직면해 있음을 알게 되었다. 텍사스주 전기시장에 대한 규제가 철폐되면서, 새로운 경쟁자들이 계속 시장에 진입할 것으로 판단되었기 때문이다. 릴리언트는 규제가 풀린 시장에서 새로운 경쟁자들과 싸워야만 했다. 더 이상 규제를 통해 경쟁사의 진입을 막는 방식이 통하지 않게 되었다. 진정으로 고객을 위해 경쟁하는 시대가 왔고, 이는 전기 요금을 더 이상 올릴 수 없다는 사실을 의미하는 것이기도 했다.

동시에 대표적인 에너지 기업 중 하나인 엔론의 몰락은 릴리언트 조직에 커다란 충격을 주었다. 엔론이 월스트리트에서 최고의 기업으로 인정받던 당시, 릴리언트는 엔론사를 벤치마킹하며 그들을 따라하려 했었다. 그러나 엔론의 붕괴가 시작되자 릴리언트는 "엔론처럼"과 같은 것에 거리를 두기 시작했다. 엔론의 추락은 너무나도 파괴적이어서 릴리언트의 임직원들은 자신들도 비슷한 운명에 처하는 것은 아닌지 걱정하기 시작했다. 회사에 만연된 분위기는 절망적이었다. 인사부문의 카렌 테일러Karen Taylor 부사장은 많은 직원들이 "침몰하는 배에 있는 것 같이 느끼고 있다"고 말했다. 이런 상황은 2002년 금융위기을 겪으면서 더욱 악화되기 시작했다. 사태는 점점 더 심각해지고 있었다. 릴리언트는 유동자산이 거의 없는 상태에서 뉴욕 주에 위치한 몇 개의 발전시설을 인수했다. 신용경색이 더 심해지자, 릴리언트의 대출에 대한 일부 상환요구가 있었고, 경영자들은 대출 상환에 필요한 현금을 확보해야만 했다. 2001년 5월에 주식시장에 상장된 이후, 30달러 이상 치솟았던 주가는 1년 반 만에 1달러 이하로 떨어졌다. 금융시장에서 회사를 지지해주던 기관들은 점점 사라졌고, 현금은 바닥을 드러내고 있었으며, 채권자들은 대출 상환을 종용했다. 릴리언트는 거의 파산 지경에 이르렀다.

어느 경영자도 이런 재앙으로부터 회사를 구해낼 수는 없을 것 같앉다. 하지만, 그들은 해 냈다. 어떻게? 비공식성을 활용하여 공식 조직에 활력을 주는 것으로 불가능을 가능으로 바꾼 것이다.

가치를 가장 먼저 생각하라

회사를 살리기 위한 첫 시도로, 릴리언트 이사회는 2003년 4월 CEO를 조엘 스태프Joel Staff로 교체했다. 그는 이사회 맴버로 구조조정 전문가였으며, 다양한 경험과 높은 명성을 갖고 있었다. 하지만 의문스러운 것은 릴리언트가 과연 누군가에 의해 성공적으로 구조조정될 수 있는가 하는 문제였다. 조엘 스태프가 CEO에 임명되었을 때, 릴리언트의 매출은 290억 달러, 총 자산은 320억 달러였으며, 78억 달러의 부채가 있었다.[1] 물론 조엘 스태프는 일련의 공식적 조치(비용 절감, 인력감소, 프로세스 개편 등)를 신속히 취해야만 했을 것이다. 그러나 조엘 스태프와 경영진은 지금까지 이러한 하향식 지시를 해왔음에도 실제 변한 것은 거의 없었음을 알게 되었다. 조엘 스태프는 회사를 살릴 새로운 방법을 찾아야만 했다.

　그는 가치 기반의 기업문화를 만들어 내는 것이야말로 조직을 결집시키고 근본적인 변화를 이끌어 내는데 필수적이라고 믿었다. 조엘 스태프는 회사가 내리는 전략적인 조치에 대해 여전히 직원들은 제대로 받아들이지 못하고 있기 때문에, 회사의 모든 의사결정에 있어 가치를 최우선 기준으로 규정함으로써 회사를 변화시킬 수 있다는 신념을 갖게 되었다.

CEO로 임명된 지 얼마 지나지 않아, 조엘 스태프는 부문별 리더들을 회사 밖으로 불러 전략을 수립하고, 그 전략에 기준이 될 수 있는 가치를 설정했다. 영업부문의 데이비드 브라스트David Brast 부사장은 다음과 같이 밝혔다. "조엘 스태프는 우리를 기본으로 되돌아가게 했습니다. 그는 회사가 장려하는 가장 표준적인 행동들을 이미 보여주고 있는 직원들을 생각해 보자고 했습니다. 이 중에서 가장 모범적인 행동을 선정하고 직원들에게 제시함으로써, 우리가 전파하고자 했던 가치들을 보다 분명하게 정의하고 보여줄 수 있었습니다." 많은 토론과 연구를 통해, 조엘 스태프와 리더들은 다음과 같은 세 가지 근본적인 가치들을 정리했다.

- 절대적 진실함
- 협력, 지원, 그리고 존중
- 개방적이고, 정직하며 활발한 의사소통

단어 그 자체로는 특별한 것이 없었다. 그러나 각각의 가치는 릴리언트 대부분의 직원들이 본능적으로 믿고 있는 방식으로, 혹은 리더들에게 감정적으로 호소하는 방식으로 묘사되고 표현되었다.

리더는 말한 대로 실천해야 한다

조엘 스태프는 회사를 살리기 위해, 모든 임직원이 핵심가치를 그저 생각하고만 있을 것이 아니라, 회사 내 활동과 모든 의사결정에 반영되어 생활 속에서 실천될 수 있는 방법을 찾아내고자 했다. 그는 부문별 리더와 직원들을 선발하여 특별한 프로세스를 만들기 시작했다. 경영자들부터 솔선수범하여 회사의 가치를 그들의 의사결정과 행동에 반영해야만 했다. 그래야만 조직 내 다른 사람들이 따를 것이기 때문이었다.

조엘 스태프는 다양한 배경과 경험을 지닌 리더들과의 회의를 자주 소집했다. 그리고 그들과 함께 회사의 성장에 대한 건전한 토론을 벌였으며, 중요한 정보들을 공유했다. 그들은 토론을 통해 의사결정을 해나가는 과정에서 회사의 가치를 언급하는 일이 많아졌다. 그리고 마치 화학적으로 통합된 조직처럼 함께 일하는 모습을 보여주기도 했다. 또한 가치를 행동으로 보여주고 있는 직원들의 이야기가 나오기 시작했다.

엔론의 영향 때문인지, 릴리언트에서는 "절대적 진실함"이 가장 중요한 가치가 되었다. 회사 리더들에게 있어서 이 가치는 상대와 솔직하고 성실하게 의사소통하는 것을 의미했다. 그래서 사실을 부풀리거나 왜곡하는 그 어떤 사탕발림과 같은 말들은 허락되지 않았다. 이 가치는 회사에 대한 자부심을 갖도록 구성원 모두를 격려하는 역할을 하였으며, (아이러니하게도, 정직이라는 가치를 공유했던) 엔론을 릴리언트와 구별되게 만드는 요소가 되었다. 그리고 모든 의사결정에 있어서 가장 큰 영향을 주는 중요한 기준이 되었다.

조엘 스태프가 구성한 리더그룹은 공식 또는 비공식적으로 구성원들에게 회사의 가치를 주입시켰다. 예를 들면, 매주 화요일에 있었던 리더그룹의 대화 이벤트가 대표적이다. 이들은 매주 화요일 다른 그룹의 구성원들과 함께 하는 점심식사 행사를 가졌던 것이다. 조직 내 모든 구성원들은 이 행사를 통해 현 상황에 대한 리더그룹의 직접적인 생각과 계획을 들을 수 있었으며, 회사의 미래에 대한 다양한 질문을 할 수 있었고 이에 대한 솔직한 답변을 들을 수 있었다. 참석률이 좋을 수밖에 없었다.

이 행사에서 조엘 스태프가 가장 많이 들었던 질문은, 당연히, "내가 해고될 수도 있나요?"의 여러 가지 다른 표현들이었다. 솔직하고 열린 의사소통에 대한 리더그룹의 약속이 보장된 화요일 대화시간에서 이런 이슈들을 피해갈 수는 없었다. 조엘 스태프는 이렇게 답했다. "내가 당신의 자리를 보장할 수는 없어요. 이 문제에 대해서는 누구나 마찬가지일거예요. 그러나 이것만은 분명합니다. 우리가 가능한 많은 자리를 유지하는 최상의 방법은 우리 모두가 열심히 일하도록 서로 독려하는 것뿐이라는 사실이죠."

화요일 대화는 매우 효과적이었고 인기도 높았다. 그래서 릴리언트는 누가 언제 그 행사에 참석할지를 결정하기 위해 추첨을 하기도 했다. 이 행사로 인해 릴리언트의 비공식 네트워크는 한층 강화되었고, 회사의 회생에 관심을 갖고 노력하는 구성원 전체를 결속시킬 수 있었다. 혼란과 불안정, 그리고 불확실성 등의 감정과 싸우는 직원들이 리더들에게 심각하고 어려운 질문을 할 수 있다는 사실과, 또 솔직한 답변을 들을 수 있다는 것만으로도 그들의 걱정과 스트레스는 많이 완화되었다. 전체 임직원의 수를 감안하면, 참석한 직원들은 상대적으로 적었지만, 당시 참석자들은 비공식 네트워크와 동료 간의 상호교류를 통해 리더들의 답변을 널리 전파할 수 있었다. 또한 리더그룹은 다른 형태의 의사소통에 대해서도 항상 투명성을 유지했다. 예를 들면, 조엘 스태프는 매주 자신의 육성으로 메시지를 만들어 직원들에게 보이스메일을 보냈다. 이 메시지에는 회사 경영실적에 대한 내용이 담겨 있었으며, 이를 통해 회사 미래에 대한 잘못된 루머들을 제거할 수 있었다.

회사는 따라간다

릴리언트의 리더그룹이 커뮤니케이션 방식을 공개하자, 회사 내 모든 계층의 구성원들이 그들의 행동을 따라 하기 시작했다. 예를 들면, 회사의 고객관리 그룹에 있는 마이크 쿠즈너Mike Kuzner 이사는 화요일 대화시간을 모델로 한, "마이크와의 식사를"이라는 행사를 만들었다. 고객서비스팀의 직원이라면 누구나 이 식사에 참여할 수 있었다. 마이크 쿠즈너는 직원들의 거친 질문을 잘 받아넘겼으며, 모든 질문에 솔질하게 답변했다. 실직을 염려하는 직원들에게 이것은 회사 성과에 대해 의논할 수 있는 기회나 다름없었다. 마이크 쿠즈너는 그들의 일상 업무가 회사의 가치와 전체 전략에 어떻게 맞아들어 가고 있는지를 설명했다.

마침내 릴리언트는 회생했다. 주가는 다시 올라갔으며, 대부분의 고객을 다시 확보할 수 있었다. 그리고 비공식조직은 이전보다 더 강해졌다.

릴리언트와 같은 사례서 대부분의 리더들은 공식적 메커니즘에 의존하고 싶은 유혹에 빠진다. 비용을 절감하고, 엄격한 통제를 유지하며, 상부로부터의 메시지와 지시를 반드시 지키게 한다. 릴리언트도 이런 것들을 했다. 그러나 릴리언트는 다른 회사들과 달랐다. 릴리언트의 리더들은 비공식 조직을 통해 회사의 가치가 가시적인 행동에 반영되게 노력함으로써 공식성을 보완했던 것이다. 결국 이것이 회사의 회생을 도운 것이다.

불행하게도, 릴리언트의 시련은 구조조정이 끝난 후에도 계속됐다. 그 누구도 통제할 수 없는 외부적 요인이 이제 다시 도약하고자 하는 릴리언트에게 닥쳤던 것이다. 2008년, 허리케인 이크Ike가 릴리언트의 주요시장 중 하나인 갈베스톤Galveston을 초토화시켰다. 그리고 그해 말에는 글로벌 신용 위기가 발생했다. 결국 릴리언트는 2009년 NRG에너지에 인수되었다. 그러나 이 모든 것이 그 이전에 진행되었던 구조조정의 성과를 부정하는 것은 아니다.

궁극적으로 회사의 재건이야기는 성공 사례이다. 목표를 세우고 이를 달성해나가는 과정에서 회사의 가치를 추진력으로 사용함으로써, 직면했던 수많은 도전 속에서도 살아남았던 것이다. 경쟁력 있는 조직은 가치를 제대로 활용하지만, 그렇지 못한 조직은 가치를 옹호하기만 할 뿐 가치에 맞게 행동하지는 못한다.

가치를 전염시켜라

사람들은 흔히 그들과 비슷한 사람을 찾아 나선다. 공통의 가치를 갖는다는 것은 무리를 짓는 활동의 일부이다. 시간 엄수가 어떤 무리에게는 중요한 것으로 간주되기도 하지만, 다른 무리에서는 유연함이 중요할 수 있다. 그리고 사람들은 가치와 선입견, 그리고 특정한 상황 등을 공유하는 집단에 끌린다.

우리는 비공식 네트워크에 대한 설문조사에서 누구와 시간을 가장 많이 보내는지 질문했다. 또한 그들에게 공통적으로 갖고 있는 가치들의 우선순위를 매겨보도록 요구했다. 그 결과 우리는 네트워크 내에 존재하는 작은 커뮤니티들은 서로 유사한 가치를 공유하고 있다는 사실을 알게 되었다. 예를 들어 임원들 가운데 "창의성"을 가장 중요한 가치로 생각하고 있는 사람들은 같은 답변을 한 다른 사람들과 더 많은 연결connection을 갖고 있는 반면, "허비할 시간 없음"을 최우선 가치로 생각하고 있는 임원들과는 거의 연결되지 않았다. 이것은 동인애Homophily의 원칙으로, 자신과 비슷한 사람들과 연합하고 인연을 맺으며 살아가는 것을 의미한다. 비공식 조직에서 이것은 가치 메커니즘과 네트워크 메커니즘간의 중요한 상호관계가 있음을 암시하고 있다.

뉴욕 타임즈는 기사를 통해 사회적 전염social contagion이라는 현상을 설명했다. 이것은 서로에 대한 사회적 근접성social proximity이 높은 상황에서 놀랄만한 행동 변화가 발생한다는 것이다.[2] 이 기사를 쓴 필자들은 니콜라스 크리스타키스Nicholas Christakis와 제임스 폴러James Fowler가 뉴잉글랜드 저널 오브 메디신New England Journal of Medicine에 기고했던 기사 내용의 역학관계를 면밀하게 조사했다. 그 기사에 따르면, 친구가 뚱뚱할 경우 자신도 비만해 질 가능성이 57퍼센트에 이른다는 것이다.[3] 더 놀라운 것은 친구의 친구가 비만일 경우, 친구는 비만이 아니더라도 자신이 비만이 될 가능성이 20퍼센트에 이른다는 것이다. 필자들은 사람들이 잠재의식 속에서 다른 사람의 행동을 보면서 본인의 정상 의식sense of normalcy을 조정하게 때문에, 유사한 행동이 널리 확산된다고 가정한 것이다.

이것은 조직 내에서 가치를 어떻게 전파하고 실생활에 반영시킬 지에 대해 고민하는 관리자들에게는 의미 있는 자료이다. 회사 가치에 영향을 받는, 관찰 가능한 행동들에 주목하고, 이러한 행동들이 표출되도록 고무시킴으로써 관리자들은 네트워크를 통해 가치를 전파하고 정상적인 행동이 무엇인지를 재정립할 수 있다. "말한 대로 실천하기"는 조직 내 다른 사람들 보다 리더들이 반드시 해야할 덕목이다. 이들이 나서야만 보다 많은 사람들에게 가치를 효율적으로 전파할 수 있다.

가끔은 조직 내 공유된 가치와 드러나지 않은 네트워크의 관계를 감지하는 것이 쉽지 않다. 이와 관련된 놀라운 사례가 이코노미스트에 실렸다. 카타포라Cataphora라는 회사는 법정소송의 심리단계에서 발생하는 엄청난 양의 전자기록들을 수집하고 저장해 주는 기업이다.[4] 이 회사는 이메일, 문서 메시지, 서류, 전화, 단문 문자 등 매일 생산되는 모든 종류의 디지털 흔적을 기반으로 개인과 조직의 행동에 대한 가장 정확한 통찰력을 제공하고 있다.[5]

카타포라는 일부 임원들이 부당한 청구서 발행을 목적으로 일반적이지 않은 이상한 서명을 사용하고 있음을 감지했다. 이 사건에는 어떤 공통점이 있었다. 이상한 서명을 사용한 임원들이 모두 대학 내 특정 모임과 관련이 있었던 것이다. 이것은 우리가 속해 있기는 하지만 웬만해서는 감지하기 힘든 네트워크에 주목함으로써 발견할 수 있었다. 이런 종류의 미묘한 네트워크가 있다는 것을 인지한다면, 정보가 어떻게 돌아다니는 지를 보다 쉽게 이해할 수 있을 뿐 아니라 이것들을 잘 만들어 내고 활용할 수 있다.

가치의 중요성을 반대하는 조직은 없다. 그러나 조직 구성원들에게 활력을 불어넣고, 가치를 활용하여 조직 전략을 구성원들의 일상생활에 반영시키는 곳은 많지 않다. 더구나 조직의 가치를 구성원 모두의 행동과 의사결정의 기준으로 만들기 위해 교육하는 곳도 많지 않다. 많은 리더들은 아직도 사업계획서 속에 있는 단어들 몇 개만 있어도 구성원들과 충분히 의사소통을 할 수 있다고 믿고 있다. 하지만 현실은 그렇지 않다. 기회를 놓치면 그 손해는 더욱 커진다.

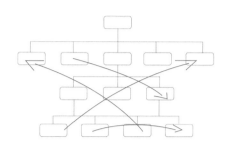

성과는 여전히
중요하다

비공식 조직에 대해 이야기할 때 종종 사람들은 이렇게 받아들인다. "아, 당신은 뭔가 소프트웨어적인 것을 말하는 거죠? 감성이나, 감정, 사기士氣, 참여, 머 이런 것들…"

맞기도 하고 틀리기도 하다. 비공식 조직은 물론 자부심, 연결, 저항, 두려움, 성취 등과 같은 감정의 문제를 다룬다. 그러나 공식 조직을 이끌어 간다는 것은 궁극적으로 조직의 성과를 결정하는 행동에 영향을 주는 것이다. 실제로 비공식 조직이 전체 조직의 성과를 촉진시킨 사례는 많다.

당신이 스포츠에 조금이라도 관심이 있다면, 운동팀의 감독이 승리를 위해 선수들의 기술적인 측면뿐 아니라 감정적인 측면에서 세심한 주의를 기울이고 있다는 사실을 쉽게 알 수 있을 것이다. 비즈니스 리더들에게도 둘 중 어느 하나가 부족한 상태에서는 조직을 승리로 이끌 수 없다. 비공식성은 조직이 성과에 집중하고 있음을 보여줄 때 가장 성공적으로 동원된다. 사람들은 그들의 협력이 결과적으로 성과를 개선시켰는지를 알고 싶어 한다.

자부심으로 성과를 높이는 방법

애드 캐롤런Ed Carolan은 스프를 만드는 다양한 방법을 알고 있다. 그는 또한 맞춤형 성과 평가시스템을 수립하는 전문가로 직원들의 동기부여를 책임지고 있기도 하다. 애드 캐롤런은 신선한 냉동 스프를 만드는 캠벨 스프Campbell Soup의 자회사 스톡팟StockPot의 총지배인이다.

우리는 애드 캐롤런을 워싱톤 주 에버트Everett에 위치한 스톡팟 공장에서 처음 만났다. 당시 우리는 햇볕이 쏟아지는 대형 공장의 마당을 가로 질러 로비로 들어갔고, 면회를 신청했다. 그를 기다리는 동안 우리는 애드 캐롤런이 전형적인 제조업체 총지배인의 이미지(깨끗하게 머리를 자르고, 작업복을 입고, 단정하며, 엔지니어와 같은 이미지)로 나타날 것이라 생각했다. 하지만 그는 염소 수염을 하고 청바지와 검정색 모터사이클 부츠를 신은 채 우리 앞에 나타났다. 그는 계단을 성큼 뛰어 내리며 손을 치켜 올리더니, "공장을 둘러볼 준비가 됐나요?"라고 외쳤다. 잠시 후, 우리는 이전에는 단 한 번도 경험해보지 못했던 새로운 형태의 공장 투어(마치 세서미 스트리트Sesame Street에 있는 것처럼 느껴지는 매우 재미 있는 투어)를 했다.

공장을 걸으면서 우리는 애드 캐롤런과 많은 대화를 나눴다. 그는 2007년 1월에 부사장이자 총지배인이 되었다. 당시 스톡팟은 구조조정이 필요한 상황이었다. 그가 총지배인으로 임명되기 전 2년간은 매출과 수익이 모두 형편없었다. 수익은 바닥이었고, 매출은 매년 꾸준히 감소해왔다. 회사의 전체 성과지표는 캠벨의 글로벌 회사들 가운데 꼴찌였으며, 종업원 몰입에 대한 평가 또한 전체 캠벨 스프사 중 바닥권에 있었다.

그러나 애드 캐롤런이 부임한 지 2년 만에, 회사는 성공적인 구조조정으로 다시 살아났다. 그가 부임한 첫 번째 해부터 매출이 늘어나면서 수익은 급속히 좋아졌으며, 그 다음 해에도 스톡팟의 이익은 50퍼센트나 늘었다. 성과기준 가운데 개선하기 가장 어려운 것으로 꼽히는 것이 바로 전체 공장의 효율성 지표였다. 일반적으로 오랜 시간 동안 전사적인 노력을 기울인다 하더라도 1퍼센트 내외로 향상될 뿐이었지만, 애드 캐롤런은 새로운 팀을 만들어 전체 공장의 효율성을 23퍼센트나 상승시켰다. 종업원 몰입 점수는 14퍼센트 증가했다. 그리고 어려운 경제 상황 속에서도, 전 임직원의 기부 목표 금액이 27퍼센트나 증가했다.

공장 투어 중 우리는 일부 직원들을 만나 인터뷰를 할 수 있었는데, 그들은 모두 자신감과 의욕에 넘쳐있었고 높은 자부심과 뚜렷한 목적의식을 갖고 있음을 확실하게 느낄 수 있었다. 공장에는 의미 있는 에너지가 충만해 있었다. 애드 캐롤런은 어떻게 이런 혁신을 단시간 내에 이루어 낼 수 있었을까? 그들은 몇 개의 측정 가능한 성과 목표에 초점을 맞췄다. 그리고 그들은 개인적이고, 자발적이며, 긍정적인 감정을 자극하는 방법을 사용했다. 가장 중요한 사실은, 그들이 이러한 계량화된 성과 목표와 비계량적인 방법을 함께 결합했다는 것이다.

평가 지표는 반드시 전략과 일일 업무를 연결시켜야 한다

구조조정 초기, 애드 캐롤런은 회사 실적을 높이기 위해서는 대형 소매 점포들에 집중하는 전략을 수립해야 한다는 사실을 알게 되었다. 대형 소매 점포들과의 거래를 늘리면, 스톡팟은 대량 생산을 유지하면서도 재고유지 비용을 줄일 수 있기 때문이었다. 이 두 가지는 고정비 절감에 필수적이었다. 또한 스톡팟에 대한 소비자들의 인식도 재정립할 필요도 있었다. 스프 품질에 대한 인식은 좋았지만, 스톡팟의 스프는 누구나 손쉽게 집에서 만들어 먹을 수 있는 것으로 인식시키고자 했다.

이것은 현명한 전략이었다. 그리고 당시 어려운 경제 상황이 오히려 도움이 되었다. 지갑이 가벼운 사람들은 레스토랑을 멀리하고 집에서 간편하게 먹을 수 있도록 준비된 가공식품을 찾아 슈퍼마켓으로 발길을 돌렸기 때문이다.

그리고 스톡팟은 거래 방식을 상당부분 바꿔야만했다. 세계적인 수준의 대형 소매 점포들에게 집중하기 위해서는, 경쟁력이 있는 가격과 높은 수준의 품질 그리고 훌륭한 고객서비스를 제공해야만 했기 때문이다.

애드 캐롤런은 가장 중요한 몇 개의 평가지표에 집중하며, 직원들을 자극하면서 변화를 추진해 나갔다. 그는 조직을 보다 가치 지향적으로 바꿨으며, 직원들에게 그 가치들을 제대로 인식시켜야만 했다. 그래서 애드 캐롤런과 리더십 그룹의 일부는 공장의 직원 350명 모두가 참여하는 일련의 소그룹 라운드테이블 토론회를 만들었다. 이 토론회를 통해 그들은 다음과 같은 네 가지 사항을 알게 되었다

- 직원들은 지난 수년 간 일해 왔던 방식 그대로 일하고 있다.
- 그들은 업무 개선을 위한 시도를 거의 하지 않고 있다.
- 회사에는 명확한 전략이 존재하지 않는다.
- 어느 누구도 회사 실적에 대해 공개적으로 토의하지 않으며, 심지어는 실적에 대해 전혀 모르고 있다.

또한 애드 캐롤런이 짐작한대로 회사의 가치를 제대로 인식하고 있는 직원들은 거의 없었다. 물론 당시 회사가 제시하는 가치가 제대로 존재하지도 않았지만, 직원들이 일반적으로 생각하는 것들이 가치라고 가정했다. 직원들의 사기는 바닥이었으며, 협력과 팀워크는 거의 존재하지 않다.

애드 캐롤런과 그의 리더십 그룹은 토론회에서 나온 내용들을 종합

하여 제안된 가치 목록을 만들고 그것을 직원에게 나눠준 후, 그들에게 가장 중요한 것들에 추려보라고 요청했다. 그리고 그 결과를 분석하여 가치 목록을 완성했고, 가치 단어들을 다듬기 위해 350명 전원이 참석하는 토론회를 열었다. 이것은 직원들 스스로가 선택한 가치들이 실제로 중요한 것임을 확신하게 만드는 과정이었다.

이렇게 광범위하고 포괄적인 프로세스를 통해, 직원들은 그들의 의견과 감정이 중요하다는 것을 알게 되었다. 그들은 경영진이 일방적으로 만들어낸 것보다 함께 참여하여 만든 가치 목록에 더 큰 주인의식을 갖게된 것이다. 가치를 함께 만들어 나간다는 것은 가치 자체 못지 않게 중요하다.

공장을 돌아보는 동안, 애드 캐롤런은 곳곳에 걸려 있는 포스터를 가리키며 크게 읽었다. "당신이 하겠다고 말한 것을 그대로 실행하라." 그는 덧붙였다. "말장난 같지만, 이것이 바로 우리 모두가 원하는 것이죠. 우리는 처음에 '우리가 말한 것을 그대로 하자'라는 슬로건을 만들었습니다. 저는 이게 좋았어요. 누군가가 이렇게 물어보기 전까지는…" "우리가 누구죠?" 그는 계속 말했다. "아주 좋은 질문이었습니다. 직원들은 우리를 리더 그룹으로 생각하고 있는 것이었죠. 이로 인해 우리는 서로를 더 잘 이해할 수 있게 되었고, 결국 조금은 덜 우아하지만 보다 의미 있는 문장들을 만들어 냈습니다. '당신이 하겠다고 말한 것을 그대로 실행하라.' 이것은 모든 사람에게 적용됩니다. 그리고 실제로 실적을 개선하는데 큰 도움이 되었습니다."

애드 캐롤런은 이런 방식들을 통해 개발된 가치와, 팀의 실행능력을 필요로 하는 몇 개의 필수적인 요소들을 기반으로 명확한 전략을 만들어 냈다. 그는 각 요소별로 1~2개의 성과측정 지표를 규정했다. 예를 들면, 공급망 관리는 해독하기 어려운 많은 성과지표로 구성되어 있었는데, 그는 단 두 개만을 설정했다. 고객에 대한 서비스 품질, 그리고 하루에 생산되는 스프의 양.

고객에 대한 서비스 품질은 큰 기대와 함께 새로운 전략으로 채택된 거대 소매 점포들에게 초점을 맞춘 중요한 성과지표였다. 고객에게 제대로 서비스 하는 것은 자부심의 원천이었고, 성과지표는 감정적 에너지를 강화시켜 교대 근무자, 생산성 향상, 그리고 품질 보장 등의 사이에서 조정자 역할을 하는데 도움이 되었다.

동기를 부여하는 평가지표

하루에 생산되는 스프의 양 뒤에 숨어있는 이야기는 무척 흥미롭다. 애드 캐롤런은 "처음에 우리는 시간당 생산되는 스프의 양이 얼마인지를 측정하는 것에 집중했었죠. 그러나 문제는 시간당 생산량은 큰 의미가 없다는 것이죠. 시간당 얼마나 만들어 내야 좋고 나쁜지를, 그리고 개인별로 생산하는 스프의 양이 얼마나 다른지를 파악하는 것이 어려웠어요." 라고 말했다. 더 나쁜 것은 일부 관리자들이 단순히 작업시간을 낮춤으로써 시간 대비 생산량을 높이려는 시도를 한다는 것이었다. "물론, 이것은 생산량 증대라는 전략에 부합되지 않는 것입니다. 그리고 많은 직원들은 시간당 임금을 받기 때문에 작업 시간은 직원들에게는 매우 중요하거든요. 이것이 바로 그들이 돈을 벌고 생계를 유지하는 방식입니다. 단순하고 절대적으로 필요한 것에 대해 말해야 했습니다."

그래서 애드 캐롤런과 그의 팀은 성과지표를 시간당 생산량에서 하루에 생산되는 스프의 양으로 바꾸었다. "공장 내 모든 직원은 제품 생산에 관여합니다. 준비 작업에서부터 내용물을 채우고, 포장하며, 운송하는 전 과정에 참여하는 것이죠." 그는 말했다. "이것은 가시적으로 의미가 있는 작업들입니다. 그리고 직원들은 목표가 달성되는 것을 볼 때 즐거워합니다. 이것은 직원들이 팀의 일원으로써 함께 일하는 것을 자극하기도 했습니다. 1일당 생산량 지표는 모든 교대조의 성과가 반영됩니다. 그래서 당일 생산량을 극대화시키기 위해서는 서로가 협력해야 한다는 사실을 의미하죠. 다음 교대 근무조를 위해 청소를 하고 나가자는 아이디어가 나온 것이 대표적인 예입니다. 모든 직원들은 하루에 생산되는 스프의 양이라는 지표에 의해 연계되어 있음을 느끼게 되었으며, 그들은 목표 달성을 위해 서로가 노력하는 전체의 일부와 같은 느낌을 갖게 되었습니다." 다른 말로 하면, 하루에 생산되는 스프의 양이라는 성과지표는 개인에게도 의미가 있으며, 협력 작업을 추진하는 데에도 도움이 되었던 것이다.

성과지표의 역할은 성공적이었다. 하지만, 애드 캐롤런은 더 많은 성과지표가 생기는 것을 경계했다. "집중하고 싶다면, 성과지표가 적을수록 좋습니다. 세세한 평가기준으로 가득차 있는 한 무더기의 성과지표는 직원들을 가장 중요한 것에 집중하게 만들지 못합니다. 경기에서 승리하는 팀은 가장 중요한 것을 파악하고 집중하는 팀입니다. 하지만, 구성원 모두가 중요하다고 생각하는 복수의 평가지표가 필요하다는 사실 또한 잊어서는 안 됩니다. 균형 잡힌 복수의 평가지표를 통해, 대부분의 구성원들은 스스로 동기부여 할 수 있는 요소들을 하나씩 갖게 할 수도 있기 때문입니다." 애드 캐롤런은 균형 잡힌 성과지표의 개발을 위해, 가장 중요한 것에 집중하면서도 직원들의 자부심을 북돋을 수 있을 만큼의 다양한 성과지표를 만들어 냈다.

성과 지표를 쉽게 파악할 수 있도록 하라

성과지표에 있어서 애드 캐롤런이 중요하다고 생각하는 또 다른 원칙은 바로 의사소통이었다. 의사소통은 반드시 가시적이며 명료해야 한다고 그는 생각했다. 가장 중요한 다섯 가지 성과지표는 공장 곳곳에 설치해 놓은 엘씨디LCD 스크린을 통해 녹색과 노랑, 그리고 빨강 등의 원색으로 표시되었다. 녹색은 목표를 달성한 것이고, 노란색은 목표에 달성하지 못할 위험에 있는 것이며, 빨간색은 목표 달성에 실패한 것을 의미했다. "당신이 올바른 성과지표를 갖고 있는데, 어느 날 갑자기 성과지표 중 하나가 빨간색이 되었다면, 직원들은 이것이 의미하는 것이 무엇인지 그리고 어떻게 해야만 하는 지를 즉시 이해합니다. 이것은 직원들이 분석적이며 추상적인 성과지표를 접할 때와는 전혀 다른 결과를 가져왔습니다. 그들은 뭔가 잘못되고 있음에도 자신들이 무엇을 해야 하는지 또 무엇을 할 수 있는지 몰랐기 때문에 좌절하곤 했거든요."

애드 캐롤런은 또한 공식적이지 않은 임시 성과지표를 사용하는 경우에도 매우 철저했다. "예를 들면, 우리가 대형 소매 매장을 가진 회사와 협상을 할 때, 원가는 가장 중요한 요소입니다. 그래서 저는 직원들과 파운드 당 페니pennies/lb라는 성과지표를 만들고자 했었습니다. 하지만 직원들은 실수로 스프를 쏟거나, 한 가지 재료를 빼먹은 경우에도 이런 지표가 적용되는 것에 대한 두려움을 갖고 있었습니다. 그래서 저는 이 지표가 고객의 비즈니스에 어떤 영향을 주는지 파악해서 알리고자 했습니다. 직원들은 우리의 작업결과로 인해 발생되는 작은 금액의 원가 인상 또는 인하 요인이 고객 회사의 매출에 어떤 영향을 주는지 이해하기 시작했고, 작업 과정에서 더 많은 주의를 기울이기 시작했습니다."

애드 캐롤런은 신규고객을 확보하고, 생산량을 늘리는 데 있어 생산팀의 자부심을 북돋기도 했으며, 비공식적인 연대를 활용하기도 했다. 어느 누구도 큰 계약을 체결하기 위해 열심히 일하는 판매팀의 위신을 떨어뜨리고 싶어 하지 않았다.

멋지다고 성과가 향상되는 것은 아니다

애드 캐롤런은 업무 수행과정에서 개인적 연대를 만드는 것이 높은 수준의 성과를 만들어 내는데 도움이 되기도 하지만, 보다 중요한 것은 이런 행동의 결과가 측정 가능해야 한다는 것이었다. 공장 내에서 목격되는 열정과 에너지는 높이 살만하지만, 이것들이 성과지표를 긍정적인 방향으로 움직여야만 했다.

"애드 캐롤런의 접근 방법을 보고 있노라면 마치 고등학교 때가 생각납니다." 그에게 직접 보고하는 한 직원의 표현이다. "나를 유치원생처럼 다뤘던 화학 선생님이 있었어요. 내가 숙제를 잘 해가면, 선생님은 숙제에 웃는 얼굴을 그려 주었죠. 나는 그런 게 정말 싫었어요. 결국 숙제를 잘 하려고 노력하지 않았죠. 하지만 수학 선생님은 우리를 어른처럼 대했습니다. 수학 선생님은 학생 모두가 숙제를 잘 해와 전부 A등급을 받았으면 한다고 했어요. 우리는 선생님을 실망시켜드리고 싶지 않았습니다. 나는 화학보다 수학에서 더 좋은 성적을 받았어요. 애드 캐롤런은 수학 선생님과 비슷합니다. 그는 팀 전체에 영향을 주면서 서로가 관심을 가지며 관계를 맺도록 도왔습니다. 우리가 정말 열심히 일할 것을 기대한다고 말하며, 개인적으로도 최고의 성과를 내도록 유도했지요. 이로 인해 신뢰가 형성되었고, 우리는 그를 실망시키고 싶지 않았습니다."

스톡팟 공장 투어 마지막 날, 우리는 애드 캐롤런과 주차장 쪽으로 향하고 있었다. 그가 막 오토바이에 올라탈 때, 한 직원이 그를 불렀다.

"안녕하세요, 애드!"

"네. 퇴근해요?"

"지난 토요일 스프 생산량이 확 늘었데요." 직원이 말했다.

"예. 맞아요!" 애드 캐롤런이 소리치며 대답했다. "스톡팟 역사상 일일 최대 생산량이에요."

"오! 예~" 직원은 소리치며, 주먹을 쥐어 위로 흔들면서 크게 함성을 질렀다.

애드 캘로런은 미소를 지으며 오토바이를 타고 주차장을 떠났다. 그가 목표 달성을 위해 기울였던 노력들이 하나 둘씩 성과로 나타나고 있었던 것이다.

연결이 몰입을 만든다

애드 캐롤런은 개인과 팀에 대한 실적을 강조하면서도 각각의 직원들에게 의미 있는 방법으로 성과지표를 개발하게 함으로써 성공적인 전기를 마련한 것으로 알려졌다. 그러나 만약 애드 캐롤런이 총지배인이라는 공식적인 지위가 없는 상태에서 성과 개선을 요구했다 하더라도 이런 것들이 가능했을까? 그가 사용했던 방법들이 과연 제대로 작동되었을까?

지금처럼 평평한 세상에서는, 리더들이 공식적인 권위 없이도 실적을 개선해야 하는 상황이 종종 생기고 있다. 이는 특히 아웃소싱이나, 합작 투자, 혹은 느슨한 사업적 연계(항공사 제휴와 같은) 등과 같은 상황에서 자주 일어난다. 이런 상황에서 대부분의 관리자들은 그들의 공식적인 결재라인 바깥에 존재하는 부서 또는 기능에 대한 책임을 갖고 있다. 뉴욕 타임즈에 실린 기사의 일부이다.

> ● 사업을 진정한 성공으로 이끄는 사람들은 바로 자신의 직접적인 보고라인에 존재하지 않는 사람들을 효율적으로 동원하고 움직이는 방법을 알고 있다. 당신에게 보고하는 사람들을 관리하는 일은 쉽다. 하지만, 당신에게 보고하지 않는 사람들을 동원하여, 그들의 시간을 투자하게 하고, 당신의 성공을 돕게 만드는 일은 경영 대학원에서 가르쳐 주지 않는다. [1] ●

과연 어떻게 해야만 당신이 공식적으로 관리하지 않는 사람들을 동기부여 하고, 그들의 행동을 바꾸며, 실적을 개선시키는 데 기여하게 할 수 있을까? 이런 상황에서 반드시 필요한 것이 바로 비공식성인 것이다.

비공식적인 당근과 공식적인 채찍

2004년 가을 뱅크 오브 아메리카BOA, Bank of America의 외주계약담당 임원인 그렉 쉬히Gregg Sheehy 부사장은 아웃소싱 콜센터 사업자인 텔레테크TeleTech와 함께 은행의 고객 지원업무를 책임지게 되었다. 텔레테크에 속한 1,000여 명의 안내원은 BOA 고객의 문의 전화 60퍼센트 정도를 처리하고 있었다. 텔레테크의 목소리가 곧 BOA의 목소리였다. 그러나 텔레테크가 BOA의 고객으로부터 오는 전화를 가장 많이 처리하고 있었지만, 고객 만족이라는 측면에서의 성과는 매우 낮았다. 그렉 쉬히는 텔레테크의 성과를 향상시키고 싶었다. 그러나 그는 텔레테크를 직접적으로 관리할 수 있는 권한을 갖고 있지 못했다. 텔레테크의 직원들은 그렉 쉬히를 위해 일하고 있는 게 아니다. BOA와 텔레테크와의 계약에 따르면, BOA는 텔레테크가 맞춰야만 하는 최소한의 조건만을 따르도록 되어 있을 뿐이었다. 물론 그렉 쉬히가 기존의 계약을 파기할 수도 있다. 그러나 갑작스런 계약 해지는 고객지원 서비스에 혼란을 초래할 수 있으며, 법적 분쟁에 휘말릴 수도 있었다.

이렇게 그렉 쉬히가 갖고 있는 공식적인 통제장치(채찍)는 극히 제한적이었다. 결국 그는 비공식적인 방법(당근)을 활용해야겠다고 생각했다. 그는 텔레테크 직원들을 동기부여 할 수 있는 방법을 찾아야 했다. 이런 내용은 계약서에 명기되어 있지 않다. 그는 우선 텔레테크의 상담원들이 BOA로부터 무엇을 원하는지 알고 싶었다. 그는 센터를 직접 방문했다.

올바른 연결을 만들어내라

그렉 쉬히는 다음과 같이 말했다. "내가 콜센터의 문을 열고 들어가는 순간, 나는 직감적으로 두 회사 간에 문제가 있음을 느꼈습니다. 지난 3년 동안 BOA 임원 3명이 거쳐갔더군요. 1년에 1명 꼴이었습니다."

그렉 쉬히와 대화를 나눈 텔레테크의 직원들에 의하면, BOA 임원들은 센터에 오면 항상 관계의 중요성을 강조하면서도 상담원들을 감시하기만 할 뿐 관계 개선을 위한 별다른 노력을 기울이지 않았으며, 그리고는 금방 떠나 버린다고 말했다. "그래서 저는 물었죠. 그렇다면 제가 어떻게 하는게 좋겠어요?" 라고 묻자, 그들은 모두 이구동성으로 대답했다. "여기에 좀 오래 머물러 있으세요!"

그렉 쉬히는 그의 선임자들이 했던 것과는 다른 유형의 관계를 정립해 나가기 시작했다. 그는 텔레테크 상담원들에게 다른 곳으로 가지 않겠다고 약속했다. 처음의 몇 달 동안, 그는 격주로 텔레테크에 출근했다. 그는 상담원들의 성과뿐 아니라 그들 자신들에게도 인간적인 관심을 갖고 있다는 사실을 보여주고자 했다. "저는 그들을 보살펴 주기 위해 여기에 있다는 사실을 알리고 싶었습니다." 그렉 쉬히가 말했다.

콜센터로 출근하는 날이면 그는 각 층을 돌아다니면서 상담원들과 대화를 나눴다. 그는 리더 그룹에 속해있는 사람들 뿐 아니라, 다른 종류의 영향력을 행사하는 모든 사람들과 관계를 맺어 나가기 시작했다. 그는 상담원들과 어울려 식사를 하고, 이야기 하며, 그들에게 중요한 것이 무엇인지를 물었다. 결국 그는 많은 상담원들과 개인적인 친분 관계를 갖게 되었다. 머지않아 그는 마치 자신이 텔레테크에서 실제로 일하고 있는 사람처럼, 그들 세계의 일부분이 되어 있었다.

서비스 공급회사와 고객사의 관계가 가까워질수록, 효율은 높아진다. 결국 가장 중요한 것은 시간이다. 얼마나 빨리 효율적인 관계를 구축하느냐가 문제인 것이다. 그렉 쉬히는 장기간에 걸친 성과 향상을 위해 단기적으로는 약간 비효율적인 방법을 택했다. 그는 사람들과의 대면 접촉에 많은 투자를 했다. 이것이 비효율적일 수는 있지만, 나중에는 꼭 필요한 관계 자본relationship capital을 형성하는데 큰 도움이 되었던 것이다.

의미 있는 열망을 자극하라

상호간의 신뢰가 조금씩 회복되자 그렉 쉬히는 상담원들의 성과에 대한 기대치를 높일 필요가 있음을 분명하게 밝혔다. 그는 계약서에 명시된 최소한의 서비스 수준을 그대로 받아들이는 것 보다, 그들 스스로 계약내용 이상의 성과를 달성하려는 열망을 가져야만 하며, 그 결과에 대해 개인적으로도 자부심을 가져야만 한다고 말했다.

텔레테크의 경영진과 함께 그렉 쉬히는 고객의 기쁨customer delight에 기반을 둔 BOA 최고의 콜센터를 만들자는 목표를 세웠다. 과거에 꼴찌였던 콜센터에게는 너무 가혹한 목표처럼 보였다. 그러나 그렉 쉬히는 텔레테크 상담원들이 목표를 달성할 있다는 믿음을 갖게 만들고 싶었다.

"나는 쉽지 않다는 사실을 이미 알고 있었습니다." 그는 밝혔다. "그러나 최고가 되기 위해서는 비용을 절감하고(비용 절감의 일부는 인력 삭감을 의미), 낮은 수준에 머물러 있던 성과지표를 향상시켜야만 했어요." 만약 그렉 쉬히가 텔레테크 방문한 첫 날, 회사 직원들에게 최고의 회사가 되어야 한다고 공표했었다면 어떻게 되었을까? 그 결과에 대해서는 회의적이다. 그러나 직원들이 그를 개인적으로 알게 되었고 또 신뢰했기 때문에 그리고 그의 헌신을 믿었기 때문에, 그들은 "최고의 위치로 가자"라는 목표를 좋아하기 시작했다.

어느 누구도 2등이 되는 것을 원하지 않는다.

개인적인 신뢰와 상호교류가 필수적이다

그렉 쉬히는 개인적인 지원과 비공식적인 접촉을 계속하면서, 텔레테크의 성과가 지속적으로 향상될 것이라고 믿었다. 텔레테크 직원들이 새로운 목표를 달성할 때면, 그는 언제 어디서나 축하 전화를 잊지 않았다. 그는 또한 텔레테크 경영진 모두가 이런 축하 전화를 함께 하도록 요청했다. 해외 출장이 잦은 그는 이것 때문에 간혹 피곤한 일을 겪기도 했다.

중국에 출장 중이었던 그는 텔레테크가 상상하지도 못했던 높은 수준의 목표를 달성했다는 소식을 들었다. 그는 모든 직원들을 축하해주고자 했고, 이를 위해서는 상담원 작업조의 교대시간에 맞춰서 전화를 해야만 했다. 그 시간은 중국 현지 시간으로 새벽 3시였다. 그러나 그는 전화를 했고, 이 같은 사실이 축하의 의미를 더 크게 만들었다. 그로부터 몇 달이 지난 후, 텔레테크 콜 센터는 BOA 전체 콜 센터 중 1등이 되었다.

이것은 공식적인 권한이 거의 없는 관리자가 어떻게 비공식성을 활용하여 성과를 향상시켰는지 보여주는 가장 대표적인 사례이다. 이 책에서 나오는 말로 표현하면, 그레그 쉬히는 공식적인 지시와 비공식적인 메커니즘의 균형을 통해 감정적 몰입을 만들어 내고 행동 변화에 필요한 에너지를 제공하여 텔레테크의 성과를 최고로 올려놓은 사람이다.

대부분의 회사는 전략적 혹은 재무적 어려움을 해소하기 위해 아웃소싱을 활용한다. 이 경우 공식적인 계약상 한계는 더욱 분명하다. 그러나 비공식적인 감정적 상호 교류를 통해 성과를 향상시키는 방법은 반드시 존재한다. 그리고 이것은 공식 조직에도 큰 영향을 준다.

4장에서 언급된 케네스 멜만, 스톡팟의 애드 케롤런, BOA의 그렉 쉬히 등은 성과 향상을 위해 엄격한 상의하달식 성과지표로 직원을 꼼짝 못하게 매어 놓거나, 그들 모두에게 친절하고 다정한 친구가 되는 방식을 택하지 않았다. 그들의 방식은 "소프트"한 것도 "하드"한 것도 아니다. 그들은 공식 조직과 비공식 조직 모두로부터 가장 최상인 것들을 선택하여, 그들의 구성원들과 파트너들이 공유된 목적을 함께 추진할 수 있도록 이들을 통합했을 뿐이다.

공식적인 권위 없이도 성과를 낸다

키일 이왈트Kyle Ewalt는 카젠바흐 파트너스의 뉴욕 오피스의 고객서비스 센터 관리자이다. 그는 고객이 불가능한 서비스를 요청하는 경우라도 이를 어떻게든 만족시켜주기 위해 노력하는 직원이다. 키일 이왈트는 정규 직원이기도 하지만, 작곡도 하며 연주를 즐기기도 한다. 그는 큰 키에 호리호리하며, 항상 미소 띤 얼굴로 사람을 대하고, 턱수염이 매력적이다. 그는 카젠바흐 파트너스에서 일한지 5년 만에, 고객들에게 최고의 가치를 제공한 직원들에게 주어지는 상을 받게 되었다. 이것은 사내에서 큰 이슈가 되었는데, 그가 고객들에게 직접 서비스를 제공하는 컨설턴트가 아니었기 때문이다. 하지만 그는 동료들에 의한 평가에서, 회사 내 그 어떤 컨설턴트나 파트너 그리고 관리자들보다 더 긍정적이고 지속적인 가치를 고객들에게 제공한 것으로 인정받았다. 그의 영향력은 어떤 공식적인 책임이나 권위를 훨씬 넘어섰다.

키일 이왈트의 진가는 주요 고객들을 초대하여 사진촬영을 하기로 했던 어느 행사에서 발휘되었다. 이 같은 사례는 전무후무 했으며, 당시 상황은 생각보다 훨씬 복잡하고 어려웠다. 회사의 주요 고객들에게 초청장을 보내 촬영취지와 계획 등을 알렸고, 촬영 당일 사진작가가 도착했다. 그런데 사진작가에게 잘못 전달된 것이 있었다. 촬영에 꼭 필요한 배경막이 준비되지 않았던 것이다. 주요 고객들은 바로 1시간 후면 몰려들게 되어 있다.

촬영을 취소할 수는 없었다. 귀중한 시간을 내준 고객들을 되돌려 보낼 수 없었던 것이다. 그리고 다시 일정을 잡는 것도 쉽지 않았다. 이 때, 바로 키일 이왈트가 나섰다. 그는 친구에게 물어 주변의 스튜디오를 수배했으며, 근처에서 촬영에 필요한 정확한 사양의 배경막을 찾아냈다. 퀵서비스를 이용하는 대신, 그는 택시를 타고 직접 스튜디오로 갔다. 스튜디오에서는 또 다른 문제가 생겼다. 배경막이 너무 커서 택시에 싣고 올 수가 없었다. 그는 오른쪽 어깨에 배경막을 올려놓고는 사무실까지 뛰어왔다. 주요 고객들이 도착했을 즈음, 배경막은 제 자리에 있었다. 촬영은 순조롭게 진행되었다. 고객들은 사실 그의 이름조차 모르고 있었다.

키일 이왈트의 비공식적인 능력은 회사로부터 높이 평가받고 인정받았다. 그래서 우리는 그를 팀장으로 하는 소규모 서비스팀을 만들었다. 이것은 바로 키일 이왈트가 회사를 위해 자발적으로 해왔던 일들과 유사한 기능을 수행하는 팀이었다. 그는 공식적인 권위를 통하지 않고 회사에 기여한 가장 대표적인 사례이다.

비공식 조직이 성과를 높이는 방법

공식 조직과 비공식 조직 모두는 특정한 목표를 달성하기 위해 존재하며, 이를 통해 더욱 강해지기도 한다. 관리자들은 이러한 종류의 상호 강화를 다음과 같은 방법으로 북돋을 수 있다.

1. 성과목표를 그룹별로 설정 : 이를 통해 특정 그룹 내 직원들의 협력을 촉진시키고 내부에서 일어나는 생활을 직접 경험하게 만들 수 있다. 그들은 함께 일하면서 서로의 가치와 역량, 열정, 감정 등을 알게 된다. 심지어는 협력 그룹이 해체된 후에도 그 관계는 자산으로 남아 있게 된다. 개인적 목표뿐 아니라 공동의 목표를 갖는 것은 개인과 팀 모두를 동기부여 한다.

2. 의미 있는 목표를 설정: 이를 통해 목적의식과 생존의식을 갖도록 동기부여 할 수 있다. 개인적으로 의미 있는 목표가 설정될 때, 이것은 바로 자부심의 원천으로 작용된다. 구성원들은 작업 과정에서도 자부심을 키워 나가고, 목표 달성을 통해 성취에 대한 자부심도 느낄 수 있다. 도전적이며 의미 있는 목표가 주어지면, 구성원들은 이를 달성함으로써 더 높은 자부심을 갖게 된다.

3. 가장 어려운 문제에 가치를 부여: 달성하기 어려운 목표에 가치를 부여해야 한다. 단순한 분석기술을 연마하는 것으로는 충분하지 않다. 중요한 문제를 해결하고 진전을 이뤄내기 위해 가치를 적용할 때, 그 유용성이 강화된다. 이런 것들이 내재화되면, 가치는 다른 새로운 문제들을 해결하고 성과를 향상시키는데 유용해진다. 가장 어려운 문제들을 해결했다는 자신감은 결국 다음 단계의 성과목표를 설정하는데 더 큰 열정을 갖게 한다.

▼

물론 이 모든 것들이 성과향상과 관련있는 것만은 아니다. 하지만 비공식 조직과 관련된 문제에 직면했을 때, 우리는 알고 있는대로 행동하지 않는다. 공식 조직의 성과는 쉽게 추적된다. 왜냐하면 전략, 구조, 프로세스 등에서의 변화를 쉽게 알아볼 수 있기 때문이다. 그러나 비공식성에 대해서는 대부분 설문조사와 같은 애매한 측정 방식에 의존하고 있다. 만일 직원들의 태도 점수가 좋게 나올 경우, 이것이 좋은 성과를 이끌어 낼 것이라고 가정할 수는 있지만 확신하기는 어렵다.

이 정도로는 충분하지 않다. 어렵겠지만 비공식적 요소 내에서의 변화를 판매, 이익, 원가, 그리고 시장 점유율 등과 같은 공식적인 변화와 직접 연결하도록 노력해야 한다. 연관성이 없다고 주장할 수도 있다. 그러나 조직 내 특정한 행동은 반드시 이 같은 변화와 연결되어 있다. 더군다나, 비공식적으로 북돋우는 특정한 행동은 성과목표에 직접적인 연향을 준다. 예를 들면, 8장에서 인용된 벨 카나다Bell Canada의 상황에서, 마이클 사비아Michael Sabia는 비공식적인 자부심 캠페인을 통해 매출과 이익의 변화를 확인하는 다양한 실험들을 수행한 바 있다. 쉘Shell의 사례에서도 유사한 실험이 실행됐다. 비공식적으로 동기부여 된 행동들이 의미 있는 성과지표의 변화를 이끌어낸 것이다. 9장에서 인용된 사례를 보면, 애트나Aetna는 비공식적 리더십과 공식적 리더십의 통합에 의해 성공적인 구조조정을 이끌어 냈다. 애트나는 이전에 공식성에만 의존한 구조조정으로 실패를 경험한 적이 있었기에 그 사례는 더욱 눈여겨 볼만하다.

아직도 비공식성에 대해 의심스럽다면, 이제는 스스로 증명할 차례다. 당신이 알고 있는 몇 가지 행동에 주목하면서 비공식적인 메커니즘을 활성화시켜 실적에 어떤 변화를 가져오는지 지켜봐라. 모든 ·조직은 성과를 높이고자 한다.
당신도 할 수 있다.

▲

PART 3 ⟶

재빠른 얼룩말을 찾아라

간혹, 조직 지수organizational quotients가 높은 사람들이 있다. 그들은 본능적으로(또는 수년간의 시행착오를 통해) 공식적인 요소와 비공식적인 요소를 어떻게 활용해야만 다른 사람들의 행동을 변화시키기고 성과를 향상시키는지 알고 있다. 그리고 심지어는 기존의 규칙을 준수하지 않는 경우도 종종 있다.

현명한 리더라면 이렇게 조직 지수가 높은 사람들로부터 배우고, 걸림돌이 되는 경직된 규정과 규칙을 수정하며, 공식성과 비공식성 간의 균형을 맞추기 위해 노력할 것이다. 이미 작동되고 있는 것을 확장하고, 공식 조직과 비공식 조직을 통합하는데 필요한 몇 가지 원칙을 적용함으로써, 리더들은 성과 개선에 있어 혁신적인 결과를 만들어 낼 수도 있다. 그리고 리더들이 공식·비공식적 변화를 혼합하여 적용할 때, 비공식성을 본능이나 우연처럼 간주하는 전통적인 변화관리 프로그램보다 성과개선 효과를 더 오래 지속시킬 수 있다.

3부에서는 재빠른 얼룩말　　　　　개념과, 공식성과 비공식성의 혼합 효과가 어떻게 자본화되는지에 대해 다룰 것이다. 이런 사실은 모든 종류의 조직, 심지어는 가장 공식적인 조직을 만들어 나가는 과정에서도 흔히 발견된다. 중소기업에서부터 대규모 기업형 관료 조직, 정치 선거운동 조직, 그리고 공립학교에 이르기까지 모든 조직에 적용 가능한 내용들을 다루게 된다. 이제 조직과 관련된 다양한 도전에 대해 좀 더 심도 깊은 논의를 시작할 때다.

이 책의 마지막인 10장에서는 공식·비공식 조직 내에 있는 모든 구성원들을 최고로 만들기 위해서는 어떤 특별한 행동과 훈련이 필요한지 논의한다.

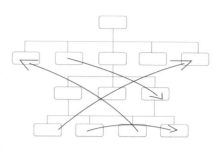

가장 공식적인 조직
가장 비공식적인 영향력

유엔UN과 같은 곳에서의 근무 경험이 없는 사람들은 그곳에서 나타나는 관료적인 규약, 매트릭스 조직구조, 복잡하기 그지없는 업무처리 절차, 그리고 다문화적인 영향력 등에 대해 제대로 모를 것이다. 유엔처럼 복잡하고 공식적인 조직에서 업무를 효율적으로 수행한다는 것이 정말 쉽지 않다. 유엔에서 첫 근무를 시작한 사람이라면 언제, 어디서, 무엇을, 그리고 누구와 협력하여 일을 해야하는 지를 파악하는데 상당한 시간이 필요하다. 여기에 정치적으로 임명된 사람들이 수시로 바뀌는 상황을 추가해보자. 이런 곳에서 성공적으로 업무를 수행한 대표적인 사례가 있다.

부시행정부 시절, 미국의 유엔 대사였던 마크 월러스Mark D. Wallace 가 유엔에서 일어났던 일에 대해 자세히 밝혔다. 그는 비공식 조직과 그 특징에 대해 충분히 이해하고 있는 사람이었다.

마크 월러스는 유엔에 근무하는 데 부족함이 없는 사람이었다. 그는 마이애미 시의 긴급재정감시위원회Emergency Financial Oversight Board 변호사로서 행정부에서의 직무를 시작했다. 2000년 대통령 선거 재검표 작업과 국토안전부Homeland Security Department 구성에 참여했던 그는 2004년 대통령 재선 운동에서 공화당 전당대회의 연설담당참모로 활동했다. 선거에서 승리한 조지 부시George W. Bush 대통령은 그를 유엔 대사로 임명했다. 카리스마와 함께 유머 감각까지 갖고 있는 마크 월러스는 자신의 역할과 미국 유엔 대사직에 수반된 다양한 도전과제에 대해 이렇게 밝혔다. "대선 승리로 얻게 되는 이득 중 하나는, 승리자 진영에 의해 채워질 수 있는 자리가 많다는 것입니다. 가장 적합한 사람들에 의해 그 자리들이 채워지기를 바랄 뿐이죠."

그러나 유엔 대사직에 임명된 사람은 선거운동 때와는 전혀 다른 환경과 생활에 노출된다. 선거운동 중에는 예측하기 어려운 일들이 빈번하게 일어나며, 계획되지 않은 비공식적인 환경에서 일을 처리하는 경우가 많다. 또한 어떤 일이 생겼을 때 빠르게 대응하는 것이 중요하며, 불확실성이 가득해서 애매하고 모호한 것들이 오히려 익숙하게 느껴질 정도다. 매 순간 처리해야 할 일들이 산더미처럼 쌓여 있는 선거운동 당시를 회상하던 마크 월러스는 이렇게 말했다. 선거 캠프에 있다보면 "누가 재빠른 얼룩말Fast zebras인지를 금방 알게 됩니다."

재빠른 얼룩말은 마크 월러스가 좋아하는 은유 중 하나다. 재빠른 얼룩말이란 정보 흡수 능력이 뛰어나며, 갑작스럽고 도전적인 상황에도 빠르게 적응하는 사람을 말한다. 아프리카 사바나에서는 많은 동물들이 물을 마시는 동안 포식자의 먹이가 되는 경우가 많다. 하지만 재빠른 얼룩말은 물을 마시고는 재빨리 빠져나와 웬만해서는 먹잇감으로 희생되지 않는다. 재빠른 얼룩말은 공식 조직과 비공식 조직 모두를 상황에 따라 편리하게 이용할 수 있는 사람이다. 마크 월러스는 대통령 선거운동 당시의 극도로 비공식적 환경에서 그를 도왔던 사람들을 유엔에서 일할 수 있도록 뽑아 와야 한다는 사실을 알고 있었다. 정치적으로 임명된 자로써 극도로 공식적인 유엔의 관료주의와 함께 싸울 수 있는 사람이 필요했던 것이다.

마크 월러스는 우리에게 재빠른 얼룩말의 본질에 대해 충분히 설명하고는 헨리 맥킨타이어Henley MacIntyre라는 직원 이야기를 해줬다. 그녀는 선거 캠프에서 자원봉사자로 일하면서, 그 능력을 빠르게 인정받았고, 급기야 전당 대회에서는 마크 월러스 바로 옆에서 업무를 수행하게 되었다. 선거운동이 끝난 후에도 백악관에서 일정 기간 업무를 수행한 헨리 맥킨타이어는 마크 월러스를 따라 유엔에 합류했다.

헨리 맥킨타이어는 활달한 성격으로 누구를 만나도 상대의 마음을 쉽게 여는 매력을 갖고 있었다. 그녀는 자신의 이런 성격이 선거운동뿐 아니라 유엔에서도 필요했을 것으로 판단했다. 그녀에게는 2004년 워싱턴에서의 선거운동이 첫 직장이나 마찬가지였다. "저는 정말 풋내기였어요." 그녀는 바로 인정했다. 그러나 풋내기였음에도 불구하고, 그녀는 마크 월러스 사무실 바로 옆에서 일하면서 "마크 월러스가 항상 모든 사람들을 차별없이 대하고, 거의 대부분의 경우 신뢰와 함께 긍정적인 영향을 팀원에게 주는 것"을 목격할 수 있었다. 이러니 헨리 맥킨다이어가 상사를 위해 열심히 일하지 않을 수 없었고, 1주에 무려 60시간씩이나 일을 하면서도 그를 욕하는 법이 없었다.

결국 마크 윌러스는 그녀의 성과에 매우 만족했고, 그녀는 곧 그의 보좌관으로 승진했다. 전당대회가 임박한 어느 날, 헨리 맥킨타이어는 준비과정에 문제가 있음을 발견했다. 대표위원들이 도착하기까지 불과 4일을 남겨놓고, 헨리 맥킨타이어와 그녀의 동료들은 전당대회에 참석할 연사들과 다른 거물급 인사들의 출발, 도착, 환영, 자리 배정, 발표 등에 대한 계획들이 아직도 마무리되지 않았다는 사실을 알게 되었다. 이 일은 그녀에게 부여된 공식적인 직무(그녀가 실제로 직무 기술서를 갖고 있었다는 것은 아니다)가 아니었다. 그러나 그녀는 스스로 이 일을 떠맡았다. 그녀는 4일 동안 전화기를 붙잡고 누가 언제 도착하는지, 어느 좌석에 배치하여야 하는지, 그리고 정치적인 이유를 감안하여 옆 자리에 배석시키면 안 되는 사람들을 구분해 내는 일 등을 스스로 나서서 한 것이다. 이 일은 거미줄처럼 복잡하게 얽혀진 웹에서 방향을 찾아가는 것과 비슷하다. 헨리 맥킨타이어는 이 일을 충분히 이해하고 조직화하며 훌륭하게 수행했을 뿐 아니라, 전당 대회에 참석하기로 한 후원자들과 다른 참여자들을 개인적으로 연결하면서 자신을 이 일의 일부분으로 만들었다.

그녀의 능력과 헌신, 그리고 밝고 긍정적인 태도와 유머 등은 마크 윌러스 뿐만 아니라 백악관의 정무비서에게도 좋은 인상을 남기게 되었고, 그녀는 결국 백악관에까지 진출할 수 있었다. 마크 윌러스는 유엔으로 옮기면서 그녀에게 합류해 줄 것을 요청했고, 그녀는 유엔으로 오면서 마크 월러스의 참모가 되었다. 첫 직장으로 선거 캠프에 합류한지 불과 몇 개월 만에 그녀는 유엔이라는 국제기구에서 자신의 능력을 발휘할 수 있는 기회를 갖게 된 것이다.

유엔에서 발휘된 민첩함

헨리 맥킨타이어의 사례는 재빠른 얼룩말이 어떻게 급변하는 환경에서 생존할 수 있는 지를 보여주고 있다. 또한 경직된 관료주의에 부딪혔을 때, 문제에 대한 비공식적인 관심과 헤아림이 얼마나 중요한 지를 잘 보여주는 사례이기도 하다. 마크 월러스와 헨리 맥킨타이어는 선거운동 기간에 발휘했던 그들의 비공식적인 재능을 고도로 공식화된 국제 외교계에 적용해야만 했다. 그들의 비공식 조직에 대한 근육도 더욱 강화시켜야만 했다. 헨리 맥킨타이어는 기민하게 움직이며 공식 라인이 어디에 있는지를 알아냈다. 그리고 그녀는 필요할 때마다 비공식 라인을 동원해가며 일을 원활하게 처리했다.

마크 월러스의 설명에 따르면, 유엔에는 두 가지 유형의 직원들이 있다. 그들은 근본적으로 다르다. 정치적으로 임명되어 비교적 짧은 기간 동안 근무하는 사람들과, 그리고 유엔에서 일하는 것이 직업인 사람들이다. 정치적으로 임명된 사람들은 근무 기간이 너무 짧아 지속적으로 어떤 긍정적인 변화를 만들어내기 어렵다. 비즈니스 세계에서도 어떤 변화를 추진하는 데에는 수 년이 소요된다. 그러나 대부분 정치적으로 임명된 사람들의 임기는 2년에 불과하다. 따라서 마크 월러스는 빠르게 행동하고 적응하며 신뢰를 쌓아 나갈 수 있는 재빠른 얼룩말 집단을 구축하는 것이 중요했다. 훈련을 받거나 충분한 시간을 갖고 주어진 역할에 익숙해질 때까지 기다릴 수 없었다. 적합한 인물을 선택하고 팀을 만들어야만 했다.

마크 월러스는 재빠른 얼룩말로 구성된 핵심 팀을 만들고는 여러 가지 중요한 변화를 제도화할 수 있었다. 그는 중요한 의사결정에 직접적으로 도움이 되지 않는, 방대한 양의 보고 자료 같은 것들을 없애는 것부터 시작했다. 이런 자료들은 대부분 수백 쪽에 이르며 공식적인 위계를 통해 전달된다. 이같은 방법은 지난 수십 년간 정보를 전달하는 가장 좋은 방법으로 여겨지면서 제도화되어 왔다. 그러나 이제는 더 이상 유효하지 않았다.

마크 월러스와 그의 팀이 이러 종류의 절차를 폐지하거나 상당 부분 수정하기 위해서는 동료들로부터의 인정이 필요했다. 그들은 지난 수십 년간 이런 방식의 보고 자료에 의존해 왔으며, 이것이 여전히 가치 있다고 믿고 있는 사람들이었다. 마크 월러스는 두 가지 사항을 증명해야 했다. 하나는, 그의 팀이 전통적인 방식에 기반을 둔 보고 자료를 충분히 만들 수 있다는 것이었으며, 또 하나는 방대한 양의 보고 자료 없이도 같은 수준의 정보를 보다 빠르고 효율적인 방법으로 내면화시킬 수 있다는 사실이었다.

그렇게 쉬운 일만은 아니었지만, 새로운 시스템은 제대로 작동되었고 유엔 미국 대사는 많은 시간을 절약할 수 있었다. 이것은 또한 마크 월러스 사무실 직원들을 쓸데없는 일로부터 해방시켰으며, 그들이 새로운 연구를 할 수 있는 시간을 만들어주기도 했다. 마크 월러스 또한 직원들이 상사보다는 자신을 위한 연구에 가능한 많은 시간을 쏟도록 독려했고, 본인도 그렇게 했다. 그리고 이런 행동은 결국 단기간 머물고 가는 정치인들뿐 아니라 장기간 근무하는 다른 모든 직원들에게 활력을 불어 넣는 계기가 되었다. 마크 월러스와 그의 팀은 모든 성공의 원인을 옛 시스템에 호의를 가졌던 기존 직원들에게 돌렸다. 그들 모두는 빠른 얼룩말처럼 행동했으며, 결국 마크 월러스는 그들과 함께 큰 성과를 만들어 낸 것이다.

마크 월러스는 존중, 겸손, 유머 등과 같은 비공식적인 가치들이 자신뿐 아니라 재빠른 얼룩말들의 핵심 도구였다고 밝혔다. 이것들은 적어도 개인의 지능, 경험, 학력 등과 같은 공식적인 역량만큼이나 중요했다. 마크 월러스는 선거 캠프나 유엔 사무실 어디에서든 자신만의 운영 방식을 갖고 있었으며, 현장에 뛰어들어 몸을 부딪히며 일하는 것을 두려워하지 않았다. 그는 외교 직군에 존재하고 있는 고리타분한 전통적인 위계에 복종하지 않았다. 그는 모든 직원들을 동등하게 대했고 그들에게 존경을 표함으로써 거리감을 줄일 수 있었다.

마크 월러스는 비공식적인 지식을 통해 매우 가시적인 성과를 만들어 냈다. 예를 들면, 유엔 회기 중 미국이 지원하는 계획을 반대하는 국가의 유엔 대사가 오히려 투표를 통해 미국을 지지하는 경우가 종종 있었다. 이것은 바로 마크 월러스가 그 대사에게 수시로 보여준 존경심 때문인 것으로 밝혀지곤 했다. 초강대국인 미국은 흔히 적대와 분노의 대상이 되곤 한다. 그러나 미국 대사는 의사 진행을 방해하고 자 하는 사람들을 적대시해서는 않된다. 그들에게 경의를 표하고 그 들을 진심으로 존경해야만 한다. 마크 월러스의 표현을 빌리면, 당신 나라가 소위 "패권국"일 경우 당신은 기존의 미묘한 상황을 약화시키 는 위험한 행위에 대해 초연하게 대처해야만 한다. 선거운동 중 엄청 난 스트레스 속에서 유머가 도움이 되는 것처럼, 과격한 논쟁이 오가 는 상황에서도 유머는 합의를 이끄는 유용한 수단이 될 수 있었다.

또한 마크 월러스는 중요한 미팅을 하기 전에 가끔식 참모들과 모 여 뉴질랜드 원주민들이 전쟁할 때 췄던 마오리 하카Maori haka를 약간 변형하여 재미있게 추곤했다. 그는 선거 캠프에서 그랬던 것처럼, 재 빠른 얼룩말들은 여러 가지 장애물들을 헤쳐 나가면서 성장한다는 사 실을 잘 알고 있었다. 그래서 그는 고도로 위계적인 환경에 노출되어 있는 그들을 규합하고, 동기부여 하며, 활력을 갖게 만들어야만 했다. 그래서 전쟁과 같은 어려운 환경에서 임무를 수행할 때 사용했던 의 식을 함께 했던 것이다.

정치적으로 임명된 마크 월러스는 유엔에서 짧은 임기를 보냈다. 그러나 그의 비공식적인 본능은 유엔 미국 대사관과 전 조직에 지속 적인 영향을 주었다. 그의 성공 사례는 여전히 많은 사람들의 입에 오 르내리고 있다. 비공식적인 재빠른 얼룩말팀은 유엔이 갖고 있는 전 통적이고 엄격한 위계에도 불구하고, 훌륭한 성공 사례를 만들어 낸 것이다.

▼

재빠른 얼룩말은 딱딱하게 굳어있는 공식 조직을 보다 부드럽게 만든다. 어떤 돌발 상황이 생기거나 새로운 방식의 해결책을 찾아야할 때, 재빠른 얼룩말들이 바로 공식 조직을 유연하게 만드는 것이다. 그들은 조직의 작동 원리에 대한 빠른 이해력을 갖고 있어, 다루기 힘든 장애물들을 어떤 방식으로 극복해야 하는지 잘 알고 있다. 그들은 가치를 찾아내고 개인적인 관계를 활용하여, 전체 조직의 전략을 정렬하고 잘못된 정책들을 바로잡아 나간다. 그들은 어떤 공식적인 조직 구조에도 속해있지 않는 다양한 문제들을 해결하기 위해 네트워크를 활용하고 새로운 팀을 만들어 낸다. 그들은 공식적인 보상시스템에 의해서 간과될 수 있는 행동들을 동기부여 하기 위해 자부심을 활용한다.

하지만, 재빠른 얼룩말이 물구덩이에 혼자 남아있게 되면 외로워 질 수 있다. 그래서 현명한 리더는 재빠른 얼룩말을 빨리 찾아내고, 다른 종류의 얼룩말들을 더 끌어들일 수 있는 조건을 만든다. 무리를 만들면 하나의 재빠른 얼룩말이 할 수 있는 것 보다 더 빨리 그리고 더 큰 일들을 해결해 나갈 수 있기 때문이다.

▲

학교를 바꾼 비공식 조직의 동원력

1990년 릴리 딘 우Lily Din Woo는 맨하탄 차이나타운에 있는 에르난도 드소토 공립초등학교Hernando DeSoto School, PS 130의 교장으로 임명되었다. 그가 부임할 당시 학교는 주州정부가 정한 학교 평가기준을 겨우 맞추고 있었으며, 심의대상학교SURR, School Under Registration Review로 전락하기 바로 직전이었다. 이것은 학업 성취도가 가장 낮은 학교 목록에 오르는 것을 의미했으며, 이 경우 학교는 외부로부터 구조조정 당하거나 최악의 경우 폐교될 수도 있었다. 이런 상황에서 릴리 우가 교장직을 수락한 것은 놀라운 일이었다. 대부분의 사람들은 당시 근무하고 있던 교감이 교장으로 승진할 것으로 생각했었다. 그는 오랫동안 근무했기 때문에 학교 사정을 누구보다 잘 알고 있었기 때문이다.

외부에서 오는 릴리 우란 사람은 도대체 누구인가? 모두들 궁금해했다.

지금의 에르난도 드소토 초등학교는 통상 상위 10퍼센트 점수를 받는 학생들이 다니는 뉴욕 최고의 공립학교 중 하나로 인정받고 있다. 또한 릴리 우 교장은 가장 성공적이고 혁신적인 공립 초등학교 시스템을 구축한 사람으로 인정받았다. 그리고 학교 임직원들은 그녀를 존경하며 심지어 사랑하기까지 한다. 정말 놀라운 구조조정이 있었다.

릴리 우 교장은 어떻게 이런 일을 해냈을까? 그녀는 비공식적인 학교 네트워크를 적극 활용했고, 지나치게 공식적인 조직이었던 학교를 균형감 있게 변화시킴으로서 이런 일들을 가능하게 만들었다. 그녀는 정말 뛰어난 조직 지수를 갖고 있었다. 그녀는 공공교육기관 내에 존재하고 있는 강력한 비공식적 사회적 네트워크에 대해 깊이 이해하고 있었으며, 공식적인 학교 구조와 프로세스에 대해서도 잘 알고 있었다. 그녀는 확실히 재빠른 얼룩말이었다.

군중은 변화를 싫어한다

뉴욕시의 교육담당 부서는 복잡한 관료 조직의 전형이었다. 그래서 개혁과 혁신을 원하는 많은 교장과 교육 전문가들을 늘 좌절시키곤 했다. 그들은 교사와 학교의 행정직원들에게 정해진 규정을 준수하고, 절차를 고수하며, 수많은 서류작업을 착실하게 수행하도록 요구했다. 그래야만 다양하게 구성된 학생들이 표준화된 교육 서비스를 받을 수 있다고 믿었다. 더구나 교육담당 부서는 지역별로 너무 상세하게 구분되어 있어, 어떤 안건에 대해 일치된 의견을 만들어내는 것이 거의 불가능하기까지 했다. 학부모, 교사노조, 학교 행정직원, 뉴욕시 교육담당 공무원, 그리고 학생 등은 서로 불신하며 사사건건 대립했고 항상 갈등과 반목에 시달렸다.

릴리 우도 이런 사실을 잘 알고 있었다. 그녀는 폐교라는 극단적인 조치만이라도 피해가기 위해, 학교가 그동안 해왔던 방식과는 다르게 운영되어야만 한다는 사실을 잘 알고 있었다. 뭔가를 제시해야만 했다.

그러나 그녀가 예상하지 못했던 것이 있었다. 바로 그녀의 부임 당일, 학교 관계자들이 보여줬던 냉랭함이었다. 그녀는 공립학교라는 시스템에서 교사로서 그리고 교육행정 전문가로서 수십 년간 일해 왔

다. 그리고 맨해튼에 위치한 차이나타운이라는 사회도 잘 알고 있었
다. 어느 것도 문제가 되지 않았다. 그러나 에르난도 드소토 초등학교
에서 그녀는 학교 임직원들이 존경하는 교감을 제치고 들어온 이방인
에 불과했다. 많은 학부모와 교사들은 그녀의 임명에 대해 부정적이
었으며, 공식적인 항의 캠페인을 벌일 정도였다.

릴리 우는 전투욕으로 충만해 있는 교사와 행정직원, 그리고 학부
모 등과의 싸움을 피할 수 없었다. 지난 수년간 그녀는 비공식 네트워
크를 활용하여 공식적인 변화를 만들어 내곤 했다. 그녀는 먼저 가장
공식적인 변화 기제인 비용절감을 추진했다. 그녀는 교장실에 소속된
3명의 비서 중 1명을 줄이면서 솔선수범하는 모습을 보였다. 그리고
학교의 공식적인 성과지표를 보완할 수 있는 비공식적인 기준을 개발
하기 위해 교사들과 함께 토론했다. 이 기준들은 대부분 혁신, 정보
공유, 학생들과의 관계 등과 관련된 것들이었다. 릴리 우는 교육 프로
그램 내에 존재하고 있는 학교의 약점을 찾아내고, 이를 개선하기 위
해 모든 노력을 다했다. 예를 들면, 그녀는 많은 학생들이 영어 과목
에서 어려움을 겪고 있으며, 이 언어능력 개발을 위한 수업과정이 기
준에 미달하고 있음을 알게 되었다. 그녀는 과감하게 영어 수업능력
향상을 위한 충분한 자원을 확보해 줬다. 또한 그녀는 학부모들과 좋
은 관계를 형성하기 위해, 성인들을 위한 무료 영어교실을 열어 자신
이 직접 영어를 가르치기도 했다.

일부 학부모들은 수학 교육과정이 아이들에게 너무 쉽다고 오랫동
안 불평해 왔다. 그녀는 교사들과 함께 학부모들의 기대치에 부응할

수 있는 방법을 찾아냈다. 보다 유연하면서도 포괄적으로 학생들의 수학문제 풀이능력을 향상 시킬 수 있는 프로그램을 고안한 것이다.

변화가 시작되었다.

다른 지역에서부터 릴리 우에 대한 신뢰가 쌓이기 시작했고, 그들과의 연계가 생겼다. 그러면서 놀라운 일들이 연이어 나타났다. 학생들의 시험 성적이 오르기 시작했고, 다양한 프로그램들이 추가되고 확장되면서 학부모연합회Parents Association가 자발적으로 파티를 주최하고 나선 것이다. 파티는 학교의 성공을 축하하는 의미뿐 아니라 교육과정 개선을 위한 기금모집의 창구로 활용되기도 했다. (파티는 지금까지도 매년 열리고 있으며, 학교는 매년 9만 달러의 기금을 파티를 통해 조달·적립한다.)

릴리 우는 다른 형태의 기금 조성을 위한 노력도 게을리 하지 않았다. 결국 학교는 뉴욕시에서 제공하는 기금만으로는 결코 수행할 수 없었던 다양한 프로그램들을 하나 둘씩 만들 수 있었다. 학생들의 감성을 키워주는 예술교실이 대표적인 예이다. 더구나 학교 커뮤니티는 응집된 사회적 네트워크로 성장해 나가고 있었다. 대립하고 분노하며 파편화된 개인이 아니라 현명하고 협력적인 대중으로 변해가고 있었다.

"릴리 우 교장선생님은 정말 대단한 분입니다. 그녀는 매일 아침 학교 정문에서 1천명이 넘는 학생들의 이름을 일일이 불러가며 그들을 맞이합니다. 그러면서도 그녀는 회계와 재정관리 등에서도 천재적인 능력을 발휘하고 있습니다." 어느 3학년 학부모의 말이다.[1]

릴리 우는 점진적이면서도 과감한 방식으로 선순환 구조를 만들어 냈다. 그녀는 공식성에 얽혀있는 미로에서 빠져나오기 위해 매번 비공식 네트워크를 활용했다. 이를 통한 성공은 다시 비공식 네트워크를 강화시켰다. 그녀는 새로운 방식을 언제 그리고 어떻게 시도해야 하는지 정확하게 파악하고 있었다. "이것은 마치 위성항법장치GPS와 같아요. 위성항법장치는 당신의 목적지로 갈 수 있는 다양한 길들을 찾아 끊임없이 당신에게 길을 알려주죠. 만일 당신이 하나의 길만을 고집한다면, 당신은 막다른 길에 이르거나 낭떠러지로 갈 수도 있는 거죠."

창고의 혁신

에르난도 드소토 학교의 비품창고 사례는 지난 수년간 해결되지 못했던 골치 아픈 문제를 새로운 방식으로 해결해 낸 릴리 우의 능력을 잘 보여준다. 이 사건의 발단은 릴리 우의 의자가 고장나면서 시작되었다. "의자 바퀴 하나가 떨어져 나갔는데, 제가 고쳐쓸 수 없었어요. 그래서 제가 직접 의자를 하나 샀죠. 그랬더니 한 교사가 자기도 이렇게 예쁜 의자를 갖고 싶다고 말하더군요. 그러면서 이것저것 필요한 것들을 말하기 시작했어요. 저는 그때 교사들이 필요한 것들을 제대로 공급받지 못하고 있다는 사실을 알게 되었습니다."

교사들은 의자와 같은 가구뿐 아니라 각종 소모품 등이 필요한 경우에도, 까다롭고 불편한 절차를 거쳐야만 했다. 그녀는 다음과 같이 말했다. "담당하는 직원을 거쳐야지만 비품을 손에 넣을 수 있었습니다. 그러나 저는 비품이 지급되는 절차를 도대체 이해할 수 없었죠. 분필이 필요한 선생님이 비품 담당자에게 신청을 하면, 분필을 딱 2개만 지급해줬습니다. 또 종이가 필요하다는 선생님에게는 담당하는 학급의 학생 수만큼만 지급했구요. 예를 들어 학생 수가 30명이면 딱 30장의 종이를 지급하고는, 더 요청하는 선생님에게 해당 월의 할당량을 다 소진했다고 하며 거절하는 것이었습니다."

바로 비품 창고로 내려간 그녀는 이렇게 말했다. "나는 각종 비품과 소모품들이 넘쳐나고 있는 방을 목격하고야 말았어요. 종이는 빛에 바래 누렇게 변해가고 있었죠. 비품 담당 직원들은 각종 비품과 소모품들의 재고가 부족할까봐 두려워하는 듯 보였어요. 그래서 저는 비품 창고 문을 뜯어내고 마구 나눠주기 시작했죠. '종이가 필요해요?' '여기 2박스 가져가세요.' '분필이 필요해요?' '여기 1박스 통째로 가져가세요.' 하며 나눠줬습니다."

비품 담당 직원들은 두려움에 벌벌 떨며 그녀에게 말했다. "그렇게 하면 안돼요! 그러다 큰일 나요!" 릴리 우는 이렇게 되물었다. "누가 그래요? 여기 있는 비품과 소모품들은 다 쓰라고 있는 것들이에요. 다 쓰면 다시 구입하면 되죠." 이어 그녀는 예산을 검토하기 시작했다. 그리고 구매과정에 너무 많은 사람들이 관여하고 있어 예산이 올바르게 쓰이지 않고 있음을 알았다. "마치 한 명의 일을 두세 명이 나눠하는 그런 곳 중 하나였어요. 그래서 저는 그 일을 수행하는 데 꼭 필요한 사람이 누구인지를 파악하려 노력했고, 직원들은 그런 것을 싫어했죠. 그리고는 하나 둘씩 떠났습니다."

릴리 우는 직원을 새로 뽑지 않고, 인건비를 줄이는 대신 구매 예산을 늘렸다. 그녀는 예산 배정에도 문제가 있음을 알게 되었다. "예를 들면, 학교는 도서 구입에 매년 5만 달러를 배정하고 있었지요. 총 50명의 교사로 나누면 1인당 1천 달러의 도서 구입예산을 갖게 되는 것이죠. 이것은 얼핏 보면 공평한 듯 보이지만, 실제로는 그렇지 않아요. 26년간 근무한 교사와 신입 교사를 비교해보면 쉽게 알 수 있습니다. 오랜 된 교사의 경우 그동안 구매해 온 책이 많은 반면, 신입 교사는 더 많은 책을 필요로 할 수 있거든요. 그래서 저는 선생님들에게 도서구입 목록을 작성하도록 부탁했습니다."

5만 달러의 예산이 있고 각각 1천 달러씩 할당되어 있는 것을 알았던 시절에는, 대부분의 교사가 꼭 필요하지 않음에도 불구하고 이 돈을 써버릴 궁리를 했었다. 어느 교사도 "저는 500 달러만 필요하니 나머지는 다른 교사에게 주세요." 라고 말하지 않았다. 또 실제로 필요한 돈이 1천 달러를 약간 넘길 경우 구입하지 못하는 경우가 생기기도 했다. 그래서 필요 없는 다른 책을 선택하는 경우도 있었다. 도서 구입목록 작성은 이래서 시작된 것이다. 하지만 교사들은 물었다. "우리에게 얼마씩을 주실 건가요?" 그러자 릴리 우 교장은 대답했다. "얼마씩 주겠다는 말은 안했습니다. 당신이 읽고자 하는 책을 적어주세요. 그리고 그것에 대해 논의할 것입니다. 예산은 필요한 곳에 배정될 것이며 모든 정책은 이렇게 바뀔 것입니다."

왜 사람들은 공식성으로 인한 문제가 분명히 있음에도 불구하고 더 나은 대안을 찾으려 하지 않을까? 이 문제에 대해 릴리 우 교장은 다음과 같이 대답한다. "그들은 더 나은 것을 알지 못해요. 그리고 그들은 생각의 틀에서 벗어나는 것, 그리고 내가 과연 할 수 있을까 라고 묻는 것 등을 두려워합니다. '할 수 없다'라는 말을 못하게 한다면, 할 수 밖에 없지 않을까요?"

마술과 같은 변화가 이뤄진 학교

에르난도 드소토 학교는 현재 릴리 우 교장을 비롯한 교사진 및 행정 직원들의 노력 덕분에 뉴욕시 다른 학교들의 모델이 되었다.

릴리 우가 교장으로 임명되었을 당시 그녀와 대립하며 비난했던 교육감들이 이제는 그녀의 방식을 받아들였다. 그리고 그들은 지나친 관료주의와 행정상의 문제들을 스스로 인식했고, 비공식적인 사회적 네트워크를 동원하여 문제를 해결하기 위한 계획들을 수립해나갔다.

뉴욕시 교육 부서에서 권한위임empowerment 프로그램을 추진하고 있는 에릭 나델스턴Eric Nadelstern은 릴리 우의 접근 방식을 "창조적인 비순응creative noncompliance으로 생각한다"고 밝혔다. 오랫동안 권위주의적이고 위계적인 구조 속에서 일해 온 에릭 나델스턴과 그의 동료들은 릴리 우의 사례에서 깨달은 것이 있었다. '자율은 성공을 이루기 위한 보상이 아니라 성공을 위한 필수요건이다' 라는 사실이다.

이것은 뉴욕시 교육 당국의 태도를 근본적으로 바꿔 나갔다. 예전에는 모든 학교가 지리적으로 구분되었으며, 해당 구역은 교육 당국에 의해 임명된 장학사에 의해 관리 감독을 받게 되었다. 해당 구역 내의 모든 교장들은 규정과 규칙의 준수 여부를 장학사에게 직접 보고해야만 했다. 이런 시스템에서는 결과에 대한 책임 보다는 규정과 규칙의 준수 여부가 더 중요했다. 승진을 하고자 하는 교장은 학교의 교육성과를 올리는 것보다 규정과 규칙을 잘 준수하는 것이 더 중요하다는 의미였다.

여기에도 물론 나름의 장점이 있다. 일관되고 동일한 교육서비스를 제공함으로써, 서로 다른 접근방식과 다양한 수준의 교육품질로 인해 학교가 무계획적인 것처럼 보이는 것에서부터 자유로울 수 있다는 것이다. 미국의 공교육 시스템에서는 오랫동안 동질성이 최선으로 간주되어 왔다. 이런 이론의 배경에는 모든 학교가 동일한 영향력 아래 놓일 경우, 모든 학생들이 동일한 수준에 이른다는 가정이 존재한다.

그러나 릴리 우 교장처럼 조직 지수가 높은 사람들이 창조적 비순응과 개인화된 해결방안을 통해 거의 대부분 훨씬 더 나은 결과를 가져오게 되자, 에릭 나델스턴과 그의 동료들은 공식 조직에 큰 변화가 필요하다는 것을 깨달았다. "사람들은 모두 다르다. 그래서 학교는 이런 차이를 받아들일 필요가 있다." 에릭 나델스턴이 우리에게 말했다. "이는 인간의 본질이다. 우리는 기본적인 틀은 갖추었다. 하지만 여전히 결점 투성이인 교육 모델을 완벽하게 만들어 나가기 위해 노력해야 한다. 이를 위해서는 독창적이고 정교한 접근이 필요하다. 사고의 전환은 점진적인 방법을 통해 이뤄지기 힘들다. 학군

시스템은 개혁되어야만 했다. 말 그대로 거의 다 날리고 다시 시작해야 했다."

권한위임 프로그램

2006년 뉴욕시는 권한 위임empowerment 프로그램을 만들어 스스로가 비공식성의 전문가임을 입증하는 교장들에 한해 독자적인 권한을 더 많이 부여했다. 이것은 곧 학생들과 더 가까이에서 일을 하고 있는 사람들에게 의사결정 권한을 더 많이 부여함을 의미했다. 예를 들면, 교장은 교과 과정과 관련된 의사결정에 있어서 충분한 유연성을 갖게 되었으며, 재정적 자원 분배에 있어서도 많은 재량권을 갖게 되었다. 대부분의 교장에게는 10만 달러의 예산이 배정되어 자유롭게 사용할 수 있도록 했다.

새로운 권한이 부여된 만큼 그에 대한 책임도 컸다. 교장들은 학교의 전체적인 성과 향상에 대해 상당히 높은 수준의 책임을 져야 했고, 4년의 임기동안 이뤄야 할 성과목표 동의서에 서명해야 했다. 시행 첫해, 권한위임 프로그램에 포함된 학교는 수학 시험과 읽기 시험에서 평균보다 매우 높은 점수를 기록했고, 뉴욕의 다른 공립학교들 보다 평균적으로 더 나은 학업 성과를 이뤄냈다. 당시 332명의 교장이 이같은 권한위임 프로그램에 참여했다. 많은 교육가들에게 있어 권한위임 프로그램은 단순한 개혁이 아닌 혁명과 같은 의미였다. 교장은 더 이상 장학사에게 보고하지 않는다. 대신 교육당국의 권한위임 프로그램 지원팀이 교장들에게 보고를 한다. 지원팀은 교장을 위해 일하며, 교과과정을 개편하고, 직원을 육성하며, 예산 작업을 수행할 때 교장을 돕는다. 그들의 보너스 지급 여부는 교육감이나 뉴욕시 교육 담당 고위직에 의해 결정되는 것이 아니라 그들이 지원하고 있는 교장에 의해 결정된다. 이것이 바로 변화를 입증하고 있다.

권한위임 프로그램에 참여하는 네트워크는 지역이나 학년과는 관련이 없다. 대부분의 네트워크는 지역구 또는 학년에 상관 없이 구성되어 있다. 교장들은 종종 특별한 네트워크에 가입하기도 하는데, 이는 해당 학교장이 특정한 지원팀과 함께 일하기를 원하기 때문이다. 또 다른 교장들은 자신과 마음이 맞는 교장들로 구성된 네트워크에 가입할 수도 있다.

권한위임 프로그램은 교장들에게 자율성을 부여했을 뿐만 아니라, 그들에게 뉴욕시내 다른 교장들과 서로 연결할 수 있는 기회를 부여함으로써 서로의 네트워크를 강화할 수 있도록 했다. 이것은 마치 자부심 청중pride audience을 조성한 것과 같아, 교장들이 네트워크에 있는 다른 사람들에 대한 존경을 유지하고 그들을 실망시키지 않게 노력하는 효과를 갖게 되었다. 간단하게 말하면, 네트워크의 구성원들은 서로의 노력과 성과에 대해 스스로 자부심을 갖게 된 것이다.

마지막으로 릴리 우 교장의 사례에서 잊지 말아야할 것이 있다. 그녀는 공식 조직을 거절하지 않았다는 사실이다. 그녀는 가장 잘 작동하고 있던 공식성을 유지했고, 비공식 해결 방안의 단점과 차이를 메워나갈 수 있는 방법들을 찾아낸 것이다. 그녀의 높은 조직 지수가 제대로 발휘되었다는 증거는 학교에서 보여준 여러 가지 성과지표의 향상뿐 아니라 그녀에 대한 교사, 학부모, 교육당국의 지지에서도 찾아볼 수 있다. 교사들은 그녀에게 매우 헌신적이었고, 때로는 무보수 자원봉사자가 되어 학생들을 기꺼이 가르치기도 했다.

학부모들은 그녀를 2004년 올림픽 조직위원회가 선정하는 "일상의 영웅everyday hero"으로 추천함으로써 그녀에 대한 적극적인 지지를 보여줬다. 그들 덕분에 그녀는 뉴욕시 올림픽 성화 봉송자로 선정되기도 했다. 그리고 교육당국은 릴리 우 교장에 대한 강한 지지를 보이며, 에르난도 드소토 학교를 권한위임 프로그램 시범학교로 지정했다. 그녀는 이 프로그램의 열혈한 팬이다. "우리 직원들은 이 프로그램을 정말 사랑해요. 왜냐하면 이 프로그램에서는 우리를 누구에겐가 보여주는 존재로 만들지 않거든요. 우리 자신에게 비춰지는 모습이 중요하기 때문이죠. 덕분에 우리는 '이것을 이렇게 해야 돼!' 라고 말하며 우리 주위를 맴도는 사람들을 위해서가 아니라, 진짜 우리에게 필요한 일들을 찾아서 할 수 있게 되었어요. 우리는 스스로 계획을 수립하고, 그것을 어떻게 수행해 나갈 지 선택할 수 있게 된 것이죠."

▼

재빠른 얼룩말은 모든 종류의 조직에서, 그리고 많은 다른 역할 속에서도 존재한다. 그러나 그들은 여전히 상대적으로 희귀한 동물이다. 현명한 리더는 그들을 빨리 알아채고 효과적으로 활용하는 법을 알고 있다. 재빠른 얼룩말들은 복잡한 조직 내에 존재하고 있는 거대한 장애물들을 헤쳐 나갈 수 있을 뿐 아니라, 비공식적인 관계를 풍부하게 만드는 지혜를 갖고 있다. 그러나 더 중요한 사실은 재빠른 얼룩말이 아닌 사람들도 잠재력이 있다는 것이다.

조직 관리를 위해서는 비공식적인 요소에 더 많은 주의를 기울여야 한다. 정도의 차이는 있겠지만 우리 모두는 언제 어디서나 비공식적인 네트워크를 형성하며 살고 있다. 그러나 우리의 네트워크에 누구를 추가해야만 더 풍부해질 것인지에 대해 심각하게 생각하지 않고 있다. 또한 우리 네트워크 내에 있는 사람들에게 어떤 방식으로 영향력을 행사해야만 좋은 성과를 낼 수 있을지 고민하지 못하고 있다.

헨리 멕킨타이어와 같은 소수의 재빠른 얼룩말들은 타고난 사람들이거나 어려서부터 그런 기술을 익혀온 사람들이다. 릴리 우 교장과 같은 사람들은 어려운 상황 속에서 수많은 시행착오를 거쳐 몸소 체득한 사람들이다. 그러나 대부분의 사람들은 그들이 존중하는 동료들과 감성적으로나 이성적으로 연결하는 법을 배움으로써 조직의 성과와 효과성을 크게 향상시킬 수 있을 것이다.

▲

CHAPTER **8**

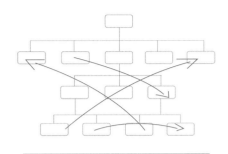

툰드라를 녹여라

다음의 상황들이 익숙한가?

- 목표를 설정한다.
- 목표 달성을 위한 계획을 수립한다.
- 계획의 실행을 점검한다.
- 계획이 제대로 실행되지 않고 있음을 알게된다.
- 실행을 다그치나, 제대로 안된다.
- 목표가 잘못 설정되었음을 발견하고 수정한다.
- 더욱 더 강하게 실행을 독려한다.
- 직원들이 하나 둘씩 떠난다.
- 목표를 약간 수정하고, 그 목표가 달성된 것으로 발표한다.

익숙하다 하더라도 놀랄 일은 아니다. 이미 많은 조직들이 전략과 사업계획을 수립하면서 이같은 시행착오를 거치고 있다. 이들 조직의 리더들은 스코틀랜드의 시인 로비 번스Robbie Burns의 유명한 시에서 묘사된 "생쥐와 인간은 아무리 정교한 계획을 만들더라도, 대부분이 빗나간다The best laid schemes o'mice an' men / gang aft agley"라는 기본적인 진리를 받아들이지 않는다.

다른 말로 표현하자면, 새로운 일이 항상 생기기 마련이다.

공식 조직은 변화를 좋아하지 않는다. 그리고 공식 조직의 가장 큰 장점은 예측 가능성과 규칙적인 반복성에 있다. 일단 공식성이 만들어지고 이대로 돌아가게 되면, 사람들은 목표와 공식적인 권력, 그리고 반복되는 프로세스에 익숙해지고 스스로 그것에 만족한다. 그래서 다양한 문제와 혼란스러운 일들이 생기면 공식성은 바로 얼어붙고 만다.

어떻게 해야 다짜고짜 밀어 붙이기만 하는 이런 관행에서 벗어날 수 있을까? 어떻게 해야만 "목표를 설정하고, 계획을 수립하며, 실행하고, 잘못된 계획을 다시 변경하고, 또 다르게 집행하는" 이런 조직을 변화시킬 수 있을까? 이런 곳에 바로 비공식성이 필요하다. 한 리더가 벨 캐나다Bell Canada에서 이루어낸 성과를 들여다보자.

변화의 씨를 뿌린다

2003년 벨 캐나다의 CEO 마이클 사비아Michael Sabia는 회사 내 하위 직급에 속해 있는 직원들 때문에 고민하고 있었다. "조직이 꿈적도 안 합니다. 회사는 변화를 위한 전략과 다양한 프로그램을 수립했지만, 직원들 중 아주 일부만이 변화를 보이고 있을 뿐입니다. 일선에서 일하고 있는 직원들은 거의 변하지 않았습니다. 그들의 행동과 태도는 예전과 똑같습니다. 그래서 우리가 뭔가 잘못하고 있다는 인식을 하게 되었지요." 마이클 사비아는 덧붙였다. "엎친 데 덮친 격으로, 리더들의 상당수가 우리의 접근 방법을 바꿔야 한다는 사실조차 모르고 있었죠. 그들은 계속 밀어 붙여야 한다고 주장했어요. 마치 얼어붙은 툰드라를 깨부숴버리려고 애쓰는 사람들처럼 보였죠."

그는 '얼어붙은 툰드라'라는 단어를 사용했다.

마이클 사비아는 오랜 시간 정부 공공기관에서 성공적인 경력을 쌓아 온 통찰력 있는 전략가였다. 그는 캐나다 국영 철도회사Canadian National Railroad의 대규모 구조조정을 깔끔하게 마무리했으며, 위기에 빠진 벨 캐나다를 구제할 수 있는 적임자로 평가받았다. 2002년 그가 벨 캐나다의 CEO가 되었을 때 회사는 엉망진창이었다. 그의 전임자가 너무나도 섣부르게 신규사업에 많은 투자를 하여, 회사는 이미 전략적 방향감을 잃고 표류하기 시작했다. 마이클 사비아는 회사의 전략을 보다 정교하게 다듬고 기업 운영과 관련된 다양한 프로그램을 다시 설계하며 일의 우선순위와 인센티브 등을 회사의 새로운 비전에 맞춰 정렬해 나가기 시작했다. 우리가 사비아를 만났을 때, 그는 아직까지 고객의 경험을 변화시킬 만큼의 충분한 견인력을 얻지는 못했지만, 그 과정에 대해 상세하게 설명해줬다.

당신이 원하는 것은 무엇인가?

시장을 독점하고 있던 재벌기업 벨 캐나다는 시장 친화적인 통신 회사로의 변신이 필요했다. 이를 위해서는 모든 임직원들의 생각과 행동에 큰 전환이 필요했다. 경쟁은 더욱 치열해졌으며 시장 환경이 고객 중심으로 급격하게 변화된 상황에서, 그동안 해왔던 방식은 통용되지 않았다. 임직원 모두가 고객 중심의 행동양식을 새로 도입하고 배워야만 했다.

마이클 사비아는 말했다. "우리는 생각할 수 있는 모든 것을 시도했어요. 전략도 다시 만들고, 절차를 간소화시켰으며, 원가절감을 위한 공식적인 프로그램을 시작했고, 우리에게 필요한 통신설비를 확충하기도 했습니다. 그러나 3만5천여 명의 직원들은 거의 변하지 않고 있었어요. 그들은 마치 자동차 전조등을 본 사슴처럼, 두려움과 혼란스러움, 그리고 불안감에 떨며 납작하게 엎드려 있였죠. 그들을 비난할 수는 없었습니다." 그는 다음과 같이 덧붙이며 고충을 토로했다. "우리가 지금까지 해 온 방식으로는 그 효과를 파악하기까지 너무 오랜 시간이 필요했어요. 진입로는 만들고 좀 더 빨리 움직이게 해야만 했습니다. 여러 가지 계획들을 직원들 입에 쑤셔 넣을 수는 없었으니까요."

마이클 사비아가 인식하고 있는 문제는 복잡하고 거대한 조직이 갖고 있는 전형적인 것이었다. 그들은 기업 전략과 경영상의 많은 도전 과제들을 해결하기 위해 공식적인 조직을 만들어 운영했으나, 여기에 필요한 구체적인 행동이 뒤따르지 않았던 것이다.

마이클 사비아는 자신을 "데카르트 사상의 광신도^{Cartesian lunatic}"라고 묘사할 만큼 논리적인 분석을 좋아했음에도 불구하고, 그는 비공식 조직에 대한 직관적인 이해력을 갖고 있었다. 그는 또한 현장에서 매일같이 고객을 직접 대하는 직원들(소매점의 판매원, 전화회선 유지보수 기술자, 콜센터 안내원, 그리고 판매 후 서비스를 제공하는 직원들)로부터 모든 것이 시작된다는 사실을 알고 있었다. 그러나 이들은 3만 명이 넘었다. 이들 모두에게 접근하는 것은 결코 쉬운 일이 아니었다. 그래서 그는 우선 약 7천여 명의 현장 관리자들에게 접근하기 시작했다. 왜냐하면 그들 스스로가 변화를 경험하게 되면 그것이 티핑 포인트^{tipping point}가 되어 나머지 사람들도 그들을 따라할 것이라 생각했기 때문이다. 그는 확신했다. 그래서 고객과 접점에 있는 현장 관리자들에게 초점을 맞추기로 한 것이다.

그는 변화의 대상뿐 아니라 어떤 변화를 원하는지에 대해서도 분명한 생각을 갖고 있었다. 고객 만족과 직원들의 업무 몰입 사이에는 어떤 상관관계가 있음을 확신하고 있었다. 현장 관리자들은 매일같이 고객을 대하는 일선 직원들을 격려하며 그들의 업무에 더 많은 자부심을 갖도록 동기부여 하는 역할을 해야만 했다.

최선의 행동에서 배워라

여러 가지 어려움 속에서도, 마이클 사비아는 어떤 진전이 있음을 목격했다. 특히 당시 실시된 설문조사에 따르면, 일부 리더들이 변화에 만족하고 있으며 직원들 가운데서도 변화의 흐름을 이해하고 있는 사람들이 늘고 있다는 고무적인 결과를 보여준 것이다. 우리는 벨 캐나다의 현장 관리자인 토니 콱Tony Kwok을 포함한 12명의 관리자들과의 미팅을 통해 이런 사실을 증명할 수 있었다. 그들은 콜센터 관리자에서부터 프로그램을 개발하는 엔지니어에 이르기까지 다양했다. 그들은 모두가 역전의 용사들 같았다. 그들은 해결하기 힘든 일들을 기꺼이 떠맡으면서도 승진에 대한 욕심을 거의 보이지 않았다. 누가 봐도 중요한 사람들임이 분명했다.

그들은 일반적인 "좋은 관리자"들과 구분되는 5가지 공통된 행동 특성을 갖고 있었다.

- 소속된 구성원들을 잘 알고 있다. 팀 내 직원들과 의미 있는 연결을 만들어냄으로써 그들을 개인적으로 알아 나가고자 하며, 성공에 대한 개인적인 정의를 이해하고 있다.
- 성공을 인정한다. "무엇"을 이루었는가 뿐 아니라 "어떻게" 했는가에 대해서도 진심으로 칭찬한다. 여정journey을 목적지 destination만큼이나 중요하게 생각한다.
- 방향 감각을 유지하고 있다. 회사 전체의 전략을 주어진 환경

과 지역에 맞게 해석한다. 몇 개의 목표를 설정하고 이것을 따르며, 직원들이 경로에서 벗어나지 않도록 지원한다.

- 사실만을 이용하여 의사결정을 한다. 어려운 선택을 해야 하는 경우, 기록과 자료에 기반을 둔 절차를 통해 투명하게 의사 결정 한다. 그리고 항상 사람들에게 "이유"에 대해 명확한 용어로 설명한다.

- 업무 영역을 확장해 나간다. 직무상 주어진 책임, 그 이상의 역량과 목표에 기반을 두고 새로운 기회를 끊임없이 탐색한다.

위 내용들은 단순해 보이지만, 다른 일반적인 관리자들에게서는 찾아볼 수 없는 행동들이다. 우리는 이런 관찰결과에 약간 흥분하며, 마이클 사비아를 비롯한 경영자들에게 이 결과를 발표했다. 일부는 능글맞게 웃으면서 이미 알고 있었다는 듯이 우리를 흘끔 쳐다보고 있었다. 한 임원이 우리에게 물었다. "이것이 바로 당신들이 찾아낸 것이라고요? 너무 뻔해요."

그렇다면 왜 소수의 관리자들만 이렇게 행동하는 것일까? 그들의 행동이 특별할 것이 없고 따라 하기 쉬운데도, 왜 다른 관리자들은 이렇게 하지 않을까? 토니 콱과 다른 12명의 관리자들을 빼고 나면 이런 행동을 보여주는 사람은 극소수였다. 마치 몸에 좋은 음식을 먹고 규칙적으로 운동하면 병을 고칠 수 있다는 처방과 비슷했다. 알고는 있지만 그렇게 하는 사람이 없었다. 더구나 직원들이 일상의 업무를 수행함에 있어 자부심을 가질 수 있게 하는 교육프로그램도 거의 존재하지 않았다.

마이클 사비아는 다른 경영자들처럼 회의적이지 않았다. 그렇다고 완전히 만족하지도 않았다. "우리에게 필요한 것이 바로 이런 행동들이군요." 그가 우리에게 말했다. "이런 행동을 열두 명과의 인터뷰를 통해 찾아내다니 정말 대단합니다. 이제 우리는 그들 같은 직원 1,000명 이상 필요합니다. 어떻게 해야죠?" 그가 우리에게 물었다. 우리는 마치 위대한 컨설턴트인 양 알겠다는 듯이 고개를 끄덕였다. 그리고 그 방을 나와서는 물을 벌컥벌컥 마셔댔다.

우선 만들어라, 그러면 따라온다

우리는 '어떻게'가 아니라 '무엇'을 알아낸 것이다. 그래서 토니 콱과 그 동료들을 다시 찾았다. 회의실에서 그들과 함께 만났다. 그들 중 대부분은 서로 초면인 경우가 많았다. 우리가 찾아 낸 그들의 다른 행동 특징에 대해 설명했고, 마이클 사비아가 당신들과 같은 직원 1천 명을 만들어내라고 한 사실을 전달했다. 처음엔 약간의 반응을 보이는 듯 한 그들이, 시간이 좀 지나자 자신들을 복제하는 프로그램에 대해 시큰둥해했다. 우리는 계속해서 그들의 특정한 행동을 체계적으로 정리하고 이를 훈련 프로그램과 직원 매뉴얼에 포함시키는 계획에 대해 말했다. 그들은 더 회의적으로 변했다.

오전 내내, 이들은 어떤 열정도 보여주지 않았다. 지루한 회의를 마친 후, 우리는 단출하지만 환영의 뜻이 담긴 점심식사 대접을 받았다. 점심시간이 시작되자, 샌드위치와 음료수를 즐기는 토니 꽉과 그의 동료들은 완전히 다른 사람이 되어 있었다. 서로 농담하며 크게 웃고 떠들었다. 우리는 그들이 회사에서 혁신을 하고자 노력했던 일들에 대해 떠드는 것을 들었다. 우리는 누군가가 다음과 같이 말하는 것을 몇 차례나 들을 수 있었다 "나는 그렇게 생각하지 않아!" 그들은 활력을 찾아가고 있었으며, 대화를 통해 상대로부터 뭔가를 배우는 것이 확실했다. 우리는 점심시간 이후에도 이 분위기를 계속 유지하려 했다.

토론을 위해 다시 회의실에 모인 그들은 따분해하며 축 늘어졌다. 그저 시시한 우스갯소리를 한동안 하며 시간을 보냈다. 그리고는 아침 내내 거의 한 마디도 말하지 않던 콜센터 관리자가 우리에게 농담하듯이 물었다. "점심 때 메모하지 않았나요?"

우리는 그녀를 멍하니 바라보며 고개를 가로저었다. "아니요." 그러자 그녀가 말했다. "이것이 바로 우리가 서로에게서 배우는 방식입니다." 회의실에 있던 모든 직원들이 동의한다면서 머리를 끄덕였다.

마이클 사비아가 말했던 "얼어붙은 툰드라"를 녹일 수 있는 방법을 깨닫는 순간이었다. 우리는 구조화된 프로그램, 예산, 승인절차, 그리고 직무 정의 등을 새롭게 할 필요가 없었다. 마음에 맞고 상호 존중하는 직원들을 찾아내서 서로 경험을 공유하고 그로부터 배우게 함으로써 추진력을 얻을 수 있었던 것이다. 마음에 맞는 직원들을 끌어들여 커뮤니티를 만들면, 그 커뮤니티가 성장하면서 여기에 호기심을 갖는 더 많은 직원들의 참여를 유인할 수 있다고 생각했다.

우리는 몇 달 동안 12명의 관리자들에게 의존하면서 추가로 필요한 일들을 해나갔다. 그리고는 그해 가을, 우리는 12명의 동료들을 불러 마이클 사비아를 포함한 40여명의 직원들과 함께 하는 비 구조화된 회의에 참석시켰다. 우리의 역할은 그들이 마음껏 떠들고 아이디어를 교환하며 이야기 할 수 있는 널찍한 회의실과 "안전한 공간"을 제공하는 것뿐이었다. 그러나 무엇보다도 중요한 것은 마이클 사비아가 그들과의 소통을 통해 어떤 방식으로 그들의 행동을 다른 임직원들에게 전파시킬 것인지를 깨닫게 하는 것이었다.

마이클 사비아는 정중하면서도 적극적으로 그들의 이야기를 듣고 있었고, 12명의 관리자들은 조심스러우면서도 신중한 제안을 하나 둘씩 하기 시작했다. 어떤 직원이 농담을 하자 나머지는 소심하게 웃고 말 뿐이었다. 마이클 사비아에게 에너지가 넘치는 사람들이라고 말했던 우리는 약간 초초해졌다. 그러나 그들은 조금씩 방어적인 자세를 풀기 시작했다.

마이클 사비아 바로 옆에 앉아 있던 한 용감한 직원이 말했다. 상부로부터 내려오는 지시와 명령이 고객 중심의 정신과 어울리지 않는다는 말을 한 것이다. 그러자 또 다른 관리자는 고객과 전혀 관련이 없는 일들을 처리하느라 중간관리자들이 너무 많은 시간을 허비하고 있다고 말했다. 이어 다양한 아이디어와 의견들이 봇물처럼 쏟아져 나왔다. 그들은 의도적이진 않지만, 조직의 어떤 부분이 직원들의 잘못된 행동을 부추기는지에 대해 이야기했다. 마이클 사비아는 처음 마련된 자리에도 불구하고 솔직하게 이야기해 준 것에 대해 감사를 표했다. 그리고 그들의 도움으로 회의를 성공적으로 마친 것에 대한 보답으로 앞으로 계속 이런 활동을 지원하겠다는 약속을 했다.

그들 역시 다른 직원들을 위한 회의에도 적극적으로 참석하여 헌신할 것을 약속했다. 그 후 몇 주 동안 그들은 몸으로 직접 뛰며 문제를 해결해 나가는 사람으로 변했다. 그들은 다른 그룹과의 회의에도 함께 참석하며 경험을 나눴다. 마이클 사비아는 도대체 왜 현장 관리자들이 효과적으로 동기부여 되지 않고 있으며, 공식 조직의 어떤 면이 변화되어야 하는지 알고 싶었다. 그들이 바로 마이클 사비아를 열정적으로 도운 결과였다. 마이클 사비아는 우리에게 외부의 성공 사례만으로는 조직 내 올바른 행동을 전파하고 이끌어 갈 수 없다고 말했다. 12명의 관리자들은 이미 행동을 통해 보여주고 있었으며, 동료들이 공감할 수 있는 방식으로 설명하고 있었던 것이다. 그래서 그들 네트워크 안에 있는 직원들 사이에서는 이미 변화가 시작되고 있었다.

마이클 사비아는 12명의 동기부여 달인들이 서로 다르게 행동하고 있다는 것을 이해했다. 그러자 이제는 어떤 방식으로 더 많은 관리자들을 동기부여의 달인으로 만들 것인가에 집중하게 되었다. 만약 그가 임계치에 이르는 회사 관리자들을 통합시키고, 긍정적인 경험을 나누게 하며, 유사한 동기부여 요소들에 집중하는 데 성공한다면, 회사는 곧 큰 성과를 거두게 될 것임이 확실했다. 그리고 그는 영웅이 되는 것이다.

하지만 그는 지나치게 관여하지 않으려고 노력했다. 그의 지원과 약속이 중요하긴 했지만, 사장을 포함한 경영진이 추진하는 것처럼 보여서는 안됐다. 마이클 사비아의 가까운 참모이자 인사담당 임원인 레오 하울Leo Houle은 다음과 같이 말했다. "이런 변화의 움직임에 동참한 우리가 너무 앞에서 설치게 되면, 바로 실패하고 말 것입니다. 우리는 내부에 있는 최고의 직원들로부터 그 방법을 배워야 했고, 그들의 지시를 기꺼이 따라야 했습니다."

이 작은 네트워크는 초기 단계에서부터 입소문을 타고 성장해 나갔으며, 벨 캐나다가 필요로 했던 변화의 상징으로 자리 잡게 되었다. 결국 비공식 네트워크는 너무나 큰 가상 커뮤니티로 성장하여 회사로부터 예산과 행정지원까지 받게 되었다. 그리고 새로운 회원을 모집하고, 다양한 회의를 준비하며 지역별로 적합한 조직을 만드는 등의 공식적인 역할까지도 수행했다. 요약하면, 위 계획을 시작한지 2년 만에 2천 명 이상의 직원들이(모두 잠재적인 동기부여자인) 이 그룹에 가입하여 회사 내 가장 큰 커뮤니티가 된 것이다.

일상의 업무를 수행하면서 자부심을 형성하게 하는 것이 회사의 문화를 바꾸기 위한 운동에만 국한된 것은 아니었다. 이것은 바로 현장의 분위기를 일시에 바꾸게 하는 힘의 원천으로 작용되었던 것이다.

변화의 움직임을 증명하라

벨 캐나다의 모든 구성원들은 이 커뮤니티의 영향력이 조직 전반에 확장되고 있음을 목격할 수 있었다. 그러나 일부 직원들은 커뮤니티가 상징적인 의미로만 존재하는 것을 바라지 않았다. 인사팀에 새로 부임한 메리 앤 엘리어트Mary Anne Elliott 부사장은 이 캠페인을 활성화시키는 임무를 맡았다. 그녀는 공식적인 지원을 통해 기업 문화를 바꾸는데 필요한 광범위한 노력들을 조심스럽게 통합해 나가려 했다.

부임 초기 그녀는 이 캠페인이 자생적으로 성장하고 있다는 사실에 높은 가치를 두었다. 그러나 그녀는 회사 내 선임 리더들에게 캠페인의 효과에 대한 확신을 주고, 그들의 열정을 유지하기 위해서는, 보다 가시적인 성과가 필요함을 인식하게 되었다.

결국 그녀는 비공식 커뮤니티의 에너지와 일에 대한 직원들의 높은 자부심이 회사 성과에 측정 가능한 영향을 주고 있는지 증명하고자 했다. 메리 앤 엘리어트는 전혀 예상치 못했지만 중소기업본부의 카렌 셰리프Karen Sheriff 본부장으로부터 매우 귀중한 도움을 받게 된다.

회의론자들을 장악하라

카렌 셰리프는 고객서비스를 향상시키기 위한 수단으로 공식적인 훈련과 새로운 성과지표의 도입을 시도했다. 그러나 그녀는 만족스러운 결과를 얻지 못했다. 그녀는 다시 높은 성과를 보이고 있는 고객 상담원들의 조언에 따라 그들이 이미 하고 있는 방식을 이해하려 노력했다. 그들은 규정에는 존재하지 않는 비공식적인 방법으로 고객과 효과적으로 소통하는 방식을 이미 알고 있었다. 우수한 성과를 내고 있는 상담원들은 이미 컴퓨터 시스템으로는 해결할 수 없는 새로운 방식의 해결책들을 갖고 있었으며, 고객이 갖고 있는 문제들을 해결하기 위해 필요 이상의 노력을 기울이고 있었다. 그들은 앞서 언급된 12명의 모범적인 동기부여자들과 동일한 방법으로 고객서비스를 제공하고 있었던 것이다. 이들이 바로 또 다른 모범 사례였다.

카렌 셰리프는 이러한 행동이 더 큰 집단으로 어떻게 확산되는 지를 알아보기로 했다. 그리고 이런 행동 변화로 인해, 업무 성과가 얼마나 향상되고 있는지 확인하고 싶었다. 그녀는 팀을 만들어 모범 상담원들의 행동을 세밀하게 관찰했고, 이 결과를 기반으로 10개의 모범 행동양식 목록을 만들었다. 예를 들어 보자. 탁월한 성과를 내는 한 상담원이 요금 미지급으로 서비스가 정지된 고객과 서비스 재개에 대한 상담을 하고 있었다. 업무 표준절차에 따르면, 미납요금 지급 후 3주가 지나야만 통화 서비스를 재개할 수 있었다. 고객은 핸드폰을 하루 빨리 재개통해야만 했다. 그는 25만 달러 규모의 계약 체결을 추진 중이어서 그에게 연락하고자 하는 사람들이 많기 때문이라고 말했다. 상담원은 고객의 핸드폰에 임시 메시지를 보내, 재개통 관련된 일을 신속하게 처리해 보겠다고 약속했다. 이러한 광경을 목격한 셰리프는 모범 행동양식 목록에 "대안에 대해 생각하고, 항상 무엇인가를 제공하라"를 추가했다.

또한 그녀는 평균 수준의 성과를 내는 상담원들을 모아 실험집단을 구성하고 이를 대상으로 모범 행동양식에 초점을 둔 일련의 훈련 프로그램을 만들었다. 프로그램이 진행되는 동안 그녀는 실험집단과 기존의 통제집단을 모니터링하며 고객만족 수준과 상담건수를 파악했다. 실험집단에게는 모범적인 행동들을 가르치기도 했지만, 동료들과 함께 일하면서 그들 나름대로의 해결방안을 공유하도록 자극했다. 그리고 동시에 고객 만족을 위해서라면 업무 매뉴얼에서 일부 벗어날 수 있는 재량 권한을 부여했다.

그들은 업무를 통해 자부심을 가질 수 있도록 격려되었으며, 이것이 곧 모범적인 행동들을 촉진하기도 했다. 자부심과 업무 성과 간에는 밀접한 관계가 있는 것이다.

중소기업본부의 시도는 큰 성과를 거뒀다. 실험집단의 상담원들은 기존의 통제집단 상담원들 보다 더 높은 성과를 만들어 냈고, 고객으로부터 훌륭한 피드백을 받았다. 한 실험집단의 고객 만족도는 통제된 집단에 비해 23 퍼센트나 높았고, 첫 번째 통화에서 고객의 문제를 해결하는 비율이 11 퍼센트 높았다. 회사의 리더들은 전 사업 부문에 걸쳐 시행된 자부심 향상 프로그램의 성과가 높다는 사실에 자신감을 갖게 되었다.

프로그램 시행 초기, 임원들 보다는 오히려 현장에서 일하는 직원들이 변화에 대한 다양한 노력을 기울이고 있었다. 마이클 사비아는 경영진을 포함한 임원들을 변화시키는 것이 오히려 더 어렵다는 사실을 알게 되었고, 결국 변화가 환영받고 있는 곳에 집중하기로 했다. 회의적이며 부정적인 임원에 대해서는 그에게 적합한 방식이 개발될 때까지 기다리기로 했다. 마이클 사비아는 동료들로부터 배움을 경험한 수백 명의 동기부여자들을 모아 대규모 컨퍼런스를 진행하는 것이 흥미로운 이벤트가 될 것으로 판단했다. 컨퍼런스가 흥미를 끌지 못한다 할지라도, 그는 이미 실험집단의 결과를 확보하고 있었기에 문제될 게 없었다. 임원들 역시 그들 스스로 만든 커뮤니티를 통해 서서히 변해 나갈 것임이 확실했다. 결국 그들도 조직 문화가 변해나가는 거대한 물결로부터 벗어날 수는 없었던 것이다. 이 비공식 그룹들은 자부심 형성 커뮤니티와 밀접하게 연결되어 있었고, 그들은 모두 툰드라를 녹이는 데 협력했다.

가장 위대한 기업 문화의 변혁

마이클 사비아와 그의 팀은 벨 캐나다 120년 역사상 가장 위대한 기업문화 변혁이라는 성과를 만들어냈다. 마이클 사비아는 스스로 에너지를 만들어내는 자부심 형성자 네트워크와 비공식적인 자부심 형성자 커뮤니티를 만들어 냈다. 이런 자부심 형성자 그룹들은 결국 회사 전체의 사업성과 향상에 큰 기여를 했으며, 3만5천여 임직원들이 바라보는 그들의 역할에 대한 관점을 완전히 바꾸어 놓았다.

벨 캐나다 사례는 흔치 않은 이야기다. 그리고 이런 성공의 배경에는 마이클 사비아의 과감한 결심과 추진력이 있었다. 그는 스스로 변화가 이뤄질 때까지 기다릴 수 없었다. 그래서 문화를 바꾸면서 성공을 이뤄냈다. 회사는 야생마를 타고 달리는 듯 했다. 그로부터 2년 후, 벨 캐나다는 기존의 주요 주주들이 포함된 투자 컨소시움에 매각되었다. 회사는 그동안의 혁신과 변화의 결과로 높은 이익을 기록했으며,

인수 가격 역시 높게 책정되었다. 마이클 사비아는 회사를 떠났고, 새로운 경영진을 구성한 벨 캐나다는 보다 고객 지향적인 회사로 변모하기 위한 기업문화 변화 노력을 게을리 하지 않고 있다.

영원히 깨지지 않는 것은 없다

이처럼 비공식 조직을 활용한 사례는 지구 반대편에서도 찾아볼 수 있다. 물리적으로만 보면 인도라는 나라에 얼어붙은 툰드라가 있을 것 같지 않다. 그러나 대부분의 인도 기업 사장들은 중간 관리자들이 이른바 영구동토층permafrost이란 곳에 빠져 얼음처럼 변해있다는 사실을 뼈저리게 느끼고 있다. 이들 때문에 조직 전체가 위계적인 피라미드 구조 속에서 헤어나지 못한 채, 서서히 가라앉고 있었다. HCL 테크롤로지HCLT, HCL Technology는 글로벌 IT 서비스 회사로 중간 관리자들을 성공적으로 변모시켜 감동적인 구조조정을 이뤄냈다. 26개국에 총 5만5천여 명의 직원이 있는 HCLT는 수년전부터 인도의 가장 혁신적인 IT 아웃소싱 공급자 가운데 하나였다. 그러나 현재의 사장인 비니트 나야르Vineet Nayar가 2005년에 부임했을 당시, HCLT는 IT 관련 아웃소싱 업체들 가운데 상위 4위를 유지하기도 힘들 정도였다.

비니트 나야르는 현장에서 일하는 직원들이 가치를 만들어 내는데 있어, 공식적인 요소들이 이를 방해하고 있다는 사실을 알게 되었다. 그래서 그는 소위 "직원 우선주의Employees First, Customers Second" 라는 변화 프로그램을 제도화하기 시작했다. 이 철학은 그가 정의한 "가치 구역value zone(실제 가치가 창조되는 곳으로, 고객과 조직간의 접점이 이뤄지는 곳)"에 기반하고 있다. 그는 고객서비스를 향상시키는 최상의 방법이 바로 모든 서비스 조직을 가치 구역에 배치하는 것이라고 판단했다. 이를 위해 비니트 나야르는 변화 수행자transformer라고 부르는 직원 그룹과 협력해 나가기 시작했다. 이들의 임무는 업무를 수행하는 데 있어 방해가 되는 모든 공식적인 장애물들을 제거하는 것이었다. 변화 수행자들은 투명성을 향상시키고 조직 신뢰를 쌓는데 필요한 다양한 공식·비공식적 메커니즘을 개발하는 동시에, 피라미드 조직을 거꾸로 세워버렸다. 이는 모든 계층의 중간 관리자들과 인사, 재무, 전산 등의 지원부서 직원들이 모두 일선 현장에서 일하는 직원들을 위해 존재하게끔 만든 것이다. 뒤집어진 피라미드 구조 상부의 평편한 면이 바로 가치 구역이 되었다. 비니트 나야르는 또한 성과평가 절차를 공개하여 가치 구역에 있는 현장 직원들이 그들의 업무에 영향을 주는 중간 관리자들의 업무와 그들의 권한을 직접 평가할 수 있도록 했다.

비니트 나야르는 하버드 비즈니스 리뷰에서 이렇게 말했다. "직원을 최우선으로 대우하는 것은 그들을 기쁘게 해 줄 프로그램 몇 개를 만드는 것이 아닙니다. 직급을 막론하고 모든 직원들이 일에 대한 영향력을 행사할 수 있어야 하며, 그들 스스로가 무언가 흥미 있는 것의 일부가 되고, 또한 직업적으로나 개인적으로 성장할 수 있는 그런 직장을 만들어줘야 합니다."[1] 그는 변화 수행자들의 에너지를 이용하여 직원들이 고객에게 서비스를 제공하는 과정에서 자부심을 갖도록 만들었다.

그 결과 HCLT의 고객서비스 품질은 빠르게 향상되었다. 2006년부터 2008년까지 3년 동안, 회사는 글로벌 대형 아웃소싱회사들을 물리치고 몇 개의 주요 계약을 성사시켰다. 2008년 겨울 HLCT는 중견 IT 컨설팅사인 액손 그룹Axon Group을 인수했다. 이 인수로 HCLT는 IBM, 액센추어Accenture, EDS 등과 같은 글로벌 대형 회사들과 필적할 수 있는 경쟁력을 갖게 되었다.[2] 2008년 HCLT는 휴잇어소시엇츠 컨설팅사가 선정하는 인도 최고의 회사Best Employer가 되었다. 같은 해 비즈니스 위크지는 HCLT를 세계에서 가장 영향력 있는 20개 회사 중 하나로 선정했다.

▼

물론 얼어붙은 툰드라가 진짜 얼어 있는 것은 아니다. 이것은 개인이 갖고 있는 독창성과 민첩성, 그리고 감정적 몰입의 여지를 거의 남겨 두지 않은 채, 행동을 규정하고 단순한 실행만을 요구하는 상의하달식 공식 접근법에 강하게 저항하고 있는 것이다. 그래서 비공식 조직이 동료 간의 상호교류와 비공식적 네트워크를 활성화시키고, 조직 내 공유된 가치와 일에 대한 개인의 자부심이 감정적으로 연결되는 순간, 얼어 붙었던 툰드라는 빠르게 녹아내린다.

▲

CHAPTER 9

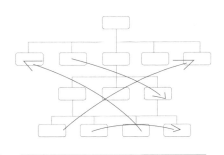

이성적인 방식에
저항하는 감성적인 도전

지금까지 살펴본 것처럼, 비공식 조직의 역할은 전체 조직의 운명을
좌우할 만큼이나 중요하다. 그러나 과거 수많은 리더들은 공식 조직
에서나 작동되는 성공 사례들을 비공식 조직에 적용하여 관리하려는
실수를 범해왔다. 리더들은 비공식 조직 내부에 위계질서와 보고체계
같은 것들을 만들어 관리하고 싶어 한다. 그들은 비공식 네트워크를
설계하고 관리할 누군가를 임명하고, 해당 커뮤니티의 최고 책임자에
게 보고하라고 한다. 이런 유형의 공식적인 리더들은 상호 교류에 대
한 목표와 책임을 설정하고, 중요한 마일스톤과 정교한 평가요소들로
구성된 프로그램을 만들어 내려한다. 일부 리더들은 최고의 비공식
네트워크를 운영하는 사람들에게 보너스를 지급하기도 한다. 다시 말
해, 그들은 비공식을 공식으로 만들려고 하는 것이다.

이런 것들이 제대로 작동될까?

예측하기 어려우며, 끊임없이 변하고, 즉흥적으로 생겼다 사라지곤 하는 비공식 조직의 지지을 받고자 한다면 그런 형태의 공식적인 경영 기법은 통하지 않는다. 비공식 조직은 공식적인 권력에 잘 반응하지 않으며, 규정된 권한에도 귀를 기울이지 않는다. 경영이란 대체로 복잡한 상황에서도 일관되게 유지할 수 있는 명령체계와 예측 가능성을 구축하는 것이기 때문에, 비공식성을 공식적인 경영 기법으로 관리하려는 시도는 유연함, 자발적 시도, 주도적 역할, 감정적 몰입 등 위대한 비공식성을 짓누르는 것과 같다. 비공식적 지원에 대해 벌을 하거나 보상하는 것도 어렵다. 이것은 바로 이성적인 방식에 저항하는 감성적인 도전이기 때문이다.

그러나 한 조직 내 모든 직급의 리더들이 비공식 조직을 원하는 방향으로 끌고 나갈 만한 영향력을 갖고 있지 못한 것은 아니다. 단지 조금 다르게 접근할 필요가 있다. 관리management 보다는 동원mobilizing 이라는 용어가 비공식 조직의 나아갈 방향을 더 잘 설명하고 있다. 그리고 이 용어는 중요한 차이를 만들어 낸다.

물론 "동원"이란 단어는 군사적 의미를 함축하고 있다. 그래서 "군사행동을 위해 자원을 결집시킴"이라는 정의도 있다. 그러나 우리가 이 용어를 사용할 때는, 조직이 더 많은 구성원들의 아이디어와 행동에 부여된 잠재력을 충분히 이해하며 그들을 움직이게 만드는 것을 의미한다. 리더라면 통제나 제한이라는 방법을 사용하지 않으면서도 비공식 조직을 자극하여 올바른 방향으로 이끌거나 선도해나가야만 한다.

물론, 리더가 공식성을 관리하면서도 비공식성을 동원하는 노력을 균형감 있게 유지하는 것은 쉽지 않다. 대부분의 리더들은 둘 중의 하나에만 주의를 기울인다. 그들은 그저 한 곳에 주의를 기울임으로써, 주의를 기울이지 않는 다른 것에 대해서도 충분히 보상받을 것이라 생각한다. 벨 캐나다 사례에서 마이클 사비아는 공식적 메커니즘이 제대로 작동되지 않는다는 것을 깨닫고 바로 비공식 조직에 집중하기 시작했다. 그러나 그는 비공식성을 선호하면서도 공식적인 요소들을 포기하지는 않았다. 대신 그 둘로부터 최고의 것을 얻어내는 방법을 그는 알았던 것이다.

어떤 조직이 근본적인 변화를 필요로 할 때 가장 효과적인 접근 방법은 공식과 비공식성 모두를 동시에 활용하는 것이다. 여기 어느 대기업의 구조조정 사례가 있다. 망해가고 있던 애트나의 사례가 공식성과 비공식성의 통합을 통해 어떻게 재앙에 가까운 재정 문제를 극복하고 살아남았는 지를 잘 보여준다.

비공식 조직의 혁명

애트나의 구조조정 이야기는 공식적인 기본원칙에 주목하고 있는 언론사의 기자들에 의해 알려졌다. 그들은 전략의 재구축, 경영진 교체, 조직 구조조정, 원가 및 인원 절감, 부채 감소, 예산 통제, 경영효율

향상 등에 대한 기사를 썼다. 이런 접근 방식은 적절했다. 왜냐하면 이런 것들이 애트나의 구조조정을 성공적으로 이끄는 데 중요한 역할을 했기 때문이다.

그러나 이것 보다 더 중요한 것이 있었다. 기업문화를 바꾸고자 하는 비공식적인 노력이 수반되지 않았다면, 전사에 걸쳐 종합적이며 공식적으로 진행했던 접근 방법이 성과를 낼 수 없었을 것이다. 애트나의 경우 공식적인 변화에 대한 욕구가 워낙 컸다. 그래서 경영진은 공식적인 변화 프로그램에만 집중하고, 비공식성을 간과할 수도 있었다.

애트나의 리더들은 공식과 비공식 두 부문을 개선하기 위해 노력했고, 그렇게 함으로써 회사 성과를 극적으로 개선시키는 결과를 가져올 수 있었다. 벨 캐나다의 경우, 공식적인 변화와 비공식적인 변화가 따로 추진되다가 나중에 통합되었던 반면, 애트나는 처음부터 공식성과 비공식성이 통합되었던 것이다. 애트나에 있어 이것은 그저 경영 성과 개선을 위한 것이 아니었다. 이는 곧 생존과 직결되었다.

애트나의 이야기는 하트포트Hartford에 위치한 본사 콜로니얼 리바이벌 Colonial Revival 빌딩에서가 아니라, 맨해튼의 어퍼 이스트 사이드 Upper East Side에 있는 레스토랑에서 시작된다. 애트나 이사장이자 임시 CEO인 빌 도날드슨Bill Donaldson은 마운트 시나이와 뉴욕 대학교Mt. Sinai/New York University, MS/NYU 의료원의 CEO 잭 로Jack Rowe를 저녁식사에 초대했다. 잭 로는 자신이 갖고 있는 애트나에 대한 불만을 빌 도날드슨에게 그대로 전달할 수 있는 기회라고 생각했다. 잭 로는 애트나의 청구서 처리 시스템에 대해 불만이 많았다. 그는 빌 도날드슨에게 MS/NYU가 애트나에 대해 소송을 제기할 것이라고 말할 작정이었다.

그러나 이들의 대화 주제는 전혀 달랐다. 잭 로가 청구서와 관련된 이슈를 제기하거나 법정소송 가능성에 대한 말을 꺼내기도 전에, 빌 도날드슨은 그를 깜짝 놀라게 했다. 잭 로에게 MS/NYU를 그만두고 애트나의 CEO로 부임하는 것이 어떤지를 물었다.

빌 도날드슨이 잭 로에게 애트나의 CEO가 되어 달라고 한 것이 어떤 의미인지를 분명히 해 둘 필요가 있다. 당시 애트나는 재정적으로 붕괴 직전이었고 직원들의 사기는 바닥이었다. 헬스케어 산업 자체가 비용 증가와 정부 정책의 실패, 정치적 선심 공약 등으로 고군분투 중이었다. 회사는 매일 1백만 달러 정도의 손실을 보고 있었다. 결국 이사회는 임시 CEO로 임명되었던 빌 도날드슨의 후임을 찾고자 했던 것이다.

잭 로는 자신이 아마도 엄청난 구조조정을 수행하기 위해 선택된 마지막 인물이었을 것이라고 말한다. 그는 존경받는 의사였고 하버드 대학 노인병학 프로그램과, 다섯 개 병원 연합체, 그리고 MS/NYU를 형성하는 두 개의 의과대학을 이끌어 왔다. 그러나 그는 영리를 목적으로 하는 기업의 리더 경험은 없었으며, 비즈니스와 관련된 공식적인 훈련 또한 받은 적이 없었다.

빌 도날드슨는 잭 로가 열정만 있을 뿐 경영에 대한 경력이 없다는 사실에 대해 크게 염려하지 않았다. 아마 그것 때문에 빌 도날드슨이 그를 적임자로 생각했을 수도 있다. 둘은 오랜 시간 저녁식사를 하며 대화를 나눴고, 잭 로가 제안을 받아들였다.

빌 도날드슨의 믿음이 성과를 거둔 것이다. 잭 로는 결국 5년이라는 짧은 기간에 파산 직전에 있던 애트나를 다시 날아 오르는 불사조처럼 만들었다. 주주 이익이 700 퍼센트 이상 증가되었다. 하루 1백만 달러 규모의 손실을 기록하던 회사가 매일 5백만 달러의 이익을 내는 회사로 변했다. 2006년 잭 로가 사장직을 COO^{Chief Operation Officer}이자 구조조정 파트너였던 론 윌리엄스^{Ron Williams}에 넘겼을 때, 애트나는 북미 역사에서 가장 성공적인 구조조정 기업의 하나로 이름을 알리고 있었다.

장애물을 먼저 정의하라

잭 로가 CEO로 임명된 당시, 애트나의 조직은 혼란과 낙담 속 빠져 있었으며 불확실한 미래에 대해 불안감이 팽배했다. 지난 5년 간 어려운 상황에서 혹독한 시련을 겪어왔던 임직원들은 모두 패배의식에 빠져 있었다.[1] 잭 로는 기업의 전략과 조직 운영, 그리고 재정적 부활을 넘어서는 엄청난 도전에 직면해 있음을 느꼈다. 그리고 동시에 문화적이면서도 감성적인 저항을 극복할 수 있는 광범위한 전략이 필요함을 깨달았다. 그는 전략적 의도에 부합되며 구조화된 전략 실행에 방해가 되는 요소가 무엇인지를 빠르게 파악했다.

분열된 정체성 : 역사적으로, "마더 애트나^{Mother Aetna}" 문화는 회사가 어떤 상황에서도 직원들을 따뜻하게 보살핀다는 것이었다. 인력

감축이란 단어는 존재하지 않았다. 대다수의 직원들은 애트나와 평생을 함께 할 것이라고 생각했다. 그러나 잭 로와 론 윌리엄스는 건전한 재무 상태를 유지할 수 있는 "효율적이고, 경제적이며, 엄격한" 관리 시스템들을 제도화했다. 많은 직원들은 이 시스템에 적응하는데 어려움을 느꼈고, 그들이 지금까지 알고 있으며 헌신해 왔던 애트나 문화와는 다르다는 것을 알게 되었다. 게다가 예전에 했던 기업 인수와 매각 등으로 인해, 애트나는 더 이상 하나의 기업문화로 특징지을 수 없었다. 그 대신 서로 다른 가치관과 우선순위에 대한 생각, 그리고 다양한 행동양식 등으로 표출되고 있는 다수의 문화집단이 존재하고 있었다. 이들은 이미 마더 애트나 문화를 조각내고 있었다.

동기부여의 상실 : 지난 5년 동안, 애트나에 대한 부정적인 여론이 수그러들 줄 몰랐다. 이것은 헬스케어 산업 전반에 걸친 문제이기도 했다. 환자, 브로커, 그리고 보험회사에 의해 이용당하고 있다고 생각하는 가입자 등 모두가 서로를 불신하고 있었다. 그 중에서도 애트나는 최고의 악덕기업으로 손꼽혔다. 직원들은 회사에 대한 그 어떤 자부심도 없었다. 이전에는 그렇지 않았다. 애트나 직원들은 회사에 대한 높은 자부심을 갖고 있었다. 또한 애트나에 대한 고객들의 충성심도 높았다. 그러나 지금은 모든 것이 불확실해졌다. 애트나가 상징하는 것이 무엇인지, 회사가 얼마나 살아남을 수 있을지, 그리고 직원들이 회사의 일부가 되기를 원하는지 등에 대한 확신이 없어졌다. 이런 불안정한 환경에서 직원들은 고용보장이라는 가치에만 집중했다. 그들은 고용관계를 유지하면서 폭풍이 가라앉거나 뭔가 변할 때까지 움

츠리고 있을 뿐이었다. 잭 로는 구조조정을 통해 직원들이 다시 회사와 자신의 역할에 대해 긍정적인 감정을 갖게 하는 방법을 찾아야만 했다.

경영진의 교체 : 빌 도날드슨이 CEO로 승진하기 전까지, 애트나는 불과 몇 년 동안 3명의 CEO와 경영진을 교체한 바 있다. 새로 부임한 경영진은 모두 자신의 스타일에 맞는 전략과 경영 원칙, 그리고 업무 규칙들을 만들고 적용하려 했다. 그들 중 한 명인 스티브 밀러Steve Miller는 기업 구조조정으로 유명한 전문가였으며, 그는 6개의 독립된 특별 조직Task Forces을 만들어 변화 관리와 실적 개선을 추진했다. 그러나 많은 직원들은 혼란스러워할 뿐이었다. 잭 로는 다른 형태의 변화가 필요하다고 믿었다. 그는 선임 CEO들이 수행했던 이성적인 변화 관리 노력들이 감성적인 애트나의 기업 문화에 별 영향을 주지 못했다고 생각한 것이다.

잭 로는 구조조정 과정에서 혼란과 불안, 침체 등을 피해 나갈 수 없다는 사실을 알고 있었다. 어떻게 해서든 이런 종류의 위험을 회피하면서, 감성적인 울림을 만들어 내고, 행동뿐 아니라 절차상의 변화까지도 이끌어내야만 했다.

마음속 비공식성으로 디자인한 공식 조직

잭 로는 공식적인 업무 프로세스 메커니즘 전반에 영향을 주는 공적 네트워크에 활력을 불어 넣는 것으로 시작했다.[2] 그는 임원위원회,

경영위원회, 운영위원회 등과 같은 조직들을 첫 번째 대상으로 삼았다. 이것은 논리적인 공간이었다. 왜냐하면 이런 위원회들은 이미 기업 지배구조와 관련된 활동에 집중하고 있기 때문이다.

그러나 공식적 메커니즘만으로는 당시 회사 내에 만연해 있던 감성적이고 문화적인 저항을 극복하기 어렵다는 사실을 그는 잘 알고 있었다. 잭 로는 조직 전체를 꿰뚫고 있는 비공식적인 메커니즘이 필요했다. 그는 임시 회의체, 포럼, 동료 간 사적 관계망 등과 같은 비공식 조직만이 애트나 직원들을 자발적으로 동원하여 변화에 대한 신념과 지지를 만들어 낼 수 있다고 믿었다. 그는 기존에 구성된 직원들의 네트워크를 활용함과 동시에 두 개의 색다른 협의회를 만들었다.

전략 협의회 : 잭 로는 회사의 구조조정 전략을 올바르게 실행하는 것 못지않게, 다양한 계층의 인재들을 새로운 전략에 감정적으로 몰입하게 만드는 것이 중요하다고 판단했다. 이런 목적을 달성하기 위해, 그는 전략 협의회라는 이례적인 그룹을 만들었다. 그룹의 구성원들은 전략에 대한 경험이나 분석능력 등이 아닌 다양성과 신뢰성 그리고 비공식적 영향력 등과 같은 기준으로 선발되었다. 다른 말로 하면, 부하 직원들에게는 감정적 몰입을 조성하는 데 능숙하고 동료들에게는 비공식적인 지원을 잘 하는, 조직 지수가 높은 사람들을 선택한 것이다.

이 협의회 구성원들은 변화의 전도사가 되었다. 그들은 정말 신뢰할 만한 모든 정보를 발굴해 냈으며, 소속된 사업 부문에서 동료들과의 비공식적 교류를 통해 전략적 변화를 촉진시켰다. 잭 로와 경영자들은 협의회 구성원 선발에 매우 신중했다. 결국 협의회 구성원들은 직원들을 동원하여 회사 전반에 신뢰와 몰입 문화를 조성하면서, 필요한 변화를 이끌어 냈다.

조직효과성 협의회 : 조직효과성 협의회는 전략 협의회보다 더 특이한 그룹이었다. 특별한 목적을 갖고 있으며, 신뢰도가 높고 다양성을 겸비한 구성원들이 있다는 사실, 그리고 유연한 운영방식을 갖고 있다는 점에서는 유사했다. 하지만 도전 과제는 보다 다양했다. 협의회 구성원들은 구조조정에 있어서 가장 중요한 조직 설계, 광범위한 동기부여 정책, 그리고 직원 육성 등에 영향을 미칠 수 있는 여러 형태의 하부 위원회와 비공식적인 관계망에 참여했다.

통상적으로 이런 이슈들은 인사팀의 관리영역으로 볼 수도 있다. 하지만 잭 로는 인사 부문 전문가들의 도움이 유용하다는 사실을 인정하면서도 이렇게 특수한 조직을 통해 견인력을 만들어 내는 것이 훨씬 더 중요하다고 생각했다. 그는 조직 내 전 직원들을 서로 연결시켜 주고, 자발적으로 다양한 업무를 지원해 주는 분위기를 조성함으로서, 공식적인 변화들이 도입되기 전에 직원들의 수용성을 높일 수 있을 것으로 판단했다.

그는 다시 한 번 신중을 기해 협의회 구성원들을 선발했다. 사람들로부터 존중받는 직원을 뽑아야만 그들과 잘 연결될 수 있었고, 쉽게 그들의 지지를 받을 수도 있었다. 이런 개인들이 경영진으로부터 다양한 지원까지 받게 되자, 잭 로와 론 윌리엄스는 회사 전체에 큰 영향을 주는 거대한 비공식 공동체를 갖게 되었다. 이런 사적 네트워크는 조직의 가치를 공유하고, 일에 대한 몰입을 조성하며, 새로운 애트나의 정체성을 형성하는 데 매우 효과적이었다.

두 개의 협의회는 결국 비공식적인 관계망을 통한 협력의 강화를 통해 회사의 정체성을 재정립하고, 감정적 몰입을 촉진하며, 경영진의 잦은 교체로 인한 부정적 영향들을 누그러뜨리는데 중요한 역할을 했다.

애트나 웨이

애트나의 기업문화는 끊임없이 변해왔다. 그로 인해 직원들은 신념을 가질만한 명확한 가지체계가 존재하지 않다고 생각했다. 실제로 잭 로는 12개가 넘는 서로 다른 가치 선언문을 찾아내기도 했다. 이것들은 그가 부임하기 이전의 CEO들이 지난 수십 년간 들먹여왔던 것들이다. 그 역시 예전의 가치 선언문들을 뒤섞거나, 자신의 비전을 토대로 나름 새로운 것을 만들어낼 수도 있었다. 그러나 그는 가치 선언문을 경영진이 만들어 공표하는 것은 그것이 아무리 잘 만들어졌다 할지라도, 변화에 지친 조직 내에서 제대로 작동되지 않을 것이란 사실을 잘 알고 있었다.

잭 로는 실질적이며 적용 가능한 가치들을 통해 행동의 변화를 가져올 수 있는 기회를 찾고자 했다. 이런 가치들은 구성원들의 동의를 통해야만, 충분한 흥분과 추진력을 동시에 얻을 수 있었다. 그는 서열과 위계를 따지지 않는 일련의 모임을 통해 직원들에게 새로운 회사의 가치를 다시 만들어 보라고 요구했다. 이것은 애드 캐롤런이 스톡 팟에서 만들었던 소규모 회의와 유사했다. 그러나 애트나에서는 수백 명에 이르는 직원 모두가 비공식 회의에 참여했다. 회의는 충분한 상호교류가 생길 수 있도록 설계되었고, 참석자들은 진솔하고 열린 마음을 갖도록 독려되었다. 각 회의에 참석한 사람들은 회사가 추구하는 가치에 활력을 불어 넣을 수 있는 방법을 진지하게 고민해야 했다.

이렇게 회의를 통해 도출된 내용들은 회사의 새로운 가치 선언문을 만드는 데 활용되었으며, 가치 선언문은 바로 모든 직급에 적용되는 리더십 행동모형으로 만들어졌다. 이것이 바로 애트나 웨이The Aetna Way였다. 선언문 자체보다는 이것을 만들어 내는 과정이 더 중요했다. 잭 로는 모든 직급의 직원들을 참여하게 했으며, 수십 번에 걸친 비공식적인 토론과 네트워킹 활동을 통해 직원 모두가 새로운 기업문화 창조에 깊이 관여하고, 그것에 자부심을 느끼게 했다.

이런 혁신 작업의 초기 단계에서 가장 흥미진진했던 순간은 잭 로와 론 윌리엄스 그리고 경영진이 수백 명의 애트나 직원들에게 새로운 전략을 설명하는 현장에서 일어났다. 대부분 이런 자리에서는 논리적이고, 분석적이며, 포괄적인 자료들이 발표된다. 결론부분에 이르자 잭 로는 한 직원으로부터 질문을 받았다. 회사의 다른 임원들 보다 훨씬 더 오래, 20년 이상을 애트나에서 근무한 한 여직원이 그를 바라보며 물었다. "사장님, 특별히 시간을 내서 이런 자료들을 공개해 주셔서 감사합니다. 그런데, 저는 여전히 혼란스러워요. 저 같은 사람들에게 이 모든 것들이 의미하는 바가 무엇이지 설명해 주시겠습니까?" 발표장에 있던 모든 직원들이 잭 로의 대답을 듣기 위해 조용해졌다. 이 질문은 모든 직원들이 궁금해 하던 가장 핵심적인 것이었다. 모든 전략적 변화는 정말 좋다. 그러나 이 변화가 나에게는 어떤 의미가 있는 것인가? 잭 로는 어떤 대답을 해야 할 지 생각하느라 주저하고 있었다. 그는 입을 열었다. "글쎄요, 나는 이 모든 것이 애트나의 자부심을 회복시키는 것에 관한 것이라고 봅니다." 그 자신도 이 대답이 얼마나 적절했는지 잘 알지 못했다.

이 때 자발적인 기립박수가 터지자 그는 깜짝 놀랐다. 그리고 이 단순하고 거의 돌발적인 발언인 "자부심의 회복"은 동기부여의 주제가 되었고, 회사는 재정적 파멸상태에서 벗어나 성공적인 구조조정을 통해 새롭게 도약할 수 있는 출구를 찾게 되었다.

배움을 두려워하지 말아라

리더들이 비공식 조직을 동원할 때 갖게 되는 가장 큰 어려움은, 그 조직이 복잡한 시스템으로 구성되어 있기 때문이라기 보다는, 복잡한 문제를 다루는 것에 대한 불안감 때문에 발생된다.[3]

복잡한 문제를 해결하기 위해서는 전문적인 지식이 필요할 수 있다. 집 주인은 물이 내려가지 않을 때 부엌 싱크대에 문제가 생겼음을 인지할 뿐이다. 그리고 배관공을 부른다. 배관공은 문제를 분석하고 해결책을 찾는다. 이와는 달리, 매우 복잡한 시스템에서는 올바른 해결방안을 찾아내고 적용하기가 더 어렵다. 왜냐하면 시스템 자체가 유동적이어서 끊임없이 변하기 때문이다. 2008년 말 재정 위기 때, 미국 재무부와 연방준비위원회가 취했던 조치를 살펴보면 잘 알 수 있다. 그들은 어떤 정책을 제시하고 그것이 제대로 작동되고 있는지, 그리고 시스템에 어떤 변화가 있는 지를 파악한 후, 제대로 작동되는 정책은 더 확대하고 그렇지 못한 것들은 수정하거나 다른 방법을 찾곤 했다. 이런 상황에서는 직선적 접근법linear approach 보다는 순환적 접근법iterative approach이 유효하다. 프로토타입prototype을 적용하고, 이어 시스템의 반응을 관찰하는 것이다. 그리고 그로부터 교훈을 도출해 낸다.

데이비드 스노우던David Snowden과 씨 에프 쿠르츠C.F. Kurtz가 아이비엠 시스템즈 저널IBM Systems Journal에 기고한 사례가 이것을 잘 설명하고 있다.[4] 미국 육군사관학교인 웨스트 포인트West Point 졸업생에게 부여된 임무 중 하나가 "유치원의 놀이 시간을 관리하는 것"이었다. 당연히 그들은 뛰어난 전략가들이 하는 방식대로 했다. "그들은 계획을 세웠다. 목표를 정했고, 비상시에 필요한 대책을 수립했다. 그리고 그들은 매우 이성적으로 설계된 원칙에 따라 유치원 어린이들에게 놀이를 '명령' 했다. 그 결과 엄청난 혼란이 일어났다."

주어진 임무를 손쉽게 망쳐버린 사관학교 졸업생들은 다른 접근법을 쓰기로 했다. 데이비드 스노우던과 씨 에프 쿠르츠가 밝혔다. "그래서 그들은 선생님들이 어떻게 하는지를 관찰했다." 다음이 바로 그들이 목격한 것이다. "경험 많은 교사들은 수업을 시작할 때 어느 정

도의 자유를 허용했으며, 그러고 나서 어린이들의 바람직한 행동 양
식을 장려하고, 바람직하지 못한 것은 고착화되지 못하게 개입한다.
이를 통해 어린이들이 바람직한 행동양식을 스스로 깨닫고 교실 전체
에 이 같은 행동을 퍼트린다."

이것이 바로 잭 로가 했던 방식이다. 그는 얽히고설킨 복잡한 문제
해결을 위해, 이성적인 분석뿐 아니라 명령과 통제와 같은 공식성을
활용하는 동시에 감성적인 통찰력과 시행착오 방식을 통해 문제를 해
결해 나가는 비공식성을 동원한 것이다.

합은 부분보다 항상 위대하다

비공식성을 능숙하게 동원했던 잭 로나 론 윌리엄스가 없었더라도 애
트나가 구조조정에 성공할 수 있었을까? 그 가능성은 정말 희박했을
것이다. 그리고 가능했다 하더라도 성공하는 데 아주 오랜 시간과 험
난한 과정을 거쳤을 것이다. 또한 마더 애트나와 같은 비공식적 요소
들로 인해 초기 단계의 공식적인 변화 노력들이 제대로 정착되지 못
했을 것이다.

만약 다른 일반적인 리더들이었다면 전면적인 구조조정을 시급하
게 도입하지 않았을 수도 있다. 그냥 적당하면서도 그럴듯해 보이는
전략들을 가다듬어 그대로 실행하고자 했을 것이다. 그러나 공식 조
직을 적절하게 통제하면서 비공식 조직을 함께 동원할 줄 아는 리더

들은 시간을 절약하면서도 충분한 효과를 거둘 수 있는 구조조정을 성공적으로 수행할 수 있다. 그들은 절대로 움직이지 않을 것 같은 조직의 전략과 구조, 그리고 업무 프로세스 등을 변화시키는 힘을 갖고 있다. 그들은 비공식 조직으로부터 충분한 지원을 받고 있기 때문이다. 그리고 그들은 기업 성과에 큰 영향을 미치는 구성원들의 행동 변화를 촉진시키는 힘도 갖고 있다.

만일 당신이 빠르게 변하는 환경에 맞춰 조직을 빈번하게 바꾸면서도, 이를 효과적으로 관리하고자 한다면 공식적인 경영 기법만으로는 불가능하다. 비공식적인 측면에서의 도움이 꼭 필요하다. 비공식 조직을 동원하는 것은 성공의 가능성을 높이고 조직에 대한 장기적이며 지속적인 영향력을 심화시키는 동시에 공식적 경영 메커니즘을 지원하도록 돕는다.

비공식 조직을 동원하는 몇 가지 원칙

불행하게도 비공식성을 동원하는 최고의 방법은 아직까지도 분명하게 밝혀지지 않고 있다. 이는 사람과 환경에 따라 다르게 적용되기 때문이다. 거의 모든 상황에서 고도의 즉흥성과 상황맞춤customization형 해결방안이 요구된다. 우리는 공식성을 관리하는 동시에 비공식성을 동원하고자 하는 사람들에게 일반적으로 도움이 되는 몇 개의 원칙들을 언급하고자 한다.

중요한 소수의 것에 집중하라

우선 목적과 행동을 명확하게 정의해야 한다. 목적이 분명해야만 성과가 높아진다. 그리고 목적 달성에 꼭 필요한 기능별 조직을 선정하고 이들에게 3~4개의 바람직한 행동을 규정함으로써, 변화에 대한 노력에 집중하게 하고 우선순위를 만들어 내게 한다. 이것은 조직 내에 일종의 북극성을 만들어 놓는 것과 같다. 방향을 제시함으로써 모든 직급의 리더들은 공식적 요소들을 정렬하고, 공식과 비공식 간에 존재하는 차이를 찾아내며, 비공식성만이 채울 수 있는 구멍을 정확히 찾아낼 수 있다. 균형성과지표BSC, balanced scorecard와 같은 분석적 마인드만으로는 실무부서 구성원들의 행동 변화를 이끌어낼 수 없다. 오히려 그들을 혼란스럽게 만들 뿐이며, 활력을 잃게 할 수도 있다. 활력과 에너지를 바이러스처럼 확산시키기 위해서는, 변화에 대한 열정이 소멸되지 않도록 만들어야 한다. 제한된 소수의 목적과 행동에만 집중함으로써, 결과보다는 행위에 더 초점을 맞추는 주먹구구식 세력을 막아낼 수 있다.

이미 작동되고 있는 것을 끌어내라

규모가 큰 조직에서는 사람과 관련된 다양한 일들이 항상 벌어진다. 앞서의 사례에서 본 벨 캐나다의 경우에서는 중간 관리자들이 마스터 모티베이터master motivator 혹은 자부심 형성자pride-builder 등과 같은 행동을 이미 보여주고 있었기 때문에 새로운 모델이 필요치 않았다. 더구나 대부분의 내부 구성원들은 다른 조직의 성공 사례를 도입하는 것보다 회사 내에서 개발된 것들을 적용하는 것에 더 큰 자부심을 갖는다. 이것은 조직 내 수용을 더욱 가속화시킨다. 때로는 프로토타입이 큰 도움이 된다. 왜냐하면 경영자들이 일선에서 일어나고 있는 다양한 문제 해결을 위해, 어떤 일을 해야 할 지 정확하게 예측하기 어렵기 때문이다. 잭 로는 아마 "자부심 회복"이라는 말을 했을 때 보여준 구성원들의 반응을 결코 예상하지 못했을 것이다. 그러나 기립박수를 받은 후, 그는 바로 그 메시지를 증폭시키기 위해 필요한 조치들을 재빠르게 취해 나갔다.

감정적 에너지를 증폭시켜라

잭 로는 초기에 여러 가지 다른 형태의 특별한 직원 그룹을 만드느라 많은 시간을 보냈다. 이것은 직원들로부터 꼭 무언가를 배우려고 했다기 보다, 그저 어려운 길을 먼저 가게 될 그들에게 활력을 불어넣어 주고 싶었던 것이다. 티핑 포인트tipping point나 순환 구조 같은 것들을 만들어 내거나, 연속된 반응을 강화시키는 것은 매우 중요하다. 이에 따라 비공식 조직 내에 잠복되어 있는 에너지가 발현될 수 있기 때문이다. 또한 공식 조직으로부터 충분한 지원을 받지 않더라도 필요한 변화를 이끌어낼 수 있다.

벨 캐나다의 직원그룹은 학습을 공유하기 위해 다양한 회의를 만들어 냈으나, 실제 감정적 에너지는 마이클 사비아와 다른 리더들로부터 분출되었다. 이들은 모티베이터의 역할이 얼마나 중요한지를 강조했고, 회의 참석자들과 끊임없이 비공식적인 교류를 해왔다. 그들의 역할은 회의실에 에너지를 공급하는 것이었으며, 공개적이고 솔직한 상호교류를 위해 "안전한 공간"을 조성했을 뿐이다. 그들은 구성원 상호간의 연결을 장려했고, 동료들의 이야기를 공유하기 시작했다. 직원들이 회의실을 떠나 본연의 업무에 복귀하고 나면, 그들은 다시 회사 내 다른 동료와 부하직원들에게 이런 종류의 바이럴 확산을 지속했다.

직원들의 참여로 이뤄진 구조조정

지금까지 우리는 주요 회사의 CEO들이 비공식 조직을 어떻게 동원하고 이끌어왔는 지를 알아봤다. CEO와 임원들처럼 고급 사무실을 쓰는 사람들의 사례는 항상 도움이 된다. 그러나 비공식 조직을 동원하는 데 있어서는 이들 뿐 아니라 다른 하위직급의 사람들도 중요한 역할을 한다. 다음은 자크리Zachry에서 근무하는 2명의 중간 관리자에 대한 이야기다. 이들은 비공식 조직을 동원하여 회사를 2개로 나누는 구조조정 작업을 성공적으로 이끌었다.

2007년 1월 자크리 그룹의 상황은 나쁘지 않다. 85년 이상 가족 중심의 개인회사로 성장해 온 자크리 그룹은 다양한 분야에서 높은 성과를 만들어 냈다. 1922년 소규모 고속도로 건설회사로 시작된 자크리는 엔지니어링, 채석, 토목, 그리고 플랜트 및 중공업 등과 같은 다양한 건설 서비스를 제공하는 글로벌 회사로 성장해왔다.

건설 산업의 경기 순환에 따른 사업상의 부침을 수년간 겪은 후, 2세대 CEO인 바르텔 자크리Bartell Zachry는 가문의 유산을 지키기 위해 두 아들 존John 과 데이비드David에게 회사를 물려주려고 했다. 하지만 둘은 경험과 능력, 철학 및 경영 스타일 등 모든 면에서 너무 달랐다. 존 자크리는 텍사스 대학교에서 MBA를 받았고 시장에서 풍부한 경험을 갖고 있었지만, 데이비드 자크리는 전문 엔지니어로서 토목 기술에 관심이 컸다.

당시 플랜트 및 중공업 시장은 큰 폭의 성장세를 보이고 있었다. 그래서 바르텔 자크리와 그의 두 아들은 회사를 분리하여 조직의 전략과 운영방식을 바꿔보기로 했다. 그들은 회사를 분리함으로써 보다 많은 기회를 찾을 수 있을 것이고, 이를 통해 이익도 늘어날 것이라 판단했다. 또한 두 아들의 경험과 경영 방식을 다르게 활용하는 것도 좋을 것으로 생각했다. 존 자크리는 플랜트 건설과 중공업 및 엔지리어링 사업을 중점으로 하는 회사를 운영하기로 했으며, 데이비드 자크리는 고속도로나 교량과 같은 토목과 건축 그리고 시멘트와 골재 생산 등에 집중하는 회사를 맡기로 했다. 존과 데이비드 그리고 바르텔 자크리는 모두 하나의 큰 회사를 작은 두 개의 회사로 만드는 것이 보다 전략적으로 집중할 수 있으며, 시장 대응력을 높일 뿐 아니라, 조직의 유연성과 문화적 다양성을 향상시킬 것으로 가정했다. 대부분의 사람들이 꼭 필요하다고 생각한 것이기도 했지만, 그렇게 쉬운 일만은 아니었다.

이런 형태의 구조조정 작업은 수개월 간에 걸친 신중한 분석과 사전 계획, 그리고 모든 직급의 리더들과의 대화 등을 필요로 하는 극적인 변화나 다름없었다. 존 자크리는 5년 내 회사 규모를 두 배로 성장시키고 자크리 가문의 명성을 높이기 위해 노력했다. 데이비드 자크리는 토목, 시멘트 및 골재 제조 영역에서 기업가 정신과 가치에 기반을 둔 경영방식을 유지하고 강화시키는데 열중했다. 둘 모두 3세대에 걸쳐 내려온 회사의 근본 가치들을 보전하고자 했다.

그러나 반드시 고려해야만 하는 운영상의 문제들도 일부 있었다. 예를 들면 새로운 회사는 사무실 공간을 공유할 수 없었다. 그리고 인사, 프로젝트 관리, 견적 작업 등과 같은 기능들이 이제 둘로 나눠져야만 했다. 사내의 일부 비공식 커뮤니티들의 지원 활동도 분리될 수밖에 없었다.

자크리 경영진은 당시 추진하고 있었던 변화의 방향에 대한 확신을 갖기 위해, 문화팀Culture Team을 만들어 두 명을 관리자로 임명했다. 그들의 미션은 회사의 큰 구조적인 변화를 감정적이면서도 비공식적인 측면에서 지원하는 것이었다. 카티 브라이트Katie Bright와 케이스 바이롬Keith Byrom이란 직원 두 명이 비공식 조직을 동원하는 능력이 뛰어난 것으로 평가 받으면서 문화팀에 선정되었다. 카티 브라이트와 케이스 바이롬은 회사에서 재빠른 얼룩말처럼 잘 연결되는 비공식 네트워크의 허브에서 활발하게 활동하고 있는 인물들이었다. 그들은 회사의 거의 모든 사람들을 알고 있었으며, 동료와 부하직원 모두와 좋은 관계를 유지하고 있었고, 다른 직원들로부터 신뢰와 존경을 받고 있었다.

그들은 비공식 네트워크를 동원하여 직원들의 반응을 살폈고, 구조조정이 비공식 조직에 부정적인 영향을 미치지 않게 한다는 믿음을 전파할 수 있었으며, 비공식적으로 수집된 정보를 활용하여 이를 구조조정 프로세스에 적용하게 했다. 이들의 활동덕분에 새롭게 탄생된 두 개 조직의 구성원들 간 협력이 한층 강화되었다. 그리고 이들은 공식적인 구조조정 프로세스 내에서 두 조직 구성원들을 연결시키고 있었다. 그들에게는 많은 역할과 책임이 부여되었다.

연결과 관련된 주요 이슈들의 정의하라: 카티 브라이트와 케이스 바이롬은 그룹 토의를 통해, 회사가 두개의 조직으로 나눠지는 과정에서 직원들이 가질 수 있는 몇 가지 중요한 관점을 알게 되었다. 상당수의 직원들이 오히려 완전하고 즉각적인 분리가 오히려 더 적절하다고 판단한 것이다. 물론 충분한 시간을 갖고 완전하지 않은 형태로 분리하는 것이 선호되는 경우도 존재했다. 하지만 연결과 관련된 이슈들은 새로운 조직에 의해 서로 다르게 정의될 수도 있었다.

직원들의 정서를 파악하라: 존 자크리는 구조조정 작업에 대한 직원들의 일반적인 정서를 파악하기 위해 경영자들에 의존했다. 그러나 데이비드 자크리는 항상 직원들과 직접 대화하는 것을 선호했다. 카티 브라이트와 케이스 바이롬은 상위 40개의 비공식 네트워크들을 확인하고 개인적으로 이들을 빈번하게 방문하면서 보다 직접적으로 조직을 진단할 수 있었다. 그 결과 매우 유용한 정보들을 존 자크리와 데이비드 자크리에 전달할 수 있었다. 대부분의 경우 존 자크리는 새로운 공식 프로세스를 만들고 완성시키는데 이 정보들을 이용했다. 데이비드 자크리는 공유된 가치와 새로운 조직의 기업 문화를 강화시키는 데 이 정보를 활용했다. 사람마다 서로 다른 해법을 적용하여 중요한 행동 변화를 이끈 셈이다.

드러나는 반응에 담긴 시사점을 해석하라: 캐티 라이트와 케이스 바이롬은 이미 오래전부터 자크리라는 회사의 문화유산과 직원들을 경험해 왔기 때문에, 서로 다른 장소 또 각기 다른 사람들로부터 받은 다양한 반응들을 아주 현명하게 해석할 수 있었다. 예를 들면, 그들은 장비부서equipment department에서 새롭게 드러나고 있는 불안 요인을 재빠르게 확인하고 경영진에게 여기에 필요한 메시지를 제공했다. 그들은 긍정적인 감정 에너지를 만들어 내면서 부정적인 인식을 제거했고, 장비부서와 연결되어 있는 다른 직원들에게 긍정적인 연결을 만들어 내는데 기여했다.

또한 각각의 사업 단위는 서로 다른 방식으로 비공식 조직을 동원하여, 공식적인 변화가 성공적으로 이뤄질 수 있다는 확신을 심어줄 필요가 있었다. 이런 목적을 이루기 위해 문화팀은 자크리의 중요한 문화적 속성들을 규명해 내고 미래의 문화적 변화에 대한 시사점을 고려하는 데 집중했다.

카티 브라이트와 케이스 바이롬은 비공식 조직을 동원함으로써 자크리의 구조조정을 지원하는 데 중요한 역할을 수행했다. 규모가 큰 조직에서는 이런 중간 관리자들을 얼마든지 찾아낼 수 있다. 중요한 변화에 직면해 있는 상황에서 경영진의 역할은 이런 종류의 중간 관리자들을 찾아내고 그들을 지원해줄 방법에 대해 고민하는 것이다. 또한 경영자는 기업 전략의 우선순위가 이들의 활동과 일치될 수 있도록 지도할 책임이 있다.

▼

비공식성을 동원하는 것은 공식성을 관리하는 것과 전혀 다르다. 이는 언어적으로 갖는 의미 상의 차이 그 이상이다. 성공한 리더들은 본능적으로 이런 차이를 인지하고 있으며, 이 두 가지 모두로부터 가장 최상의 것을 얻기 위해 노력한다. 더군다나 그들은 조건의 변화가 정당할 때, 둘 간의 균형이 바뀔 수 있다는 사실도 잘 알고 있다.

하지만, 불행하게도 대부분의 경우 어느 한 쪽에 더 우호적인 입장에서 균형을 이루고자 하는 유혹에 빠지기 쉽다. 비공식성만이 존재하는 신생 기업은 규모와 경쟁력 확보에 반드시 필요한 공식적 경영규칙을 제대로 만들어내지 못한다. 규모의 경제와 일관성 있는 규칙 등에 매몰되어 있는, 조직화가 잘 된 대기업들은 오히려 글로벌 시장에서 요구되는 복잡한 수요에 유연하게 대응하는 기회를 잃기도 한다.

유사한 종류의 불균형성이 개인에게도 발생된다. 일부 직원들은 비공식성의 중요성을 간과하도록 만드는 공식적인 유전자만을 갖고 있는 듯 보인다. 또 다른 직원들은 실질적인 성과 목표를 뒤로한 채 비공식성에만 열중한다. 이들은 물론 어느 한가지에만 집중하는 것이 편하게 느껴질 수도 있다. 그리고 이런 것이 꼭 이상하거나 나쁜 것은 아니다. 그러나 공식과 비공식 간의 균형은 성과를 개선시키는 데 큰 영향을 준다. 끊임없이 변하는 환경에서, 관리하는 것과 동원하는 것에 대한 상호 보완적인 역량은 매우 중요하다. 변화는 항상 일어나고 있다.

▲

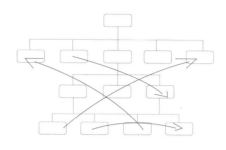

CHAPTER 10

무엇을 할 것인가

지금까지 제시된 여러 가지 사례들이 흥미로우면서도 실질적인 도움이 되는 것은 사실이지만, 여전히 다음과 같은 의문이 생길 수 있다. "그럼 내가 실제로 어떻게 해야 되죠?" "우리 조직의 비공식적 요소들을 어떻게 구축하고 동원할 수 있나요?" "상황이 급격하게 변할 때 어떻게 해야 올바른 균형점을 찾고 유지할 수 있죠?"

이 장에서 우리는 모든 조직이 직면하고 있는 일반적인 도전이라는 측면에서 이런 문제들을 제기해 보고자 한다. 그리고 개인과 중간 관리자, 그리고 조직의 리더라는 서로 다른 세 가지 렌즈를 통해 그들에게 주어진 직무를 어떻게 수행해야 하는지 살펴볼 것이다.

일반적인 조직에게 필요한 것

비록 우리가 비공식성을 동원하고 공식성과 균형을 맞추는 것에 대해 말하고는 있지만, 여전히 "구성원들이 해야 할 일"과 같은 목록에서 이런 주제를 찾아보기는 힘들다. 이유는 비공식성을 동원하는 것이 조직의 성과 문제를 해결하는 데 적용되는 최후의 수단이기 때문이다. 이제부터는 일반적인 조직의 성과 향상과 관련된 도전과제들을 탐구하고자 한다. 이런 과제를 통해 우리는 아래와 같은 분야에서 특별히 도움이 되는 통찰력을 발견할 수 있을 것이다.

- 전략 수립
- 혁신
- 원가절감
- 문화의 변화
- 고객서비스

전략 수립

전략 수립은 분석기법, 의사결정론, 책임관계 확립, 계획과 관련된 각종 규정 등에 의해 지배되는 가장 기본적인 공식 프로세스다. 경영학의 대가 헨리 민츠버그Henry Mintzberg 교수는 전형적인 전략 수립과정에 대해 흥미로운 관찰을 했는데, 그는 전략적 프로그래밍과 전략적 사고를 구분하였다.[1] 전략적 프로그래밍이란 조직의 목적을 전략 수립과 전략 행동으로 세분화하여 분석하는 행위이며, 전략적 사고란 아직까지 완전하게 정의되지 않은 직관과 상상에 기반을 두고 새롭고 종합적인 관점을 개발해 나가는 것이다.

이런 관점에서 헨리 민츠버그 교수는 전략이 두 종류의 사람들에 의해 공동으로 개발되어야 한다고 말한다. 즉, 전략 프로그래밍을 위해서는 자료를 수집하고 분석하며 실행 여부를 세심히 살피는 좌뇌형 기획전략가가 필요하며, 동시에 전략적 사고 부문을 위해서는 아직까지 탐구되지 않은 영역에서 아이디어를 찾고 다른 직원들의 전략적 사고를 격려하며 빠르게 프로토타입을 만들어 내는 우뇌형 기획전략가가 필요한 것이다. 이것이 바로 공식과 비공식 사이의 균형이다.

대부분의 전략적 계획 수립은 여전히 공식 조직의 좌뇌형 전략가들에 의해 지배되고 있다. 다양한 분석기법을 통해 개발된 전략들은 예감이나 직감에 의존하는 전략보다 더 많은 "진실"을 담고 있는 것처럼 여겨진다. 그동안 전략 컨설팅 비즈니스가 이러한 사고방식을 더욱 강화시켰다. 치밀하게 준비된 미팅, 표준 템플릿, 분석 프레임워크, 다양한 데이터 등은 모두 논리적인 설득력을 강화시키는 도구이며 모든 논쟁에서 승리를 가져다 준다.

난해한 문서들과 파워포인트 프리젠테이션 자료 등을 늘어놓게 되면, 논쟁은 이미 우뇌의 지배를 받게 되는 것이다. 더 이상 냅킨에 휘갈겨 쓴, 보다 흥미진진하고 열정 돋는 아이디어들이 받아들여질 여지가 없어진다.

우리 고객사 중 하나인 티-모바일T Mobile은 고객서비스의 개념을 전혀 다른 방식으로 규정했다. 물론 티-모바일의 직원들은 많은 자료를 수집하고 유용한 통찰력을 얻기 위해 성공 사례를 벤치마킹하며 분석 작업을 했다. 그러나 그들은 창조적인 아이디어를 만들어 내는 과정이 이것의 일부가 되어야 한다는 믿음을 갖고 있었다. 그래서 우리 팀은 고객서비스를 가장 잘하는 소매점 직원들과 미팅을 가졌고 그들이 가장 효과적으로 실행하는 것들을 발견해냈다.

그리고 바람직한 고객서비스와 최고의 고객서비스 간의 차이를 설명하는 만화책을(정말, 만화책을) 만들었다. 그리고 가장 현실적이면서도 다양한 아이디어들을 모아 최고의 고객서비스가 가능한 소매점포 구조를 만들어내는 만화책도 만들었다. 이 만화책과 분석 작업은 모두 생산적인 전략 개발에 필요한 요소들이었다.

이렇게 해보세요 공식적인 전략 수립 과정과 조직 내 다른 부문으로부터 구조화되지 않은 것들을 입력하는 과정(애트나의 사례에서 잭 로가 만들어 낸 임시 전략 회의를 회상해 보자) 간의 균형을 유지하라. 직원들을 모든 정보에서 자유롭게 나뒹굴게 하고, 새로운 통찰력들을 통합할 수 있게 충분한 시간을 줘라.

혁신

우리는 혁신과 관련된 컨설팅 작업을 할 때, 종종 고객 회사에게 다음과 같이 단순한 질문을 한다. 귀사는 많은 아이디어들을 충분히 버리고 있나요?[2] 우리는 이것이 막강한 혁신 시스템을 구축하기 위한 최고의 흔적으로 생각한다.

기업은 혁신적인 디자인 제품을 만들어 내기 위해 조직 내 창조적 정신을 조성하고 관련된 프로세스를 만들고자 한다. 그러나 혁신에는 또 다른 측면이 있다. 혁신은 좋은 프로토타입을 만들어 내는 것 이상의 것이다. 혁신은 바로 높은 잠재력을 가진 아이디어를 채택하여 제품화하고 시장에 내놓는 능력이다. 그래서 혁신은 단지 훌륭한 디자인이나 연구개발 기능에 국한되지 않는다. 이는 바로 엔지니어링, 정보통신 시스템, 제조, 공급망, 고객서비스 등의 기능을 모두 효율적으로 조정하는 것이다.

이것이 도전과제의 핵심이다. 지속 가능한 혁신을 얻기 위해 비공식적인 창조 능력과 공식적인 생산 능력을 어떻게 통합할 것인가?

우리는 최고의 성과를 내는 혁신 시스템을 목격한 적이 있다. 가장 성공적인 혁신 지표는 조직이 지속적으로 나쁜 아이디어를 제거하는 동시에 최고의 아이디어를 제공함으로써 혁신을 가속화하는 것이다. 이렇게 하기 위해서는 몇 가지 중요한 역량이 필요하다. 일반적으로는 다양한 아이디어들을 좋은 것과 나쁜 것으로 구분하는 능력, 아이디어를 평가하고 개발하는 능력, 그리고 나쁜 아이디어를 제거하고 좋은 아이디어에 자원과 관심을 집중하는 능력 등이 필요하다. 하지만 아래와 같이 일반적이지 않은 능력들도 요구된다.

- 아이디어에 대한 자부심을 인정: 그들의 아이디어가 마지막까지 성공적으로 구현되었을 때만 인정해줄 것이 아니라, 모든 단계에서 아이디어 포트폴리오에 가장 적합한 의사결정에 도움을 준 사실에 대해서 그들을 인정해줘야 한다.
- 연구개발에서부터 고객서비스에 이르기까지 모든 기능별 단계에 관여된 공식적인 기능과 비공식 의사결정 프로세스에 대한 조언: 이것은 비공식 조직의 규범에 의해 지지되어야만 하며, 이를 통해 토론과 좋은 의사결정 및 자발적 참여 등을 촉진시킬 수 있다. 결국 조직은 누구로부터 아이디어가 나왔는지를 따지지 않고 아이디어의 품질만을 놓고 수용할 것인지 포기할 것인지 결정하게 된다.
- 버려진 아이디어를 효과적으로 관리하는 방법: 채택되지 못한 아이디어를 낸 사람은 실패했다는 느낌을 갖게 된다. 비공식적으로는 명예가 훼손된 셈이며, 공식적으로는 성과를 내지 못한 것이다. 따라서 자원을 재빠르게 재배치함으로써 아이디어를 만드는 데 있어 보다 높은 가능성을 갖게 한다.

조직이 아이디어들을 효과적으로 버리고 있다면, 이것은 바로 위와 같은 능력들이 제대로 발휘되고 있음을 의미한다. 만약 당신 조직이 비공식적 역량과 공식적 역량 간의 통합을 제대로 이뤄내지 못하고 있다면, 행복하게 그리고 신중하게 아이디어를 버리지 못하고 있는 것이다. "행복하게 그리고 신중하게"라는 말을 명심하라. 수많은 비공식 조직들이 수천 번의 난도질을 통해 아이디어를 버리고 있는 반면, 수많은 공식 조직들은 관료들이 아이디어를 학살하게 만든다. 이런 종류의 살해는 결코 도움이 되지 않는다. 더구나 신중하게 이뤄지지도 않는 경우가 많다.

이렇게 해보세요 가장 중요하면서도 분명한 혁신 프로세스를 만들어라. 이것이 섣부른 아이디어조차도 목적에 맞게 활용할 수 있게 만든다. 팀 의사결정, 커뮤니케이션, 자부심, 평가지표 등의 프로세스를 통해 비공식과 공식을 통합하는 메커니즘을 만들어서 조직 내 가장 바람직한 수준의 아이디어 폐기 비율을 달성하라.

원가절감

많은 회사들은 속성 다이어트와 같은 원가절감 방식을 취한다. 우리는 간소한 식단을 권하고자 한다. 왜냐하면 보다 건강하고 즐거운 방식이기 때문이다. 오랫동안 감량을 유지하는 데에는 속성 다이어트보다 식단을 간소화하는 게 도움이 된다. 불행하게도 대부분의 원가절감 프로그램은 장기간에 걸친 변화를 만들지 못하고 있다. 최근의 연구결과에 따르면, 원가절감 효과를 3년 간 지속시킨 회사는 겨우 10

퍼센트에 불과하다.[3]

기업의 원가절감 노력은 오히려 악순환으로 빠질 가능성이 높다. 공식적인 접근은 원가를 구분하는 것에서 시작된다. 회사는 인원을 줄이지만, 여전히 생산성은 향상되지 않는다. 원래 계획에서 예측하지 못한 것들이 생기면서 조직은 무력해진다. 그래서 실적이 떨어지기 시작한다. 실적 하락을 만회하기 위해 다시 경비가 상승한다. 더 많은 비용을 지불하며 공급업체를 선택함에 따라 인력 감축으로 인한 효과가 상쇄된다. 결국 다시 인력을 충원하고 조직은 고비용 구조로 복귀된다.

이런 일들은 흔하다. 왜냐하면 공식 조직에 의해 공포된 권한에 비공식 조직에 대한 고려가 없기 때문이다. 비용 절감에 대한 지시가 일부 경영진이 모인 사무실 내에서 결정되고 일방적으로 명령되었을 뿐이다. 직원들은 불안, 분노, 혼란 그리고 동기 상실 등을 체감한다. 직원들은 이러한 절감 방안의 실행에 대항하기 위해 비공식적으로 단결한다. 인원 감축은 항상 조직의 가치를 시험하며, 자부심을 훼손하고, 인적 네트워크에 손상을 입힌다. 결국 인원감축 노력을 추진해왔던 분석적인 방법론들은 무용지물이 되고 만다.

이것이 비용절감, 특히 인력 감축을 통한 방식의 반대를 의미하지는 않는다. 그러나 원가절감은 비공식 조직을 더 잘 통합시키는 방법으로 수행될 필요가 있다. 원가절감을 지시하는 대신 동원을 통해 놀라운 결과를 달성할 수 있다.

예를 들면, 텍사스 상업은행Texas Commerce Bank은 비용절감을 위해

돈으로 표시된 공식적인 성과 목표를 없애고 보다 재미있고 활기 넘치는 목표를 설정했다. 비용절감 목표를 5천만 달러 절감에서 "은행원들을 괴롭히고 고객을 미치게 만드는 모든 것을 없애는 것"으로 바꾼 것이다. 이것이 무엇인가를 알기 위해, 리더들은 9천명의 은행원 중 절반 정도가 포함된 수백 개의 포커스 그룹을 만들었다. 포커스 그룹 인터뷰를 통해, 인원 감축이 아닌 "짜증스러운 것 없애기"에 사람들의 관심을 집중하게 만들었다. 그들은 결국 원래 목표였던 5천만 달러의 비용절감을 이뤄냈다.

원가절감을 위한 다양한 시도 가운데, 비공식 네트워크를 활용하여 지속적으로 정보를 수집하고 활력을 유지하는 것은 아주 중요하다. 그러나 문제는 이런 방법이 쉽지 않다는 사실이다. 비공식성은 원가절감을 위한 노력들을 공개적으로 지지해야만 한다. 특히 인력 감축과 관련된 일들을 수행할 경우, 남아 있는 사람들을 위해서라도 열린 대화채널을 유지해야 한다. 그러나 가장 중요한 것은 비용절감 노력에 대해 좋은 감정을 주입하고 자부심을 갖게 만드는 것이다. 이렇게 되지 않을 경우 결국 원가절감 노력은 결실을 맺지 못한다.

다음은 우리 동료가 해 준 이야기 중 하나로 원가절감에 대한 내용을 잘 설명하고 있다. 그 동료는 '절약'을 최고의 가치로 삼고 있는 회사에서 일하고 있었다. 어느 날 그는 임원 비서에게 지우개를 달라고 했다. 그녀는 서랍을 열어서 지우개를 꺼내더니, 둘로 잘라서 그 친구에게 반을 주고 다른 반은 다시 자기 서랍에 넣었다고 한다.

이렇게 해보세요 원가절감이라는 도전에 직원들을 포함시켜라. 공정하고 투명하며, 적절하고 효과직인 비용절감 프로세스에 대한 조언을 얻기 위해서라도 비공식적인 네트워크의 허브를 찾아야 한다. 드러난 원가절감 방안에 직원들을 참여하게 하고, 절약하는 행위에 자부심을 갖도록 만들어라. (비록 반으로 잘린 지우개가 당신의 목표를 충족시키지 못할 수 있다 할지라도 말이다.) 인원감축의 경우, 당신이 추구하는 가치에 어긋나지 않게 직원들을 존중하며 떠나게 하라. 그리고 남아 있는 직원들의 동기부여도 잊어서는 안 된다.

문화의 변화

문화의 변화는 전반적인 변화관리 프로그램의 하나로 다루어진다. 변화관리 프로그램은 인적자원 및 조직개발 전문가들에 의해 전통적인 방법으로 관리되는 잘 정의된 목표와 성과지표, 그리고 프로그램 등으로 이루어진 일련의 과정이다. 그러나 불행하게도, 대부분의 사례에서 문화적 변화를 나타내는 행동의 전환 보다는 일련의 업적을 나열하는 것에 초점을 맞추고 있다.

앞에서도 이미 밝혔지만, 문화는 비공식 조직이 갖고 있는 많은 요소들의 혼합이다. 가장 중요하면서도 쉽게 간과되는 요소로는 조직문화에 활기를 불어 넣음으로써 실질적이고 가시적인 성과를 만들어 내야 한다는 것이다. 토니 쾩Tony Kwork, 릴리 우Lily Woo 그리고 헨리 맥킨타이어Henley MacIntyre 등은 단지 상징적인 인물만이 아니다. 그들은 특정한 행동들을 마치 바이러스처럼 퍼트린 대표들인 셈이다. 그들은 "말한 것을 실천walk the talk"하는 신뢰할만한 의사소통의 달인들이었다. 변화관리 프로그램은 종종 이러한 문화적 모범 사례에 대한 이야기들을 수직적으로 전파하는데 많은 노력을 기울이지만, 동료들 간의 수평적인 상호교류의 중요성을 간과하는 경향이 있다. 사람들은 자신과 비슷한 일을 하는 다른 사람들로부터 더 빨리 배운다. 그러나 그들은 위계의 상하를 관리하라는 요구들 때문에, 그렇게 하는데 시간이 걸릴 뿐이다.

이렇게 해보세요 다양한 직급에서 핵심적인 영향력을 행사하고 있는 사람들을 찾아라. 그들은 회사가 원하는 행동양식을 이미 갖고 있는 특별한 사람들이다. 변화에 필요한 특별한 행동에 초점을 맞출 경우 반드시 그들에게 도움을 요청하라. 광범위한 비공식적 상호교류를 통해 동료 네트워크를 확장할 수 있는 방법도 찾아야 한다. 공통의 이해관계로 구성된 공동체가 존재하는 것은 매우 도움이 된다. 그러나 공식 그룹과 비공식 커뮤니티 전반에 걸쳐 동료 간 연결을 만들어내는 완전히 새로운 방법들을 생각해볼 수도 있다. 이들은 이미 소통을 위한 여러 가지 포럼을 갖고 있을 것이다.

고객서비스

고객서비스를 좀 더 효과적으로 만들기 위해서는 다음과 같은 질문에 답할 수 있어야 한다. 고객들은 자신들의 욕구에 딱 들어맞는 서비스를 제공받고 있다고 느끼는가? 그들과는 어떤 방법으로 의미 있는 소통을 하고 있는가? 이 같은 능력을 일선 현장에서 일하고 있는 수천 명의 직원들에게 똑같이 전파하고 있는가? 또한 일관성을 유지하면서 브랜드를 지속적으로 강화시키고 있는가?

이것은 효율과 효과 간의 균형을 의미한다. 이 균형은 공식적 메커니즘과 비공식적 메커니즘의 통합으로 이뤄진다고 할 수 있다. 여기 노드스트롬Nordstrom의 직원 사례가 있다. 그는 다른 회사 제품의 타이어를 반품 받았다. "우리가 판매하지 않은 타이어의 반품을 받아들이는 것"은 회사 업무지침에 나와 있지 않다. 사실 노드스트롬에는 직원 업무지침이란 것이 없다. 그 대신 "우리의 최고 목표는 뛰어난 고객서비스를 제공하는 것이다"라는 한 줄의 선언문이 있을 뿐이다. 규정 또한 단 한 줄이다. "어떤 상황에서든지 당신의 훌륭한 판단력을 사용하라. 이 외에 다른 규정은 없다."

이 같은 접근법이 회사 내 비공식 조직을 통해 잘 계승되어 온 것이다. 다른 회사라면 직원들을 돕는답시고 수많은 규정들을 만들어 냈을 것이다. 그러나 그들은, 항공사 승무원들이 눈을 감거나 헤드셋을 쓰고 있는 항공기 승객들을 향해 정해진 대본(또는 비디오)대로 비행기 안전지침을 읽어 나가는, 그런 상황에서 벗어나고자 했다. 바로 승객들의 주의를 끌고 참여하게 만들며 즉흥적으로 대본을 만들어 내는 사우스웨스트 승무원처럼 되고 싶었던 것이다.

또 다른 접근법은 표준 절차를 개발해 자부심을 갖게 하는 것이다.

예를 들면, 고객서비스 팀에게 소매점 "경험 여행" 같은 것을 제공하는 것이다. 고객서비스팀 직원들을 머리손질 기구와 스킨케어 제품, 그리고 화장품 등을 판매하는 곳으로 데리고 간다. 이곳은 스파^{spa}와 같은 곳이다. 가게의 종업원 한 명이 쟁반을 들고 나와 판매용처럼 보이는 허브 차를 제공한다. 차를 대접받은 고객서비스팀 직원이 가게의 서비스에 대해 묻는다.

종업원은 눈을 동그랗게 뜨고 시선을 마주하며 서비스에 대해 자세하게 설명한다. 손에 쟁반을 들 곳 있다는 것은 그 종업원이 모든 시간과 관심을 고객에게만 집중한다는 사실을 상징한다. 이런 프로세스에는 다른 의미도 있다. 상세한 서비스 내용을 공유하는 표준 프로세스를 통해 종업원들은 자부심을 갖게 되며, 이를 활용하여 고객들에게 보다 나은 경험을 제공할 수 있다. 이것이 바로 종업원들에게 고객을 응대할 때 따라야할 표준 대본을 주는 것 보다 훨씬 나은 것이다.

우리의 동료인 트라이시 엔텔^{Traci Entel}은 "공감 엔진^{Empathy Engine}"이라는 개념을 개발했다. 이는 고객서비스와 관련하여 흥미로운 관점을 제공한다. 행동에 공감을 주입시키고, 공식적인 정보의 흐름에 비공식적인 가치를 통합시킴으로써 회사는 고객들과 소통할 때 비공식적이면서도 의미 있는 것을 얻을 수 있다. 동시에 그들은 공식적인 절차에 따라 수집된 정보를 활용하여 자원을 분배함으로써 고객의 욕구에 더욱 부합되는 서비스를 제공할 수 있게 된다.

`이렇게 해보세요` 규정과 절차가 고객서비스를 방해하지는 않는지, 그리

고 없애야 할 것이 있는지 직원들에게 직접 물어라. 고객서비스가 이뤄지는 과성에서 직원들이 자부심을 느끼도록 만들어라. 그리고 공식적인 평가제도에 의해 간과될 수 있는 성취에 대해서는 공개적으로 인정해주는 방법을 찾아서 이를 시행하라. 다양한 직급의 리더들을 모아 고객들의 실제 생활을 경험하게 만들어라. 고객의 중요성을 강조하는 수단으로 공식적인 정보와 비공식적인 이야기를 함께 사용하라. 그리고 유·무형의 고객 경험을 관찰하라.

개인에게 필요한 것

대부분의 직원들은 회사 일이 즐겁거나, 회사가 정서적인 도움을 포함하여 유·무형적인 지원을 할 때 회사에 다니는 것에 만족한다. 그러나 불행하게도 회사 일은 대부분 재미없으며, 회사의 리더들은 정서적으로 보다는 이성적으로 도움을 주는 데 익숙하다. 그래서 자신의 일에 대해 특별한 열정을 갖지 못하고 있는 경우, 또 현재 보유하고 있는 지식과 자원으로는 주어진 임무를 완수할 수 없는 경우, 그리고 마지막으로 감정적인 스트레스를 해소하기 위해 누군가가 꼭 필요한 경우 비공식 조직의 도움이 필요하다. 대부분의 조직에서는 이런 상황들이 종종 간과된다. 왜냐하면 공식적인 방법이나 금전적 보상에 의해 충분히 동기부여 되고 있으며 직무 수행에 필요한 자원이 충분하게 제공되고 있다고 가정하기 때문이다. 그러나 이런 가정이 충족

되지 않을 때, 흥미도 없고 수행하기 어려운 일들을 기분 좋게 마무리
하도록 도와주는 것은 바로 비공식성이다.

몇 가지 권고를 하자면 아래와 같다.

- 모든 일에 자부심을 가져라.
- 네트워크를 구축하라
- 다양한 역량을 강화시켜라.

모든 일에 자부심을 가져라

동기부여는 자신이 좋아하는 일을 할 때는 저절로 생긴다. 그러나 당
신의 하루를 지겹게 만드는 무미건조하고 반복적인 일에 대해서는 어
떤가? 이런 일을 오히려 긍정적으로 생각하고, 일에 대한 자부심을
갖게 하는 것은 전적으로 당신 자신에게 달려 있다.

여기 우리가 직접 겪었던 한 가지 사례가 있다. 컨설팅이란 직업이
어느 정도는 화려해 보인다. 실제로 컨설팅 업무의 대부분은 흥미롭
고 매력적이다. 그러나 당신이 일류대학을 졸업하고, 경영전략 컨설
팅회사에 입사한 엘리트라고 가정해보자. 당신은 대형 마트의 혁신
작업을 하는 팀에 소속되었다. 첫 번째 임무로 마트 직원의 직무기술
서를 작성하는 일이 주어졌다.

"농담이시죠?" 이렇게 물을 수 있다. "제가 직무기술서나 작성하자
고 비싼 등록금 내며 밤을 새워 공부한 건가요? 물론, 주어진 시간 내

에 할 수는 있어요. 하지만, 내 재능을 이런 데 허비하다니…"

일부 식원들은 특정 업무에 대해 그렇게 생각한다. 그러나 재능 있고 똑똑한 사람들은 그렇지 않다. "좋아요! 매장 종업원을 채용하고, 가르치며, 코칭하는데 도움이 될 정도로 충분히 설득력 있는 한 장짜리 직무기술서를 만들께요. 이것이 새로운 고객 경험을 창조하는데 중요한 것이 될 수도 있겠죠. 우리가 바라고 있는 핵심적인 전략적 차별 요소가 될 수도 있고요." 약간 과장된 이야기일 수 있으나, 컨설팅 회사의 프로젝트 리더들은 이런 방식으로 과제를 분배하고 있으며, 일부 신입 컨설턴트들은 스스로 동기부여하며 위와 같이 생각하면서 과제를 수행한다. 결국 그들은 온갖 어려운 프로젝트들을 성공적으로 수행하며 최고의 성과를 내는 스타 컨설턴트로 성장한다.

모든 일은 당신 스스로가 해야 하고, 주어진 과제에 대해서도 긍정적으로 생각할 수 있는 방법들을 찾아내야만 한다. 이를 통해 일에 대한 자부심도 높아질 것이다.

당신이 하는 일이 종종 당신을 좌절시키기도 하지만, 주어진 일은 반드시 마무리 해야 한다. 예를 들면, 필자는 책상을 깨끗이 치우고 이메일을 지우면서 하루를 마감하는 것에 실제로 자부심을 갖는다. 이렇게 하는 이유는 다음 날을 준비하기 위함이다. 다른 일들이 잘 풀리지 않을 때, 이런 사소한 것들이 나를 기분 좋게 만든다. 일이 지루하고 따분하다면 다른 목표와 흥밋거리, 그리고 자부심 등을 그 일과 연결하라. 자기 스스로 성공에 대해 정의한 후, 성공에 이르는 많은 연결점을 만들어 놓아라. 지루하고 따분한 일을 보다 효율적으로 수행하게 만드는 새로운 행동들을 정의하고, 당신 목표를 주위 사람들에게 공개적으로 선언하라. 반드시 그들의 의견을 참고하라. 당신은 그들을 실망시키고 싶지는 않을 것이다.

자신의 네트워크를 구축하라

이쯤 되면, 당신은 아마도 네트워크에 대해, 그리고 이것을 활용하여 성과를 향상시키는 방법에 대해 생각하고 있을 것이다. 좀 불분명하게 있다면, 어떻게 하여 네트워크를 전략적으로 구축하는가 하는 정도의 문제일 것이다.

네트워크를 말할 때, 우리는 지도에 표시되어 있는 항공사 노선도를 떠올린다. 당신은 뉴욕 JFK공항을 통해 동부 지역 해안가에 있는 어느 도시든 갈 수 있다. 중부 시골에 있는 공항에는 연결된 목적지가 별로 없다. 그러나 로스엔젤레스로 가면 서부 해안도시와 아시아 각국으로 가는 길을 보여준다. 목적지 선택 옵션을 확장하기 위해서는 로스엔젤레스 공항에 연결되어 있는 것이 중부 시골 공항에 연결되어 있는 것보다 낫다. 사람들과 연결되는 것도 이와 같다.

하지만 시간은 소중하다. 거대한 네트워크를 형성하고 유지하는 데에는 많은 시간과 노력이 필요하다. 그래서 전략적일 필요가 있다. 중요한 정보와 통찰력의 원천이지만, 접촉하기 어려운 네트워크 접점의 영역을 규정하고 우선순위를 매겨라. 이런 영역에 속해있으면서 지식이 있고 평판이 좋으며, 다른 사람들을 기꺼이 돕는 사람들을 알아내라. 또한 당신의 부족한 경험을 보완해주고 풍부하게 만드는 개인들을 찾아라. 다양한 네트워크는 당신에게 풍부한 시각을 제시하며, 작업 환경을 보다 흥미롭게 만들어 준다.

좀 더 상세하게 알고 싶은 사람들을 2~3명 정도 찾아낸 후, 그들과 연결할 수 있는 방법을 찾아라. 이것은 회사 회식 때 같은 테이블에서 맥주를 마시는 것과는 다르다. 당신은 그들과 깊이 있는 연결을 통해 서로가 도움을 주고받는 방법을 배워나가야 한다. 일방통행은 안 된다. 이런 것들은 당신이 그들과 어떤 일이든 함께 할 때 이뤄진다. 그리고 관계 자체를 소중하게 생각하고 보살펴라. 자신의 목적만을 위해 관계를 맺고자 한다는 사실이 밝혀지면, 정치적이거나 교활한 사람으로 비춰질 수 있다. 그러나 도움을 요청하는 것은 나쁘지 않다. 관계란 사람들 간의 일정한 주고 받음을 통해 발전되며, 성공적인 상호교류는 당사자들끼리 더 많은 위험을 기꺼이 감수할 수 있는 신뢰를 만들어 준다.

당신의 역량을 확장시켜라

변화는 빠르게 일어난다. 어느 날 갑자기 새로운 직무가 당신에게 부여되면서, 예전에는 전혀 중요해 보이지 않았던 역량과 네트워크가 필요해 질 수 있다. 아니면 충분히 활용하고 있지 못하는 능력과 관심을 필요로 할 수도 있다.

창조적인 일을 수행하는 과정에서, 외견상 전혀 다르고 무관한 지식의 영역을 유용한 통찰력으로 연결시키는 것은 매우 중요하다. 따라서 공식적인 규정과 틀에 박힌 일상에 맞춰 살면서도, 삶의 일부분을 여태까지 겪어 보지 못한 새로운 상황에 노출시켜 비공식적인 능력을 통해 이를 극복할 수 있도록 만드는 것도 의미 있는 일이다. 이런 형태의 비공식적인 역량은 공식적인 상황에서는 불필요해 보이며, 일을 둘러싼 공식적인 환경이 급격하게 변할 때 비로소 높은 관련을 갖게 된다. 이를 통해 당신은 높은 적응력과 예기치 못한 상황 변화에도 잘 대응할 수 있는 능력을 갖게 된다.

당신의 직무 범위에서 벗어나는 일들을 스스로 맡겠다고 자발적으로 나서서 청하라. 그리고 당신이 좋아하는 것과 좋아하지 않는 것을 끊임없이 파악하라. 사람들과 불규칙적으로 연결될 수 있는 방법을 찾아보거나, 당신의 직무와 전혀 관련이 없는 동호회에 가입하라. 또한 다른 사람들이 당신의 현재 직업과 역할에 기반을 두어 당신을 어떻게 생각하는 지에 대해 알아보고, 이러한 인식을 확장시킬 수 있는 방법을 찾아라. 만약 당신이 신제품을 설계하는 엔지니어라고 가정해 보자. 신제품 광고카피를 만들어 보는 것이 그런 방법의 하나다. 이를 통해 당신은 다른 종류의 네트워크에 합류할 기회를 갖게 될 뿐 아니라, 엔지니어로서 시각을 넓힐 수 있는 새로운 것을 배우는 기회를 갖게 된다. 당신의 광고 카피가 누군가에 의해 실제로 사용되느냐 마느냐는 그리 중요치 않다.

중간 관리자에게 필요한 것

중간에 있는 것은 힘들다. 중간 관리자들은 자신에게 부여된 목표 달성을 위해, 그들은 아마도 모든 조직 내 기능들과 협력해야만 하는 경우가 있다. 그러나 당신이 사용할 수 있는 자원과 시간은 제한되어 있다. 보상 시스템은 당신 부서의 일부 직원들만을 동기부여 할 뿐이다. 당신이 내린 의사결정 가운데 상당수가 상사에 의해 번복되기도 하며, 이럴 때는 당신의 계획이 수시로 틀어진다. 이런 공식적 권위와 자원의 결핍 때문에, 협업이 필요한 업무 대부분이 중간 관리자들의 "우호자들의 망web of favors"을 통해 성취되곤 한다.

그러나 많은 일들이 중간 관리자들의 팀 밖에서 이뤄진다고 해서, 자신들의 팀을 잊어서도 안 된다. 대부분의 경우 그들은 공식 조직으로부터 직원들을 관리하여 자신에게 부여된 직무를 수행하는 방식에 대해 수없이 많은 교육을 받는다. 하지만 불행하게도 그들은 공식적인 보상과 승진을 추구하지 않는, 그런 사람들을 지원하고 도우며 성과를 내는 것에 대한 교육을 받아 본 적이 없다. 그들은 공식적인 시스템이 아닌 다른 것에 많은 영향을 받는다. 그들은 많은 사람들의 관심 밖에 있다.

따라서 개인 보다 중간 관리자들에 대한 계획이 더 어렵고 복잡할 수 있다. 여기 중간 관리자들의 공식적인 권위에 균형감을 심어주고, 보다 효과적으로 업무를 수행하는데 도움이 되는 비공식적인 사고방식과 소통방식에 대한 지침이 있다.

- 평균 수준의 성과자들을 동기부여 하라.
- 공식 조직 외부로까지 영향력을 넓혀 나가라.
- 가치를 기반으로 의사결정을 하고, 존중할 수 있는 동료들과 이에 대해 토의하라

평균 수준의 성과자들을 동기부여 하라

고高 성과자와 저低 성과자를 다루는 법을 알아 놓는 것은 매우 중요하다. 대부분의 관리자는 성과 스펙트럼의 양 극단에 있는 직원들에게 집중한다. 그러나 이는 직원의 30퍼센트에 불과하다. 나머지 70 퍼센트가 평균 수준의 성과자들이다.

앞으로 성과가 향상될 잠재력은 높지만, 현재의 보상과 인센티브에서 제외되고 있는 평균 수준의 성과자들이 성공에 대한 확실한 정의를 가질 수 있도록 도와야 한다. 직원 개인별 성공에 대한 정의를 소속된 팀의 목표와 연결시키고, 그들이 이를 달성하는데 자부심을 가질 수 있게 만들어라. 예를 들면, 고속승진 대신에 일과 삶의 균형을 유지하기를 원하는 직원들이 있다면, 하루 업무를 충실하게 수행한 후 가족과 함께 저녁식사를 즐기기 위해 퇴근하는 그들을 아낌없이 축하해 주는 것이다.

소규모 프로젝트를 통해 고 성과자와 평균 성과자들을 연결시켜라. 실제 같이 일을 함으로써 평균 성과자들은 고 성과자들에게서 배우고 때로는 멘토 관계를 맺기도 한다. 그러나 이런 멘토 관계를 강요하

지는 말아라. 강요하면 대부분 제대로 안 된다. 자연스럽게 이뤄질 경우, 이런 형태의 긍정적인 연결은 개인적 만족을 높여 주면서 고 성과자의 역할과 책임도 강화될 뿐 아니라 리더들이 해야 할 코칭 역할을 그들이 대신해주기도 한다.

평범한 직원들의 업무 성과에 대해서도 공개적인 방식으로 인정해주는 것이 좋다. 하지만, 패자 부활전과 같은 느낌을 주어서는 안 된다. 이들에 대한 인정은 고 성과자들을 인정하고 칭찬하는 것과는 달라야 한다. 예를 들면, 대표이사 표창을 받을 만큼 실적이 뛰어나지는 않지만, 항상 꾸준하게 매출을 늘려나가고 있는 영업부 직원이 있다고 가정하자. 그에게는 매출목표 달성 보다는 매출목표 증가율과 같은 지표로 평가하고 인정해줘야 한다.

공식 조직 밖으로 영역을 넓혀라

중간 관리자들은 일을 진행하는 과정에 있어서 공식 조직에 의하여 가장 큰 제약을 받는 사람들이다. 그들은 공식적인 발자취 보다는 비공식적인 존재감을 더 많이 필요로 한다는 의미이다. 만약 당신이 "진퇴양난에 빠져 있는in the muddy middle"중간 관리자라면, 당신은 팀과 동료, 그리고 적절한 의사결정을 할 수 있는 중요한 사람들과 비공식적인 연결을 구축해야 한다. 이렇게 의사결정이 이루어지는 곳에 초점을 맞추는 것은 네트워크를 만들고 영향력을 행사하는데 큰 도움이 된다.

바꾸거나 없애야 할 규정이 있는지 파악하라. 공식적인 정책들은 대부분 공식적인 시스템 안에서만 영향력을 행사할 뿐이다. 그렇다고 통제가 불가능한 사람처럼 행동하라는 것은 아니다. 재빠른 얼룩말이 되어 언제 어디서 무엇을 해야 하고, 또 어떻게 영향력을 행사해야 하는 지를 배우란 것이다.

소속된 팀이 경계선 밖으로 뛰쳐나가고 싶어 하면 충분한 엄호사격을 해줄 수 있어야 한다. 그리고 당신을 전폭적으로 지지해 줄 수 있는 후원자를 찾아라. 한 가지 더 덧붙인다면, 다른 직원들과 적극적으로 소통하면서 조직 내 충분한 자원을 확보하라. 대부분의 사람들은 누군가를 돕고자 할 때 매우 신중하다. 만일 그들이 당신을 돕기로 결정했다면, 당신이 이뤄낸 성과에 대해 그들로부터 인정을 받아야 하며, 그들이 좋은 감정을 느끼도록 만들어야 한다. 그렇게 되면, 그들은 당신의 목표달성을 위해 적극적으로 나서서 도울 것이다.

가치 기반의 의사결정과 당신이 존경하는 동료들과의 잦은 토론

대부분의 사람들은 동료들의 의사결정과 그것을 실행해 나가는 과정을 지켜보면서 배운다. 또 특정한 업무와 관련된 성공 사례를 찾는 것도 어렵지 않다. 하지만 의사결정 과정에 어떤 가치가 어떻게 적용되었는지를 알아내는 것은 쉽지 않다.

동료들과 함께 실행해야 할 계획들을 정의하라. 이것들은 대부분 지속적인 에너지를 필요로 하며, 그리고 그 에너지를 소비하는 방법에 대한 후속적인 활동에 대한 것이다. 의사결정 과정을 각별하게 지켜봐야 한다. 이것은 의사결정에 대한 방법을 이해하라는 의미이다.

　말한 것을 실천하고 실천한 것을 말하라. 결정한 대로 행동하라. 그러나 중요한 의사결정의 결과물이 어떻게 공식·비공식적인 고려 사항들과 연결되어 있는 지를 밝혀라. 그러면 사람들은 의사결정한 내용의 가치가 어떻게 영향을 미쳤는지 이해할 수 있으며, 그들 또한 그런 가치들을 반영하여 의사결정을 할 것이다. 또한 당신의 의사결정과 행동에 기초가 되는 가치들 간의 긴장tension상태에 대해서도 분명히 밝혀라. 때로는 가치 상호 간에, 극단적인지는 않더라도, 미묘한 수준의 갈등을 일으키곤 한다. 예를 들면, 경영 컨설팅직무를 수행하는 경우 고객에게 미치는 영향과 욕구, 그리고 직원들의 자기 개발이라는 두 가지 가치를 갖게 된다. 때론 고객의 욕구를 만족시키기 위해 직원들의 자기 개발과 관련된 프로젝트를 수정하거나 선택적으로 반영하는 경우가 있다. 물론 그 반대의 경우도 존재한다. 만일 우리가 고객의 욕구를 만족시킬 수 있는 의사결정만을 한다면, 직원들의 자기 개발과 관련된 가치는 손상되는 것이다.

고찰 리더에게 필요한 것

당신은 항상 주목받고 있다. 당신의 행동을 지켜보는 사람들이 많다. 특히 비공식적인 것들과 관련이 있을 때는 더 심하다. 당신은 조직 내 그 누구보다 강한 공식적인 권력을 갖고 있으며, 일을 할 때 그 권력에 기대고자 하는 유혹을 느낄 수 있다. 만일 당신이 공식성에만 너무 과도하게 의존한다면, 당신은 비공식성의 잠재력을 활용하지 못하는 것과 같다. 그래서 공식성과 함께 작동되는 비공식성을 원하고 있다.

당신이 비공식적인 조정자와 촉매자의 역할을 원하며, 업무 수행에 도움이 되는 일정한 패턴 개발을 촉진시키면서 다른 사람들을 동원할 수 있는 비공식적인 역량을 키우고 싶다면, 공식성과 비공식성간의 균형을 반드시 유지해야만 한다. 당신은 공식적으로는 조직의 효율성을 강화하면서도 비공식적으로는 조직 내 다양한 활동들을 모니터링 해야 한다. 또한 예상하기 힘든 일들이 발생했을 때, 이를 잘 해결할 수 있는 빠른 얼룩말들을 충분히 육성해야 한다. 엄청난 양의 공식적인 정보들이 매일같이 당신에게 쏟아질 것이다. 그러나 비공식적인 것들은 그 경로조차 추적하기 어렵다. 특히 임원실에 앉아 있다면 더욱 그렇다.

우리의 제안 대부분은 아마도 당신이 이미 하고 있는 방식들과 충돌될 수도 있다. 그러나 우리가 원하는 것은 당신이 기존에 하고 있는 방식을 집어 치우게 만드는 것이다. 만약 당신이 안전지대에서 나오지 않으려 한다면, 당신은 기회를 잡을 수 없다. 아래 세 가지가 우리의 권고사항이다.

- 일선 현장으로부터 배워라
- 이야기를 만들어내고 전파하라
- 다양한 실험을 시도하라

일선 현장으로부터 배워라

"돌아다니는 것walking around"에 대한 가치는 아무리 강조해도 부족함이 없다. 모든 기회는 일선 현장의 직원들과 당신이 제대로 작동되는 것과 그렇지 않은 것들에 대해 솔직하고 정확하게 공유함으로써 생긴다. 단 현장 경험을 공유한다는 이유로, 그들과 그들을 관리 감독하는 사람들에게 어떤 불이익이 돌아가게 해서는 안 된다. 우리는 사무실에만 처박혀 일하던 한 임원을 알고 있었다. 그는 현장을 돌아다니라는 압력을 안팎으로부터 받게 되었다. 그러나 막상 그가 현장을 다니기 시작하자, 모든 사람들이 불편해했다. 결국 그는 사람들의 요청을 받아들여 다시 사무실에서만 일하게 되었다. 이런 함정에서 벗어나기 위한 방법은 다음과 같다.

직원들의 입장에 맞춰라. 하루 동안 그들이 하는 일들을 해보고, 일에 대한 자부심과 좌절을 직접 체험하라. 의도한 것은 아니겠지만 조직 관리에 방해가 되는 장애물이 무엇인지 파악하라. 그리고 이런 장애물들을 제거할 수 있는 방법을 연구하라. 일선에서 일을 처리하는 방식으로부터 배우는 통찰력은 경영진들에게 더할 나위 없이 소중한 것이다. 더군다나 당신이 일선 현장에서 시간을 보내는 것은 그들의 역할이 상당히 중요하다는 것을 말이 아닌 몸으로 보여주는 것과 같다.

조직 내 모든 직급의 사람들과 공개적인 대화를 시작하라. 일선 현장에서 일하는 비공식 리더들의 이야기를 정기적으로 들을 수 있는 안전한 공간을 만들어라. 그리고 그들이 모여 아이디어를 서로 주고 받을 수 있게 하라. 당신은 여과되지 않은 생생한 정보를 원한다. 당신과 직접 연결된 직원들은 활력에 넘칠 것이며, 그들은 조직의 성공에 기여하고 있다는 자부심에 가득 차 있을 것이다. 중간 관리자 중 일부가 그들과 직접 어울리는 당신을 보며 걱정할 수도 있다. 하지만 그들과의 연결을 통해 얻게 된 통찰력을 중간 관리자들과 공유한다면 그 같은 우려는 불식될 수 있다.

일선에서 벌어지는 일의 방식에 대한 당신의 가정을 바로잡아라. 일선 현장을 효율적으로 만들 수 있는 실질적인 방법에 대해 시간을 갖고 고민하라. 그리고 그 결과를 적용하라. 결과를 도출하는 데 사용했던 여러 가지 가정들은 공식적인 계획을 수립하고 조직을 설계하는 데 반영하라. 가장 큰 오류는 경영진을 동기부여 했던 방식이 일선 현장의 직원에게도 똑같이 적용될 수 있다고 믿는 것이다.

이야기를 만들어내고 전파하라

임원들 간의 의사소통은 대부분 파워포인트 자료, 보고서, 실적지표 등으로 이뤄진다. 그러나 리더들은 이야기를 통해 조직 내 구성원들에게 무엇이 중요한지를 말할 수 있어야 한다. 그리고 구성원들이 그 이야기를 반복함으로써 메시지는 더욱 증폭된다. 좋은 이야기는 반복된다고 해서 나쁠 것이 없다. 설사 그 이야기를 직접 만들어낸 장본인이 아니더라도 괜찮다.

당신이 기대하고 있는 행동을 하는 직원들을 찾아내고, 그들에 대한 이야기를 전파하라. 그리고 그런 행동을 직접 보여줘라. 바람직한 미래의 행동양식을 갖고 있음에도 불구하고 현재의 성과를 중시하는 보상 시스템 때문에 주목받지 못하고 있는 사람들에게 특별한 관심을 가져라.

모범적인 행동양식을 갖고 있는 사람들의 비공식적인 측면들을 명확하게 드러내라. 그들의 행동을 다양한 대화의 소재로 삼을 경우 효과적일 수 있다. 그들은 어떤 가치를 생활 속에서 실천하고 있나? 그들은 공식적인 조직의 한계를 넘어, 사람들과 어떤 방식으로 연결하고 있나? 그들은 어떤 종류의 자부심에 의지하고 있으며, 또 다른 사람에게 어떤 방식으로 자부심을 갖게 하나? 그들의 행동 중에서, 다른 직원들이 하지 않는 것은 무엇인가?

도움을 요청하라. 대부분의 경영자들은 연설을 잘한다. 그러나 '스토리텔링'은 그 만큼 잘하지 못한다. 스토리텔링에 재능이 있는 사람을 찾아, 기억에 남을만하며 통찰력이 있을 뿐 아니라 개인적인 이야기를 만들어내는 데 필요한 도움을 청하라.

다양한 실험을 시도하라

비공식 조직은 공식성의 경계를 항상 시험한다. 사람들은 지름길이나 우회도로 같은 것을 통해 공식적인 방법으로는 수행하기 힘든 일들을 처리한다. 이것은 자연스러운 현상이다. 공식성은 동질성을 목적으로 하고 있는 반면, 비공식성은 개별성을 장려하기 때문이다. 경영진은 공식성의 자연스러운 목적을 훼손하지 않으면서도 다양한 실험이나 시범 프로젝트 등을 묵시적으로 승인할 수 있다. 이 같은 실험을 통해 조직 내 구성원들은 유용한 학습을 경험하게 되며, 실험 자체가 공식성에 대한 변화의 씨앗이 되기도 한다.

공식 조직 내에서 특별한 방식으로 높은 성과를 내는 잠재적 혁신가들을 찾아라. 그들은 공식적인 규정을 보완하는 새로운 규칙들을 만들어낸다. 그리고 재빠른 얼룩말들을 찾아 그들을 조직 곳곳에 심어두고, 다른 사람들과의 교류를 통해 혁신적인 본능을 촉진시켜라.

그들에게 특별한 공간을 제공하여 그들의 성공을 확장하게 하라. 그들이 수행하는 실험에 대해 명확한 목표를 갖게 하고 책임을 지게 하라. 그런 실험들을 통해 당신이 얻고자 하는 것이 무엇이며 어떻게 해야 목표를 빠르게 달성할 수 있는지 분명히 밝혀라.

그들의 실험을 돕는 데 필요한 정확한 양의 자원을 제공하라. 그러나 너무 많은 자원을 제공할 경우 그 같은 실험이 너무 쉬워질 수 있음에 유의하라. 그들이 창조성에 더 집중하게 하고, 성취된 결과물에 자부심을 느낄 수 있게 만들어라. 한 가지 잊지 말아야할 것은, 목적뿐 아니라 과정에 대해서도 자부심을 갖게 하는 것이다.

월요일 아침, 한 가지씩 실행하라

이 책을 읽은 효과는 다음과 같은 방법들을 통해 극대화될 수 있다. 당신이 깨달은 것을 자신의 역할에 적용시켜라. 그래서 지금까지 해온 일의 방식과는 다르게 시도하라. 다른 말로 하면, 당신이 소속된 조직을 변화시키려고 노력하기 전에 당신 자신부터 변화시켜라.

물론 당신의 본질을 변화시키는 것은 거의 불가능할 수도 있겠지만, 여기서의 그게 포인트가 아니다. 누구나 변화를 수용할만한 몇 가지 행동을 갖고 있다. 자신에게 주어진 역할 내에서 비공식 조직을 잘 활용하여 그것들을 변화시켜 나가라는 것이다. 다음 주 월요일에 그것 가운데 한 가지를 시도해 봐라. 다음 주 월요일은 회계연도가 시작되는 시기도, 대형 프로젝트가 마무리된 시기도, 또 새로운 역할을 맡게 된 시기도 아니다. 이런 시도가 제대로 먹혔다면, 다른 것을 시도하라. 첫 번째 시도가 실패했다 하더라도, 새로운 것을 시도하지 않을 이유가 없다. 결국 변화가 반복되면서 당신의 성과도 향상될 것이다.

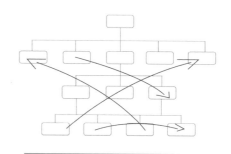

결론

우리는 지금 과거 어느 때보다 가장 심각한 경기 침체를 경험하고 있다. 하지만 사람들은 항상 새로운 기회를 엿보고 있다. 그러나 과거에 일해 왔던 방식이 더 이상 효과적으로 작동되지 않음을 우리는 잘 알고 있다. 지난 수년간 세상은 끊임없이 변화해왔으며, 국제 경제에 미치는 다양한 영향력들이 목격되었다. 중국은 곧 세상에서 가장 많은 영어 사용자를 보유한 국가가 될 것이다. 우리는 과거 5천년 동안 생산한 정보보다 더 많은 양의 정보를 1년 만에 만들어 내고 있다. 페이스북Facebook 사용 인구는 한 국가의 인구보다 더 많다. 한 해에 보내는 문자메시지의 양은 지구 전체의 인구보다 많아졌다.

하지만 인간의 경험은 대부분 변치 않은 채 남아있다. 우리는 좋은 일을 하기를 원한다. 우리는 하고 있는 일에 자부심을 갖고 싶어 한다. 다른 사람들과 연결되기를 원한다. 가치를 추구하는 삶을 살고자 한다. 이런 종류의 욕구는 사회적, 기술적, 그리고 생태학적 변화의 소용돌이 속에서도 결코 변하지 않았다.

성공하고자 하는 사람들은 위에 언급된 인간의 가장 근본적인 욕구를 이용할 수 있어야만 한다. 비공식적인 성질은 공통의 목적을 이루기 위해 함께 일하고 있는 사람들에게 영향력을 지속적으로 행사한다. 비공식성에 대한 사람들의 지혜는 종종 공식성으로 무장된 전문가들에 의해 빛을 잃곤 한다. 학교를 변화시키고자 했던 릴리 우나, 현장 운영팀에게 활기를 찾아준 토니 콱, 유엔에서 멋진 일을 해낸 헨리 맥킨타이어, 혹은 변혁을 이끈 잭 로 등은 동기부여, 협력, 혁신, 그리고 영감 등과 같은 필수적인 요소들은 그대로 갖고 있다. 모든 조직은 각각 다른 도전과제에 직면해 있다.

경영학 관련 이론은 마치 유행처럼 오래된 것을 버리고 새로운 것을 끊임없이 추구하도록 장려하고 있지만, 이것은 우리가 권고하는 바가 아니다. 대신 우리는 이렇게 권고하고 싶다.

- 공식적인 경영학적 접근법을 유지하고 강화하되, 이것이 갖고 있는 한계도 분명하게 인지할 것.
- 비공식적인 특징을 그저 다루기 힘든 혼돈상태처럼 인식하지는 말 것. 비공식적 특성은 다양한 영향을 주고받으면서 성과를 향상시키고 전략적 가치를 제고하는데 기여하기 때문이다.
- 공식성을 관리하기 위해 사용되었던 도구들을 비공식성 관리

에 그대로 사용하지 말 것. 이것은 일을 더 망칠 뿐이다.

공식 조직과의 균형을 위해 비공식 조직이 동원될 때, 전체적인 구조가 완성된다. 그리고 새로운 수준의 성과가 이뤄진다. 이는 마치 그네를 미는 것과 같다. 그네를 미는 사람과 타는 사람이 모두 힘을 합쳐야만 그네를 최고 높이로 까지 밀어 올릴 수 있다.

일부 조직은 비공식성을 좋아하고 또 다른 조직들은 공식성에 더 기울어져 있다. 그리고 많은 조직들은 이 둘 간의 균형을 고려한다. 우리는 조직 내 모든 구성원과 관리자, 그리고 리더들을 도와 더 높은 수준의 성과를 내게 하는데 관심을 갖고 있다. 한편으로는, 우리가 인간의 조직행동론이라는 복잡한 세계를 너무 단순하게 두개의 양동이에 나눠 담고 있는지도 모르겠다. 그러나 우리는 이렇게 양동이에 나눔으로써 리더들에게 인간 행동에 대한 복잡한 틀 보다는 보다 실용적이고 유용한 사고방식을 제공했다고 확신한다. 리더들은 변화를 공부하는 것 보다, 변화를 만들어 내고자 하는 사람들이기 때문이다.

그리고 이 책은 이런 리더들을 위해 의도되었다. 우리가 제시한 많은 사례와 연구 자료는 공식 조직과 비공식 조직 모두로부터 가장 최선을 것을 얻어내는 데 필요한 복잡한 특징의 일부를 보여주고 있으며, 리더들이 공식과 비공식적 특징을 통합할 수 있는 다양한 방법들을 보여주고 있다. 이것은 균형과 통합에 대한 사고의 방식이자 성향인 셈이다. 그리고 이것은 고 성과자와 낙오자를 구분한다. 그것이 개인이거나, 팀, 혹은 기업 전체가 될 수도 있다.

그러나 이 길을 따라 여행할 때, 통합을 이루는 것이 역동적임을 인식하라. 우리가 제공할 수 있는 것은 일정한 수준의 아이디어와 선택권, 접근 방법, 그리고 사례일 뿐이다. 당신 조직의 DNA와 당신의 욕구에 맞는 것은 극히 일부에 불과하다.

우리가 여기서 제공한 것에 덧붙여서, 당신 스스로가 자신에게 맞는 방식을 찾아내고 공식 조직 바깥의 특징들을 잘 이끌어 내면서 성공을 만들어나가기 바란다.

부록 I 자료의 출처 및 방법론

이 책의 사례들은 다양한 출처로부터 얻은 자료들에 기초하고 있으며, 대부분의 사례는 고객들과의 작업을 통해 얻은 경험을 바탕으로 하고 있다. 사례에 등장하는 사람들의 이름은 대부분 실명을 사용했다. 단, 개인의 사생활 보호를 위해 필요한 경우 등장하는 사람들의 이름을 바꾸었다고 별도로 언급한 경우 예외다. 묘사된 장면들은 실제의 상황이며 기술된 대화내용 또한 실제 대화에 기반하고 있다. 그러나 대화 내용은 면담기록을 통해 직접 인용한 것이라기보다는 기억을 토대로 재구성된 것이어서 단어 하나하나가 정확한 것이라 할 수는 없다. 이 책에서 기술한 대화의 당사자들은 그 내용의 정확성 확인을 위해 책을 검토했고, 그들의 의견에 따라 그 내용을 수정했다. 사례의 내용 일부는 2차 정보출처로부터 얻은 부가적인 정보들을 포함하고 있다. 그 정보가 특별한 출처에 기인하는 경우, 그 내용은 책 뒤에 별도로 제시되었다. 몇몇 사례는 하나 또는 어떤 직접적인 인용을 특정화할 수 없는 다수의 2차 출처를 통한 범용적인 정보를 담고 있다. 이 경우 출처를 따로 제시하지 않았다.

서론: 공식 조직의 벽을 허물어라

콜센터 사례는 미시간주 트로이시의 회사에서 따온 것이다. 우리는 직접 개발한 "모범사례자 관찰exemplar observation"이라는 접근법을 사용했다. 이를 통해 우리는 "모범 사례자exemplar와 "충분히 좋은good enough" 성과를 내는 사람들을 관찰함으로써 치명적인 차이를 알아보고자 했다. 여기서 우리는 사람들의 이름과 주어지는 상황 일부를 바꿔 설명에 도움이 되는 사례로 재구성했다.

1장: 공식 조직 = 논리, 비공식 조직 = 마술

프레드릭 테일러와 더글러스 맥그리거의 이력과 배경은 잘 알려져 있다. 우리는 다양한 출처로부터 이것들을 종합했다. 해롤드 레빗의 사례는 그의 저서 『톱 다운Top Down』으로부터 차용한 것인데, 그 내용이 너무 흥미로워 단어 하나도 빠지지 않았는지 일일이 교정을 볼 정도였다.

카야 나바라의 사례는 잡지 리더스Leaders, 사이트 www.thefinancialbrand.com, 그리고 카야 나바라Caja Navarra의 혁신 본부장인 파블로 아르멘다리즈Pablo Armendáriz의 발표 자료 등에 기반한 것이다.

2장: 균형의 변화

원래 우리는 조직의 공식성과 비공식성에 대한 통찰력을 제공해 줬던『정점에서의 성과Peak Performance』에 대한 연구의 일환으로 홈 데포의 사례를 조사했다. 그 다음에 이뤄진 홈 데포의 변화 상황에 대한 정보는 일반적인 출처로부터 수집되었다. 우리는 홈 데포의 전직 임원 두 명과(이 사례에서는 둘을 합친 가공의 인물인 앙리Henry로 소개된) 공개를 전제로 하지 않은 인터뷰를 통해 더 많은 통찰력을 얻게 되었다. 체스터 버나드에 대한 내용은 뜻하지 않게 얻을 수 있었다. 필자인 존 카젠바흐가 재학할 당시, 버나드는 오늘날 소위 구루guru라고 지칭될 정도로 명성이 자자했다. 그러나 그의 지혜는 불행히도 무대 배경 뒤로 사라졌다. 스타벅스의 사례는 카젠바흐 파트너스가 출간한『비공식 조직Informal Organization』이라는 저서에서 차용되었다. !쿵JKung부족에 대한 이야기는 몇가지 출처에서 약간 보완하여 사용되었다. 유혹은 있었지만, 그 부족에 대해 현장조사를 할 수는 없었다. "끊임없이 변하는 균형점An Ever-Changing Balance"에서 소개된 변화하는 균형점의 길은 고객사와의 경험에서 얻어진 것으로 균형점이 몇 개의 티핑 포인트tipping points로 변하는 것을 목격할 수 있었다. 이베이 이야기는 책『비공식 조직Informal Organization』에 실린 것이다.

3장: 공식 조직과 비공식 조직의 통합

우리는 종종 메리 파커 폴렛Mary Parker Follett의 연구 성과를 인용하곤 했다. 이것 역시 흔히 간과되었던 과거 사례의 전형이다. "소수자의 권리가 사라지는 폭탄bomb that minority right out of here"을 원했던 CEO은 실제 우리가 인터뷰한 고객 중 한 명으로 이 책 다른 곳에서 자주 인용되고 있다. 그러나 누구인지는 밝히지 않겠다. 엔론은 우리의 고객사가 거의 될 뻔 했다. 카젠바흐 파트너스는 엔론이 자체적으로 붕괴되기 바로 직전에, 엔론에 제출할 제안서를 준비하기 위해 임직원들의 몰입 점수를 조사한 바 있다. 물론 프로젝트 수주는 실패했다. 우리는 환상적인 오르페우스 교향악단을 보다 더 잘 이해하기 위해 이 교향악단의 구성원 일부와 실제 인터뷰를 했으며, 그들이 비공식성을 반영한 전략 수립절차를 정의하는데 무료로 도왔다. 카젠바흐 파트너스는 또한 휴스턴 경찰서에 컨설팅 서비스를 제공하였고, 이 책을 위해 특별히 수행된 인터뷰 결과를 사용했다.

4장: 일이 전부다?!

자부심이란 것은 구성원들의 일상 업무를 잘 수행하도록 동기부여 함에 있어 굉장히 중요하다. 우리는 『왜 자부심이 돈보다 더 중요한가 Why Pride Matters More Than Money』라는 책을 위해 진행했던 연구 결과, 그리고 일부 고객 회사와 함께 했던 작업 등을 통해 새로운 사실들을 발견할 수 있었다. 내재적 동기부여에 대한 외재적 보상의 영향이라는 연구는 많은 영역에서 발견되고 있다. 우리는 주로 교육과정 중에 진행된 연구를 통해 이 같은 사실을 도출해 낼 수 있었다. 특히 우리는 캐롤 산소네Carol Sansone 와 쥬디스 하라키에위츠Judith Harackiewicz가 편집한 「내재적 그리고 외재적 동기부여: 최적의 동기부여와 성과의 탐

「Intrinsic and Extrinsin Motivation: The Search for Optimal Motivation and Performance」에서 유용한 통찰을 얻을 수 있었다. 마스터 모티베이터의 특성은 수많은 조직에서 벌어진 백개 이상의 세부적인 사례 연구를 기반으로 도출되었다. 우리는 마스터 모티베이터와 그들의 팀에게 물었다. "무엇이 당신들을 특별하게 만들죠?" 그들이 보이고 있는 특정한 행동은 회사마다 다르다. 전반적으로 그들은 자신들의 성격적 특성에 의해 구분된다. 켄 멜만의 사례는 그를 포함한 그의 팀원들과의 인터뷰에 기반하고 있다.

5장: 보여주기 위한 가치는 버려라

엔론과 해병대의 가치 선언문은 어디에서나 찾아 볼 수 있다. 우리는 두 조직이 어떻게 자신들만의 가치를 지켜나갔는지(혹은 지켜나가지 않았는지)를 직접 확인할 수 있었다. 존 카젠바흐가 39년 동안 일해 온 맥킨지에서의 경험과 마빈 바우어Marvin Bower와의 친교 등이 바로 "마빈은 무엇을 했을까?What would Marvin do?" 실례의 원천이다. 우리는 월스트리트 저널에서 젠틀 자이언트 기사를 발견했다. 우리는 회사를 방문하여 몇몇 구성원들과 인터뷰를 했으며, 존 카젠바흐는 실제로 이사할 때 젠틀 자이언트를 이용해 본 적이 있어 그들의 서비스를 입증할 수 있었다. 일이 제대로 돌아가지 않는 듯이 보일 때, 릴리언트의 임원 일부는 존 카젠바흐에게 도움을 요청하곤 했다. 릴리언트는 카젠바흐 파트너스의 오래되고 중요한 고객사이다. 우리는 이 사례에서 언급된 개인들을 대상으로 맞춤형 인터뷰를 했으며, 이를 통해 사례를 보완했다. 네트워크를 통한 가치 "전파"에 대한 흥미로운 연구는 뉴잉글랜드 의학저널New England Journal of Medicine에 실린 니콜라스 크리스타키스Nicholas Christakis와 제임스 폴러James Fowler의 논문에서 처음 시작되었다.

6장: 성과는 여전히 중요하다.

우리는 캠벨 스프의 컨설팅 작업을 하면서 애드 캐롤런을 처음 만났다. 당시 캠벨 스프는 이미 좋은 성과를 내고 있었지만, 우리는 애드 캐롤런 사장과 경영진을 도와 비공식적 특징을 활용하여 더 높은 성과를 내게 했다. 그 이후 이뤄진 수차례의 방문을 통해 그는 스톡팟의 성과 개선에 필요한 평가지표에 대해 완전히 새로운 방식으로 생각하는 법을 배웠다. 우리는 존 카젠바흐가 발표했던 텔레테크 컨퍼런스에서 그레그 쉬이의 흥미로운 접근법을 처음 접하고, 문자 그대로 공식적인 조직 바깥쪽을 동기부여 하는 통찰력을 강화하기 위해 새로운 인터뷰를 추가로 수행했다.

7장: 가장 공식적인 조직, 가장 비공식적인 영향력

카젠바흐 파트너스는 유엔의 마크 왈라스에게 컨설팅 서비스를 제공한바 있으며, 그와 헨리 맥켄타이어를 연이어 인터뷰했다. 릴리 우 는 이따금 만났고, 우리는 교장실에 있는 것 자체만으로도 여전히 위협적이라는 것을 인정해야만 했다. PS 130의 혼란스런 환경은 뉴욕시 교육부와는 전혀 달랐는데, 우리는 거기서 에릭 나델스턴Eric Nadelstern을 만났다.

8장: 툰드라를 녹여라

카젠바흐 파트너스는 벨 카나다에게 수년 간 컨설팅 서비스를 제공해 왔다. 초기에 우리가 가졌던 많은 통찰력은 마이클 사비아, 레오 하울Leo Houle, 메리 앤 엘리어트Mary Anne Elliotte, 카렌 셰리프Karen Sheriff 그리고 가장 중요한 "자부심 형성자 실행공동체Pride Builder Community of Practice"와 밀접하게 작업하면서 개발되었다. 그들은 더 많은 성과를 내기 위해 문화를 변화시키는 매우 고유한 접근법을 만들어 냈다.

9장: 이성적인 방식에 저항하는 감성적인 도전

카젠바흐 파트너스는 잭 로이가 마운트 시나이와 뉴욕 대학 병원에 재직하고 있을 때 함께 작업한바 있다. 우리는 그에게 애트나 구조조정의 행동 지침에 대한 컨설팅 서비스를 제공했다. 카젠바흐 파트너스는 또한 자크리가 회사를 둘로 분리하는 것과 관련된 컨설팅 서비스를 제공했다.

10장: 무엇을 할 것인가

여기서 권고하는 것들은 대부분 고객사와의 경험에서 나왔다. 특히 비공식적 특성을 동원하여 우리가 논의했던 다양한 사업적 도전 과제들을 직접 해결해 나가는 데 필요한 통찰력을 적용한 것이다. 텍사스 상업은행 사례는 (진정한 변화 리더들로 알려진) 은행과 함께 한 필자 존 카젠바흐의 경험으로부터 온 것이다. 흥미롭게도, 우리와 같이 작업을 한 고객사의 임원인 아니타 와드Anita Ward는 핵심적인 막후 설계자이자 주동자였으며 동시에 인류학자이기도 했다. 리더십에 대한 대부분의 권고안은 다른 형태의 리더십 역할에 대한 지침을 찾고자 하는 고객과의 프로젝트 수행 결과에서 나온 것이다. 그리고 간접적으로는 재능이 있는 리더들을 관찰하고 비공식적인 코칭을 제공하면서 나오기도 했다.

진단 도구

설문과 테스트는 우리가 고객과 프로젝트를 수행할 때 실제 사용했던 도구들이다. 단지 이 책의 목적에 맞게 형식을 약간 수정했다.

당신의 조직 지수 Organizational Quotient**를 평가하라**

이 도구는 조직의 성과 향상을 위한 공식성과 비공식성의 활용능력을 평가한다. 질문의 목적 달성을 위해, 당신이 속해 있는 조직이 비교적 정상적으로 돌아가고 있다고 가정하자.

5점 척도로 각 질문에 다음과 같이 대답하라.

(1 = 이게 누구를 말하는 거지? 2 = 나는 아님 3 = 일부는 나와 비슷함

4 = 거의 나와 비슷함 5 = 바로 나네!)

1. 나는 '우리 팀이 옳다고 생각하는 것'과 '조직의 가치' 간에 어떤 관련성이 있다는 사실을 알고 있다.   (   )
2. 공식적인 커뮤니케이션과 격의 없는 대화 등을 통해 나는 조직 내 돌아가는 상황을 잘 파악하고 있다.   (   )

3. 의사결정이 필요할 때, 나는 어디로 가서 누구에게 도움을 요청해야만 원하는 결과를 얻을 수 있는지 알고 있다. (   )

4. 언제 협업이 필요하며, 회사가 추구하는 목표는 무엇이고, 또 어떻게 협력해야 하는지에 대해 명확하게 알고 있다. (   )

5. 문제에 봉착했을 때, 나는 문제를 정확하고 신속하게 해결하는 데 필요한 지식을 찾기 위해 회사에서 제공되는 방식과 내 개인 네트워크 모두를 활용한다.   (   )

6. 나는 성과목표 달성을 위해 내가 반드시 해야만 하는 일을 기분 좋게 수행하는 방법을 알고 있다. 하지만 당연히 좋아하는 것은 아니다.   (   )

7. 나는 사람들로부터 좋은 아이디어들을 충분히 듣고 있으며, 그 중에서 최고의 것을 골라 실제 구현할 수 있도록 필요한 방법을 찾아낼 수 있다.   (   )

8. 변화해야만 한다는 합의가 이뤄지면, 나는 개인적으로도 그 변화를 관리할 수 있으며 무엇을 남과 다르게 해야하는지 확실히 알고 있다.   (   )

9. 나는 고객의 욕구를 정확하게 이해하고 공감할 뿐 아니라 그것을 충족시키기 위해 만반의 준비를 갖추고 있다. (   )

10. 나는 어쩔 수 없이 해야만 하는 것 말고 항상 새로운 것들을 시도하고 배울 수 있는 기회를 많이 갖고 있다.   (   )

위 10가지 질문에 일정하게 4~5점을 줄 수 있다면 축하할 일이다. 당신의 조직 지수는 상당히 높은 편이며, 공식성과 비공식성 사이의 균형도 좋은 것이다. 다음의 설명은 각각의 질문에 대한 의미와 시사점을 말해준다. 만약 당신의 점수가 3점 또는 그 이하라면, 다음 논의되는 내용에 대해 특별한 주의를 기울여야만 한다. 그러면 당신뿐 아니라 당신이 속해 있는 팀의 조직 지수를 향상시킬 수 있다.

1. 가치 정렬 : 당신이 소속된 팀의 가치를 어떻게 전체 조직이 추구하는 가치에 밀접하게 정렬할 것인가? 조직의 가치가 당신 팀의 가치와 다르긴 하지만 여전히 다른 사람들에 의해 널리 지지되고 있다면, 당신은 어느 정도 개성이 강한 그룹에 소속되어 있을 가능성이 높다. 따라서 다른 사람들과 연결하는 방법을 찾을 필요가 있다. 외부인들은 당신 그룹과 연결되는 것이 힘들다는 것을 알고 있으며, 이와 비슷하게 당신 그룹도 외부의 다른 그룹들과 연결되는 것이 어렵다는 것을 알고 있을 수 있다. 조직에서 말하는 가치가 소속된 그룹의 구성원들에 의해 진정으로 지지되고 있지 않다면, 그룹 간의 협력은 어려워진다.

2. 커뮤니케이션 통로 : 만약 공식적 커뮤니케이션에 너무 많은 시간을 소비하거나 또는 이를 적절하게 사용하지 못하고 있는 경우, 당신은 적절한 커뮤니케이션 방법을 모르고 있는 것과 같다. 고성과자들은 대부분 무시하거나 제거할 필요가 있는 메시지가 무

엇인지를 빠르게 배우는 사람들이라고 한다. 격의 없이 떠드는 비공식적인 대화에서도 항상 배울 것이 있다. 이런 것을 배우지 못한다면, 당신은 중요한 커뮤니케이션 통로와 단절되어 있는 것이다. 비공식적인 특성을 활용하여 다른 사람들과 연결하는 방법을 찾아라. 그러면 그들은 당신과의 업무 공유를 시작할 것이다. 그리고 단순한 가십 조차도 일축하지는 말아라. 가십을 공유하는 것도 사람들 간의 상호 신뢰를 개발하는 좋은 방법이기도 하다.

3. 의사결정권과 영향력 : 어디에서 의사결정이 이뤄지는 지를 제대로 파악하지 못하고 있다면, 조직 내 자원이 공식적으로 분배되는 방식을 파악해 놓을 필요가 있다. 이 영역에서의 낮은 점수를 받는 것은, 예산 요청을 할 때 어떤 절차를 통해 조율해 나갈 것인지를 모르는 것과 같다. 당신은 의사결정 과정에서 누가 영향력을 갖고 있으며, 어떻게 해야 그들의 지원을 받아낼 수 있을지 알아야만 한다.

4. 유동有動적이고 구조構造적인 협력 : 함께 일 한다는 것은 가치있다. 협업의 경험이 유쾌하지 않았다면, 누군가의 태도에 문제가 있었을 것이다. 이런 문제들을 끄집어 내라. 다른 사람들의 생각도 비슷하다. 당신 팀 내 직원들 모두가 즐겁고 유쾌한 시간을 보내고는 있지는 업무의 수행은 효율적이지 못하다는 사실을 알게 된다면, 보다 구조화된 업무 처리나 회의 절차 등과 같은 공식적

인 프로세스가 필요한 것이다. 그러나 가장 큰 문제는 목적이 명확하지 않다는 것이다. 당신이 해결하고자 하는 문제와 팀이 수행하는 일에 대한 성공의 정의를 구성원들과 함께 구체화하라.

5. 예측 가능하거나 불가능한 문제들의 해결 : 만약 회사에서 제공되고 있는 다양한 도구들을 사용하고 있지 않다면, 당신은 시간을 낭비하고 있을 가능성이 높다. 정기적으로 당신이 직면하고 있는 문제들을 어떻게 해결하고 있는지 다른 직원들에게 물어라. 약간 특별한 문제들에 직면했을 때 누구에게 도움을 요청해야 할지 모를 경우에는 사람들에게 물어라. 그러다 보면 같은 이름을 반복적으로 듣게 될 것이다. 사람들과의 교류에 더 많은 시간을 투자하라. 그들이 알고 있는 것을 배우고 당신이 알고 있는 것을 그들과 공유해야 한다.

6. 모든 일에 대한 동기부여 : 동기부여는 중요하다. 동기부여는 당신이 일하는 대부분의 시간 동안 당신의 감정에 영향을 미친다. 이 책에서 이미 제한했던 것을 참고하여, 당신의 상사와 상의하여 주어진 과업들을 보다 개인적이고 의미 있도록 만드는 방법을 찾아라. 무슨 일이든 꼭 해야만 한다면, 동료나 고객들과 함께 "좋은 감정"으로 일할 수 있는 방법을 찾아야 한다. 그들의 인정만으로도 자부심의 원천이 될 수 있다.

7. 창의성과 생산성 : 만약 당신이 다른 사람의 창의적인 아이디어를 들어본 적이 없다면, 당신 스스로가 그런 아이디어를 만들지 못하고 있을 가능성이 크다. 그 이유는 당신이 창의적인 아이디어를 만들어내는 흐름 위에 있지 못하기 때문이다. 어떤 문제에 대한 창의적인 해결방안을 찾기 위해 누구를 만나야 하는지 묻고, 그 사람과 관계를 맺어라. 실행을 위해서는 어떤 아이디들이 필요한지 모르고 있다면, 의사결정권자들이 갖고 있는 중요한 기준에 대해 모르는 것과 같다.

8. 변화 능력 : 누구든 조직의 변화 이전과 이후(조직의 현재 상태가 무엇이고 어디로 가고자 하는 지)에 대해 올바르게 이해하고 있어야 한다. 그리고 나서 개인에 대한 변화 이전과 이후에 대해서도 알아둬라. 회사에서 제공되는 교육 프로그램과 같은 공식적인 도구들을 잘 활용할 수 있어야 하며, 자부심을 형성시켜주는 관리자와 동료들이 어떻게 당신을 지지하는 지를 잘 알고 있어야 한다.

9. 고객 대응과 감정이입 : 잘 듣는 것은 고객을 열광시키는 첫 번째 단계이다. 고개의 입장이 되어라. 고객이 문을 열고 들어오는 순간부터 그의 이야기에 집중하라. 그러나 문제를 이해하는 것은 이제 시작에 불과하다. 조직 내 다른 그룹들과의 관계를 활용하여, 처음부터 끝까지 고객 경험에 관여하고 그들이 갖고 있는 문제 해결을 위해 다양한 자원을 확보할 수 있어야 한다. 고객의 욕

구 충족을 위해 어떤 도움이 필요할 때, 다른 구성원들에게 기꺼이 도움을 요청하라. 이런 것을 부끄러워해서는 안된다. 고객이 만족할 때, 일선 현장에서 한 단계 떨어져 있는 직원들과 성공과 인정을 공유함으로써 자부심이 형성된다.

10. 개인적 개발 : 자신의 역할과 책임에 대한 공식적인 유연성을 유지하면서, 개인적인 성장과 같은 가치를 강화시킬 수 있는 비공식적인 시스템을 갖춰 놓아라. 우선 당신의 상사와 함께 일하는 것으로 시작하라. 대부분의 사람들은 본인이 팀과 함께 성장하기를 원하면서도, 시간이나 통찰력 등의 부족으로 인해 주어진 일 조차 제대로 수행하지 못하는 경우가 많다. 당신 상사의 도움을 받는다면, 개인적인 역량 개발에 한 발짝 더 나갈 수 있다. 당신의 관리자가 이런 것을 꺼린다면, 관심을 보이는 동료를 찾아 유사한 역할을 실행해 보는 것도 방법이다.

조직 내에서 균형을 유지할 수 있는 방법?

다음에 2개 그룹으로 나눠진 질문들이 있다. 첫 번째 것은 조직의 역량을 규정하기 위한 것이며, 두 번째 질문은 조직의 공식적 요소와 비공식 요소 간의 상대적인 강도를 평가하려는 것이다. 이러한 지식을 바탕으로 성과 향상을 위한 특별한 행동을 선택할 수 있다.

조직 역량평가

7점 척도를 사용하여 1은 "약함" 7은 "강함"을 의미한다.
다음에 나타난 역량을 당신은 어떻게 평가할 것인가?

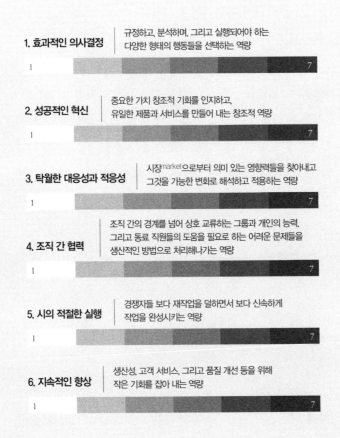

1. 효과적인 의사결정
규정하고, 분석하며, 그리고 실행되어야 하는
다양한 형태의 행동들을 선택하는 역량

1   7

2. 성공적인 혁신
중요한 가치 창조적 기회를 인지하고,
유일한 제품과 서비스를 만들어 내는 창조적 역량

1   7

3. 탁월한 대응성과 적응성
시장market으로부터 의미 있는 영향력들을 찾아내고
그것을 가능한 변화로 해석하고 적용하는 역량

1   7

4. 조직 간 협력
조직 간의 경계를 넘어 상호 교류하는 그룹과 개인의 능력,
그리고 동료 직원들의 도움을 필요로 하는 어려운 문제들을
생산적인 방법으로 처리해나가는 역량

1   7

5. 시의 적절한 실행
경쟁자들 보다 재작업을 덜하면서 보다 신속하게
작업을 완성시키는 역량

1   7

6. 지속적인 향상
생산성, 고객 서비스, 그리고 품질 개선 등을 위해
작은 기회를 잡아 내는 역량

1   7

비공식적 요소와 공식적 요소 간의 균형 평가

| 7점 척도를 사용하여 1은 "약함" 7은 "강함"을 의미한다.
| 다음에 나타난 조직의 강점을 당신은 어떻게 평가할 것인가?

1. 전체 조직의 전략이 다양한 소단위 조직의 의사결정과 연계되어 있는가?

| 1 | | | | | | 7 |

2. 가치가 조직 내에서 가시적으로 표출되고 있으며, 개별 구성원들의 행동에 영향을 주고 있는가?

| 1 | | | | | | 7 |

3. 조직 구조, 업무 절차, 기타 프로그램 등이 일상적인 업무를 효율적으로 만드는 데 도움을 주고 있는가?

| 1 | | | | | | 7 |

4. 비공식적인 개인 네트워크가 커뮤니케이션, 업무와 관련된 지식의 교류, 신뢰할 만한 조언, 그리고 긍정적인 에너지 등에 활용되고 있는가?

| 1 | | | | | | 7 |

5. 개인들의 목표와 평가에 따라 분명한 보상이 이뤄지고 있는가?

| 1 | | | | | | 7 |

6. 업무에 대한 자부심이 높은 성과를 만드는 행동들을 동기부여하고 있는가?

| 1 | | | | | | 7 |

1, 3, 5의 점수를 더하면, 이는 당신 조직의 공식성 강도를 보여 준다.
2, 4, 6번 점수의 합은 비공식성의 강도를 나타낸다. 둘 간의 균형이 이루어져 있는가?

통합

다음의 표는 조직역량 향상을 위한 제안이다. 공식성이 우세한 경우와 비공식성이 우세한 경우로 구분되어 있다.

역량	공식성이 우세함	비공식성이 우세함
의사결정	의사결정의 주체가 진정한 반대와 논쟁을 허용할 수 있게 하라.	다양한 그룹의 책임과 의사결정권을 명확히 하고, 의사결정을 위해 반드시 충분한 자료를 사용하도록 하라.
혁신	더 많은 아이디어를 만들어 내기 위해 상급 조직의 창의력을 장려하라.	최상의 아이디어를 선택하기 위해 하급 조직의 생산 규정을 교육시키고, 개발을 독려하라.
적응	트랜드 변화를 감지하기 위해 비공식적 의사소통 네트워크를 사용하라.	빠른 의사결정 프로세스를 만들고, 변화의 트랜드가 생기면 실현 가능한 행동 계획을 수립하고 그에 대한 책임을 부여하라.
협력	다양한 기능을 수행하는 팀을 만들어 네트워크 형성을 장려하고 이들을 실제 작업에 집중하게 하라.	프로세스와 작업 과정을 명확하게 구분하여 행동과 지배구조를 조직화 시켜라.
실행	규정을 준수하는 것 보다 성과를 만드는 것에 더 자부심을 갖게 하라.	언제, 어디서, 누가, 무엇을 어떻게 해야하는 지를 명확하게 보여주는 성과지표를 개발하라.
개선	위험 감수와 실험정신의 가치를 장려하라.	변화가 빠르게 포착되고 확산될 수 있도록 업무절차를 규정으로 만들어라.

부록Ⅲ Notes

서론

1. 이 이야기에 나오는 안내원들의 이름은 가명임. 대화는 우리가 직접 콜센터를 방문하여 들었던 내용에 기초하고 있음.
2. Douglas McGregor, "Theory X and Theory Y", Workforce, 2002, 81(1)

Chapter 1

1. Tom Robbins, Another Roadside Attraction(New York: Bantam Dell, 1971)
2. Frederick Taylor, The Principles of Scientific Management(New York: HarperCollins, 1911)
3. Douglas McGregor, The Human Side of Enterprise(New York: McGraw-Hill, 1960)
4. Abraham Maslow, Motivation and Personality(2nd edition) (New York: HaperCollins, 1970; originally published 1954)
5. Frederick Herzberg, "One More Time: How Do You Motivate Employees?" Harvard Business Review, Sept.-Oct. 1987, 65(5), 109-120

6. Jim Collins and Jerry Porras, Built to Last(New York: Harper Business Essentials, 1994)

7. Harold J. Leavitt, Top Down(Boston: Harvard University Press, 2005), p. 63

8. Daniel Goleman, Emotional Intelligence(New York: Bantam, 1995), p. xii

9. Edward Thorndike, "Intelligence and Its Use", Harper's Magazine, 1920, 140, 227-235

10. Daniel Goleman, Working with Emotional Intelligence(New York: Bantam, 1998), p. 3

Chapter 2

1. Chris Roush, Inside Home Depot: How One Company Revolutionized and Industry Through the Relentless Pursuit of Growth(New York: McGraw-Hill, 1999)

2. Chester I. Barnard, The Functions of the Executive(30th Anniversary Edition)(Cambridge, Mass.: Harvard University Press, 1968), p. 8

3. Anna Muoio, "Growing Smart", Fast Company, July 1998; retrived from www.fastcompany.com/magazine/16/one.html, December 29, 2009

4. Marshall Goldsmith and Mark Reiter, What Got You Here Won't Get You There(New York: Hyperion, 2007)

5. George Anders, Business Fights Back: eBay Learns to Trust Again, Fast Company, December 19, 2007; retrieved from www.fastcompany.com/magazine/53/ebay.html?page=0%2C1, November 17, 2009

Chapter 3

1. E. O. Wilson, Consilience: The Unity of Knowledge(New York: Knopf, 1998)
2. Pauline Graham, Mary Parker Follett - Prophet of Management: A Celebration of Writings from the 1920s(Boston: Harvard Business Press, 1995)
3. Karl Weick, "The Sociology of Organizing", 1979 (Rensis Likert Distinguished University Professor at the Ross School of Business at the University of Michiagn)
4. Thomas J. DeLong and Vineeta Vijayraghavan, "Let's Hear It For B Players", Harvard Business Review HBR OnPoint Enhanced Edition, June 2003; retrieved from http://hbr.org/product'let-s-hear-it-for-b-players/an/R0306F-PDF-ENG?conversationId=64071, December 29, 2009
5. 쿼뎃quartet과 챔버chamber는 일반적으로 지휘자가 없음.

Chapter 4

1. Jon R. Katzenbach, Why Pride Matters More Than Money(New York: Brown Business, 2003)
2. Bob Sutton, "An Astounding Intervention That Stopped Employee Theft", Wrok Matters, May 14, 2009; retrieved from http://bobsutton.typepad.com/my_weblog/2009/05/an-astounding-intervention-that-stopped-employee-theft.html November 17, 2009
3. Leon Festinger, A Theory of Cognitive Dissonance(Stanford, Calif.: Stanford University Press, 1957)
4. Carol Sansone and Judith M. Harackiewicz(eds.), Intrinsic and

Extrinsic Motivation: The Search for Optimal Motivation and Performance(San Diego, Calif.: Academic Press, 2000)

Chapter 5

1. April Goodwin, "Reliant Energy's Clean-Coal Plant", Constructioneer, January 19, 2004: retrieved from www.allbusiness.com/print/6287221-1-22eeq.html, November 17, 2009

2. Clive Thompson, "Are Your Friends Making You Fat?" New York Times Magazine, September 13, 2009; retrieved from www.nytimes.com/2009/09/13/magazine/13contagion-t.html?ref=magazine, December 29, 2009

3. Nicholas A. Christakis and James H. Fowler, "The Spread of Obesity in a Large Social Network over 32 years", New England Journal of Medicine, July 26, 2007, 357, 370-379

4. "Software That Spots Hidden Networks: Electronic Ties That Bind", The Economist, June 25, 2009; retrieved from www.economist.com/businessfinance/displaystory.cfm?story_id=E1_TPJTVSJR, December 29, 2009

5. Cataphora, "E-Discovery", n.d.; retrieved from www.cataphora.com/solutions/legal/ediscovery.php, December 17, 2009

Chapter 6

1. "Want to Talk to the Chief? Book Your Half Hour with Susan Lyne, CEO of Gilt Groupe", New York Times, Oct. 3, 2009, Business section, p. 2.

Chapter 7

1. Jane Barrer, comment posted to message boards at www. greatschools.net, April 30, 2007

Chapter 8

1. Douglas A. Ready, Linda A. Hill, and Jay A. Conger, "Winning the Race for Talent in Emerging Markets", Harvard Business Review, November 2008
2. Steve Hamm, "HCL's Leveraged Leap to India's Top Tech Circle", Information Technology blog on BusinessWeek.com, December 15, 2008: retrieved form www. businessweek.com/technology/content/dec2008/tc20081214_882277.htm, November 17, 2009

Chapter 9

1. Roger Bolton, EVP at Aetna during the turnaround, for a book he is writing with Jon Katzenbach and David Knott, senior partner at Booz & Company
2. Jim Collins and Jerry Porras coined the term "mechanisms" in their classic best seller, Built to Last(New York: Haper Business Essentials, 1994)
3. This is based on David J. Snowden and Mary E. Boone, "A Leaders' Framework for Decision Making", Harvard Business Review, November 2007; retrieved from www.mpiweb.org/CMS/uploadedFiles/Article%20for%20Marketing%20-%20Mary%20Boone.pdf, November 17, 2009
4. David Snowden and C. F. Kurtz, "The New Dynamics of Strategy:

Sense-Making in a Complex and Complicated World", IBM Systems Journal, 2003, 42(3)

Chapter 10

1. Henry Mintzberg. "The Rise and Fall of Strategic Planning", Harvard Business Reviews, January 1994; retrieved from http://hbr.org/product/fall-and-rise-of-strategic-planning/an/94107-PDF-ENG?Ntt=The+Rise+and+Fall+of+Strategic+Planning, December 29, 2009
2. Zia Khan and Jon Katzenbach, "Are You Killing Enough Ideas?" Strategy & Business, August 27, 2009
3. Suzanne P. Nimrocks, Robert L. Rosiello, and Oliver Wright, "Managing Overhead Costs", McKinsey Quarterly, May 2005; retrieved from http://www.mckinseyquarterly,com/Managing_overhead_costs_1604, December 29, 2009. IN addition, much of this material is from Paul Bromfield and Jon Katzenbach's "Energizing Employees in Recessionary Times", white paper, Booz & Company, 2008

Index

경영, 비공식 조직에 주목하라

_성과는 인간관계에서 시작된다

지은이   존 카젠바흐, 지아 칸
옮긴이   심영기, 장인형

이 책은 2011년 12월 31일에 초판 1쇄를 인쇄, 발행하였습니다. 경영 컨설턴트인 심영기가 기획과 번역에 도움을 주었으며, 디자인과 제작은 노영현의 책임으로 진행되었습니다. 인쇄는 영창인쇄 박황순이, 출력은 본프로세스의 정우성이 도와주셨습니다. 틔움출판의 발행인은 장인형입니다.

펴낸 곳   틔움출판   출판등록   제313-2010-141호
전화   02-6409-9585   팩스   0505-508-0248
주소   서울특별시 마포구 서교동 441-13 호원빌딩 4층
홈페이지   www.tiumbooks.com

ISBN 978-89-964965-6-4 13320
이 도서의 국립중앙도서관 출판시도서목록(CIP)은 e-CIP홈페이지(http://www.nl.go.kr/ecip)와 국가자료공동목록시스템(http://www.nl.go.kr/kolisnet)에서 이용하실 수 있습니다.(CIP제어번호: CIP2011005479)」

틔움은 독자 마음의 소리를 듣습니다. 틔움은 콘텐츠 창조자들을 존경합니다.
틔움은 콘텐츠 제작과 유통에 참여하고 있는 모든 파트너 회사들과 함께 성장합니다.